U0566538

权威·前沿·原创

皮书系列为
"十二五"国家重点图书出版规划项目

中国社会科学院创新工程学术出版项目

广东省普通高校人文社会科学重点研究基地广州大学广州发展研究院研究成果
广东省教育厅"广州学"协同创新发展中心、广州市教育局"广州学"协同
创新重大项目研究成果

广州蓝皮书
BLUE BOOK OF
GUANGZHOU

丛书主持／涂成林

2016 年
中国广州社会形势分析与预测

ANALYSIS AND FORECAST ON SOCIAL SITUATION
OF GUANGZHOU IN CHINA (2016)

主　编／张　强　陈怡霓　杨　秦
副主编／涂成林　桑晓龙　王福军

社会科学文献出版社
SOCIAL SCIENCES ACADEMIC PRESS (CHINA)

图书在版编目（CIP）数据

2016 年中国广州社会形势分析与预测 / 张强，陈怡
霓，杨秦主编 . - - 北京：社会科学文献出版社，2016.6
（广州蓝皮书）
ISBN 978 - 7 - 5097 - 9159 - 2

Ⅰ.①2… Ⅱ.①张… ②陈… ③杨… Ⅲ.①社会调
查 - 研究报告 - 广州市 - 2016 Ⅳ.①D668

中国版本图书馆 CIP 数据核字（2016）第 109150 号

广州蓝皮书
2016 年中国广州社会形势分析与预测

主　　编 / 张　强　陈怡霓　杨　秦
副 主 编 / 涂成林　桑晓龙　王福军

出 版 人 / 谢寿光
项目统筹 / 任文武
责任编辑 / 高振华

出　　版 / 社会科学文献出版社·皮书出版分社（010）59367127
　　　　　　地址：北京市北三环中路甲 29 号院华龙大厦　邮编：100029
　　　　　　网址：www. ssap. com. cn
发　　行 / 市场营销中心（010）59367081　59367018
印　　装 / 北京季蜂印刷有限公司

规　　格 / 开 本：787mm × 1092mm　1/16
　　　　　　印 张：23.75　字 数：396 千字
版　　次 / 2016 年 6 月第 1 版　2016 年 6 月第 1 次印刷
书　　号 / ISBN 978 - 7 - 5097 - 9159 - 2
定　　价 / 85.00 元

皮书序列号 / B - 2008 - 087

广州蓝皮书系列编辑委员会

主要编撰者简介

张 强 男，现任广州大学党委副书记、纪委书记，哲学学士、经济学硕士，副教授。1982 年起任共青团石家庄市委办公室主任、宣传部部长；1990 年起任原广州大学办公室副主任、维修工程技术学部党支部书记、党委宣传部部长；2001 年起任合并后的广州大学党委宣传部部长、党委组织部部长；2005 年起任广州医学院党委副书记、纪委书记；2012 年 11 月至今任广州大学党委副书记、纪委书记。第十一届广州市政协委员。曾获"广州市优秀党务工作者"称号。

陈怡霓 女，现任广州市政协副主席，广州市卫生和计划生育委员会主任，致公党广州市委员会主任委员，医学硕士。主要经历：1984 年广州市红十字会医院妇产科医师。1985～1997 年先后在英国伯明翰大学攻读医学硕士学位、英国中部地区内分泌研究所和英国伯明翰英女皇医院从事医学临床实验研究工作。1997 年 7 月起先后在广州市红十字会医院任主任医师、检验科主任、创伤研究所副所长、中心实验室主任。2002 年当选致公党广州市委员会副主委，2006 年起任致公党广州市委员会主委。2010 年 8 月任广州市卫生局副局长，2013 年 4 月任广州市卫生局局长。2012 年 1 月当选广州市政协副主席。第十一届全国人大代表、第十二届全国政协委员。广东省第十届人大代表、华侨民族宗教委员会委员。广州市第十三届人大常委。致公党中央第十三届、第十四届委员会委员；致公党广东省委员会第十届、第十一届副主委。

杨 秦 男，现任中共广州市委组织部副部长、广州市人力资源和社会保障局党委书记、局长，工商管理硕士。主要经历：1976～1998 年在空军部队服役，历任战士、政治指导员，兰州军区空军政治部干事、军区空军党委秘书、科长、副处长、团政委、旅副政委等职。1998 年转业地方，历任中国试飞员学院党委副书记，中飞通用航空公司党委书记（其间：1999～2002 年挂任中共陕西大荔县委副书记），中共广州市委组织部巡视员、机关党委书记，中共广州市纪委常委、秘书长（其间：2007年兼广州市纪委、市监察局机关党委书记）。2011年8月任现职。

涂成林　男，现任广州大学广州发展研究院院长、研究员、博士生导师，广州市杰出专家、国务院特殊津贴专家。1985年起，曾先后在湖南省委理论研究室、广州市社会科学院、广州大学工作。兼任广东省体制改革研究会副会长、广东省综合改革研究院副院长、广州市蓝皮书研究会会长等多个社会职务。曾赴澳大利亚、新西兰、加拿大等国做访问学者。目前主要从事城市经济社会发展、文化科技政策及西方哲学、唯物史观等方面研究。先后在《中国社会科学》《哲学研究》《中国社会科学内部文稿》《中国科技论坛》等刊物上发表论文100余篇，专著有《现象学的使命》《国家软实力和文化安全研究》《自主创新的制度安排》等，主持和承担国家社科基金重大项目、一般项目、省市社科规划项目、省市政府委托项目60余项。获得国家、省市政府哲学社会科学奖项20余项，获得"广州市优秀中青年哲学社会科学工作者"、"广州市杰出专家"等称号。

桑晓龙　男，现任广州市社会工作委员会专职副主任。1980年7月参加工作，1985年6月加入中国共产党，中共广东省委党校在职研究生学历。历任广州市公安局黄埔区分局党委副书记、政委；广州市公安局政治部教育培训处处长；广州市公安局政治部党总支副书记、副主任等职务。

王福军　男，现任广州市民政局党委委员、广州市社会组织管理局局长，经济学硕士。1992年9月至1999年7月，在中山大学岭南（大学）学院国际商务系学习，硕士研究生毕业；1999年7月，在广州市国土资源和房屋管理局办公室工作；2002年11月，在广州市民政局办公室工作；2004年8月，任广州市市政园林局团委副书记；2006年8月，任共青团广州市委青工青农部副部长，组织部副部长、部长；2008年10月，任广州市民政局社会事务处处长、办公室主任、宣传和政策法规处处长；2014年4月至今，任广州市民政局党委委员、广州市社会组织管理局局长、中共广州市社会组织委员会党委书记。

摘　要

　　《2016 年中国广州社会形势分析与预测》由广州大学与广州市委宣传部、广州市卫生和计划生育委员会、广州市人力资源和社会保障局、广州市社会工作委员会、广州市民间组织管理局联合编撰,作为广州蓝皮书系列之一列入社会科学文献出版社的"皮书系列",并面向全国公开发行。本书由总报告、人力资源与劳动就业篇、社会工作与社会服务篇、社会治理篇、社会保障篇、社情民意篇和专题篇七个部分组成,会集了广州科研团队、高等院校和政府部门诸多社会问题研究专家、学者和相关部门工作者的最新研究成果,是关于广州社会运行情况和相关专题分析与预测的重要参考资料。

　　本书指出,2015 年广州在养老服务设施、社会组织、法治政府等经济保障、社会治理若干重要社会建设与发展领域,形成了快速推进的发展态势。就业形势总体稳定,城乡居民收入稳步提高,城乡居民社会保障一体化进程持续加快,公共服务均等化水平不断提高;社会组织监管日益强化,社会组织参与社会服务日渐成熟,市民安全感继续增强。

　　与此同时,广州社会发展也面临社会组织发展不平衡、社会组织结构有待优化、群体性事件继续增长的问题,并且出现了"互联网＋"等新问题。展望 2016 年,广州市将以改革贯穿民生与社会建设领域,继续实施民生财政,突出民生福祉,加强社会建设,推进基本公共服务均等化、优质化、便利化,让改革成果惠及更多市民群众。

目 录

Ⅰ 总报告

Ⅱ 人力资源与劳动就业篇

Ⅲ 社会工作与社会服务篇

Ⅳ 社会治理篇

V 社会保障篇

VI 社情民意篇

VII 专题篇

皮书数据库阅读 **使用指南**

总 报 告

General Report

B.1

2015年广州社会发展形势分析与
2016年展望[*]

广州大学广州发展研究院课题组[**]

摘　要： 2015 年广州在推行养老服务设施、发展社会组织、打造法治政
府等经济保障、社会治理若干重要社会建设与发展领域，形成
了快速推进的发展态势。就业形势总体稳定，城乡居民收入稳
步提高，城乡居民社会保障一体化进程持续加快，公共服务均
等化水平不断提高；社会组织监管日益强化，社会组织参与社
会服务日渐成熟，市民安全感继续增强。展望 2016 年，广州市
将以改革贯穿民生与社会建设领域，继续实施民生财政，突出
民生福祉，加强社会建设，推进基本公共服务均等化、优质

 * 本报告系广东省高校人文社科重点研究基地广州大学广州发展研究院、广东省教育厅"广州
  学"协同创新发展中心、广州市教育局"广州学"协同创新重大项目研究成果。
** 课题组组长：涂成林。成员：梁柠欣、周凌霄、谭苑芳、姚华松、黄旭、李文。主要执笔人：
  梁柠欣。

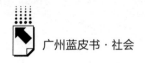

化、便利化，让改革成果更多惠及市民群众。

关键词： 民生建设　社会治理　社会组织　广州

2015年是"十二五"规划的收尾之年。广州市面临着复杂的国内外经济形势，在经济下行压力、化解过剩产能压力、生态环境治理压力、企业效益下降压力的复杂情况下，广州市坚持稳中求进的总基调，经济继续保持稳定发展，2015年实现地区生产总值（GDP）达18100.41亿元，同比增长8.4%，增速高于全国（6.9%）和全省（8.0%）。2015年度地方财政收入增幅较2014年有所放缓，全市一般公共预算收入1349.1亿元，同比增长8.5%[1]。这为广州市社会建设与社会发展提供了良好的物质基础。

一　2015年广州社会发展形势分析

2015年，广州市一如既往地以改善市民生活为目的，继续实施民生财政，加大民生投入力度，在持续推进城乡居民社会保障一体化、健全社会保障体系、促进社会组织健康发展、推动社会体制的管理与创新、稳定就业等若干重要民生领域与社会体制改革方面，形成了快速推进的发展态势。

（一）城乡居民社会保障一体化进程持续加快，人民生活水平继续提高

为全体社会成员提供教育、医疗、社会保障等公共服务是促进社会建设的重要内容，因为这些保障不仅体现了社会的公平正义，而且为经济生活、社会生活的正常运转提供了最基本的运行条件和安全环境。2015年广州市继续把保障和改善民生作为一切工作的出发点和落脚点，在做好底线民生保障、困难群体帮扶等工作的基础上，着力推进城乡居民社会保障一体化进程，解决了一

---

[1]　本文涉及的广州市的有关数据，如无特别说明，均来自2016年《广州市政府工作报告》、广州市统计局，或各区有关部门年度工作会议或年终工作总结报告。如果有关数据之间有矛盾，则以2016年《广州市政府工作报告》为准，特此说明。涉及的一线城市比较数据，如无特别说明，北京、上海、深圳均来自2016年该市向人大所作的政府工作报告。

批关系群众切身利益的突出问题，提高了广州市民生发展水平。2015年广州民生发展指数连续第二年位列全国副省级城市第一名。

1. 贫困居民最低生活保障制度实现了城乡并轨，城乡居民社会保障一体化步伐稳步推进

在同一行政区域内的城乡居民享受同等社会保障待遇，实现相关工资标准、待遇水平统一，一直是广州市社会保障制度建设的着力点与目标。2015年，广州出台实施了《广州市最低生活保障办法》，随着增城、从化两个新区的设立，全市贫困居民最低生活保障标准统一提高到月人均650元，低收入困难家庭认定标准统一提高到月人均975元。至此，在广州所辖的各个区内，不再区分城乡户籍人口，全面实现了全市贫困居民最低生活保障标准统一化，这是继统一城乡居民养老保险制度和城乡居民医疗保险制度与大病保险制度后，广州市城乡居民社会保障一体化制度建设的又一个突破，使广州的这一制度建设继续走在全国一线城市前列（见表1）。

表1 广州城乡居民社会保障一体化进程

年份	内容
2013	城乡居民养老保险制度实现并轨
2014	城乡居民医疗保险制度与大病保险制度实现并轨
2015	城乡最低生活保障制度实现并轨

随着城乡最低生活保障标准的统一与提高，全市其他社会保障标准也相应提高。其中，城镇"三无人员"供养标准和福利机构供养人员供养标准提高到每人每月1177元，孤儿养育标准提高到每人每月1547元。农村五保对象供养标准达到1608元/月，全部达到当地农村上年度人均收入水平。广州在城乡低保、农村五保、孤儿保障等底线民生保障水平上继续位居全国前列。

2. 不断扩大社会保险覆盖面，各项保障水平持续提高

社会保障和其他公共物品更多地向弱势群体倾斜，保护并改善底层生存生态、确保社会结构和谐稳定是社会建设的重要内容。2015年广州市继续采取财政资金资助（包括放开政府补贴年限的限制）、集体经济资金补助、社会医疗救助金部分或全额资助参保等方式，不断扩大社会保险尤其是城乡居民社会保险覆盖面。针对因经济困难难以参加基本养老保险的残疾人与民政优抚对象

等相关人群，2015 年广州市在全国率先将到达领取企业职工养老金年龄而未满足最低缴费年限，或无力参加居民养老保险的持二代证的广州市户籍残疾人，以及享受抚恤补助待遇的民政优抚对象，均纳入基本养老保险政府资助范围，5.48 万名残疾人因此受惠。截至 2015 年 12 月，广州市社会保险"五险"的参保人数达到 3527 万人次，其中 123 万城乡居民参保城乡居民养老保险。

通过建立城乡居民基础养老金正常调整机制等措施，各项社会保障待遇显著提高。其中，企业离退休人员月均养老金 3200 元，较 2014 年增长约 5.9%。农转居人员人均养老金从 805 元/月提高到 869.4 元/月，增幅约 8.0%，惠及 13.3 万领取农转居养老金人员。城乡居保人均养老金提高到 589 元/月，增幅达到 5.3%，有 40 万城乡老年居民受惠于此项新政策。失业保险金标准由每月 1240 元提高到 1516 元，增幅达到 22.25%。在医疗保险方面，城镇职工医疗保险和城乡居民医疗保险统筹基金年度最高支付限额分别达到 66.82 万元和 30.28 万元。面向全市困难市民的医疗救助最高限额则提高到每人每年 33 万元。各项社会保险待遇和多层次的各类救助标准持续提高，且高于同期消费价格指数，使得广大城乡居民得以分享经济发展的成果，提升了幸福感，为和谐社会的建设提供了良好的社会基础。

3. 城乡居民收入水平继续稳步提高，消费结构不断调整，向更合理的方向发展

2015 年广州大力发展以电子商务、现代金融服务等为代表的现代服务业，同时积极推动现代农业稳步发展，产业结构不断优化。三类产业结构比为 1.26∶31.97∶66.77，其中第三产业比重较上年（65.22%）提高 1.55 个百分点，对经济增长的贡献率首度超过七成，达到 70.6%。

产业结构的调整意味着就业结构的调整，更意味着人们的收入结构、收入水平的变化。据广州市城乡一体化住户调查，2015 年广州城市居民人均可支配收入和农村居民人均纯收入分别为 46735 元和 19323 元，同比分别增长 8.8% 和 9.4%[①]，农村居民人均纯收入增幅快于城市居民人均可支配收入增

---

① 该数据与政府工作报告有细微出入。数据来源于广州市统计局：《引领新常态谋求新发展——2015 年广州市经济运行情况》，http://www.gzstats.gov.cn/tjfx/gztjfs/201602/t20160202_39163.htm。

幅，城乡收入差距在缩小。这两项平均收入增速均略高于GDP增长速度，继续高于一般公共预算收入的增速。2015年，广州城市居民消费价格（CPI）同比上涨1.7%，社会消费品零售总额同比上年度增长了11%，社会消费品增长速度继续快于城乡居民人均可支配收入的增长速度，市民生活消费水平继续提高，居民生活消费结构升级趋势更为明显，消费增长对经济增长的贡献继续增强。

（二）公共服务建设取得显著成绩，解决了一批重点、热点问题

2015年，在广州市一般性地方财政收入增速放缓的情况下，全市一般公共预算支出仍然达到1728.2亿元，其中教育、社会保障和就业、医疗卫生与计划生育分别支出289.41亿元、203.43亿元和133.87亿元，分别比2014年增长26.4%、36.1%和15.1%。公共财政支出的持续增长，并持续向市民较为关注和迫切需求的民生领域倾斜，重点解决一批市民较为关注和迫切需要解决的民生问题，提高了广州市民生发展水平。

1. 全力兑现十件民生实事，民生建设取得显著成绩

2015年初，广州市通过各种渠道"海选"征集了年度十件民生实事，包括食品安全监管、社区居家养老、基层慢性病防治、特殊人群救助、城中村整治等涉及民众切身利益的重点、热点问题，共为此投入72.7亿元。在就业领域，广州市把扩大就业作为社会建设与发展的着力点，确保市民通过就业的形式，实现基本的民生权利，实现社会流动。通过实施积极就业政策，2015年广州市全年城镇实现新增就业人员27.47万人、失业人员实现再就业18.04万人，广州生源应届高校毕业生就业率达90.12%，全年城镇登记失业率为2.15%，就业景气指数继续在稳态区间运行，就业继续保持平稳态势。启动公共教育服务城乡均衡一体化行动后，全面提升了农村地区基础教育办学条件，促进了义务教育均衡优质发展，七个区成功创建为广东省推进教育现代化先进区。开展医联体试点，继续启动重大公共卫生服务项目，全年为61.2万名高血压患者和20.5万名糖尿病患者免费提供首诊测血压等健康管理服务，部分项目惠及非本市户籍人口。截至2015年底，广州市政府承诺的年度十件民生实事均已完成。民生重大项目的实施与完成大大便利了居民的日常生活，增强了居民的安全感，提升了居民的居住舒适度与幸福感。

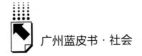

2. 全面推进全国养老服务业综合改革试点工作，养老服务设施网络初步建成

2014年广州市被确定为首批全国养老服务综合改革试点城市之一，2015年广州市出台了有关政策、措施，支持养老服务机构与医疗机构的合作，推进医疗与养老融合发展。开展社区居家养老购买服务试点，引导社区养老机构和其他专业机构拓展居家养老服务，加大对经济困难的独居、孤寡老人，"失独"困难家庭等特殊群体的基础保障和社会支持力度，推进社区养老、居家养老等符合居民实际情况的养老服务新政策、新举措。

养老服务设施持续完善，院舍养老设施建设进一步加速。通过继续实施养老机构建设三年行动计划，2015年广州市第二老人院、老年病康复医院、老人院扩建工程等五项工程用地选址、立项、设计等前期工作取得突破性进展。继续落实民办福利机构水、电、税费减免等优惠政策，2015年广州市共下拨民办社会福利机构资助资金6331.21万元，扶持民办机构发展。据统计，2015年广州市养老床位已经达到5.3万张，较2014年净增1万张，实现每千名老年人拥有养老床位数38张，缓解了院舍养老床位的紧张程度。通过兑现政府承诺实事，2015年广州市新增50个社区日间托老机构，实现了全市所有街镇全覆盖，为社区养老、居家养老打下了良好的基础。

（三）强化社会组织监管，公益创投模式进一步成熟

2015年，广州市在继续加大社会组织发展力度的同时，强化了社会组织监管，是近年来广州社会组织监管力度最大的一年，堪称广州社会组织监管元年。主要表现在，监管政策陆续出台，监管部门增多，措施与手段日益丰富，力度不断加大。

1. 社会组织综合监管政策体系初步建成，日常监管力度加大

自2015年1月起，《广州市社会组织管理办法》以政府令形式正式实施，这是目前广州市社会组织管理中行政层级最高的规范性指导文件，也是全国省会以上城市率先出台的社会组织综合管理的行政规章。广州市有关部门围绕该办法，出台了以《关于加强和完善社会组织综合监管工作的意见》为主体的社会组织综合监管政策体系（"1+4"），囊括了社会组织从成立到清算、财务管理、撤销过程中有关环节的管理工作，建立了包括法人治理结

构、财务管理、档案管理、信息公示、重大事项申报等的有关制度。与此同时，在2014年多部门联合监管和案件查处协作制度基础上，2015年又建立了社会组织工作联席会议制度，进一步明确了各个部门管理职责，社会组织的监管力量不断增强。社会组织年度报告制度、重大事项报告制度、社会组织信息公示制度等各种措施与制度的建立，是对社会组织日常监管手段的丰富。2015年广州市完善了社会组织信息公示制度，首次公布社会组织活动异常名录，对未建立内部信息披露机制、逾期不公开内部监管信息的68家机构进行重点监管。

2. 引领公益创新，打造多方参与的公益创投广州模式

2015年以来，广州市先后通过编制五批具备承接政府转移职能和购买服务资质社会组织的目录、投入500万元福彩公益金培育扶持、加大向社会组织购买服务力度、开展社会组织全方位培训等方式，大力培育与发展各类社会组织。截至2015年12月底，全市登记社会组织6543个，比2014年同比增长13.39%。其中，从事社工服务的社会机构发展到365家，比2014年度增加98家。广州已经初步形成了门类齐全、层次多元、覆盖广泛的社会组织发展格局。

在培育社会组织发展过程中，广州市还打破了政府向社会组织购买服务的单一模式，打造出政府、企业和个人多方参与共创共投公益的新路子。通过举办广州市慈善项目推介会，沟通企业、慈善基金会与社会服务机构，共对接慈善项目总金额超4.5亿元。举办第二届广州市社会组织公益创投活动，有115个项目成功入围。对有社会需求、有企业和个人资金进入、有社会服务机构承接参与的项目，政府给予直接资助达1500万元，间接撬动了社会配套资金达2500万元，这些项目直接服务居民总数达到43.8万人，间接受益对象总人数达193万人，3000多名社会组织从业者通过提供服务得到专业化培训。广州这种独有的动员政府、企业、社会和个人多方参与，多方资源投入，共同打造社会公共产品的"共创共投、共建共享、双管双效"的公益创投模式，使政府资金用到实处，企业形象得到传播，市民获得专业服务，社会组织得到发展。这种广州独有的公益创投模式，既是广州发展慈善的模式，也是广州继政府购买服务、创建社会组织培育基地之后，又一新的培育和发展社会组织的新模式。

（四）推进城市安全建设，市民安全感继续增强

2015年，广州市兑现对市民的承诺实事，强化食品药品监管，推进城中村整治，完善村居法律顾问服务，"平安广州"建设扎实推进，市民安全感继续增强。

1. 完善村居法律顾问服务，创新基层社会矛盾调处机制

广州市在畅通信访渠道的同时，重视以法制化手段，从源头化解社会矛盾与社会纠纷。在继续发挥既有的基层治理结构、推进社区网格化管理试点基础上，2015年广州市通过购买服务的方式，全面推进"一村（社区）一法律顾问"工作。全市211个律师所、1428位律师与2619个村（社区）百分百签约对接，实现了"一村（社区）一法律顾问"制度的全覆盖①。通过完善法律顾问服务管理制度，多形式拓展法律顾问与村民市民的沟通联系渠道，签约的法律顾问进入社区，零距离为村民、居民与社区组织提供形式多样的法律服务，有效提升基层干部与群众以法治思维和法治方式解决社会矛盾与纠纷的能力。有证据显示，海珠区自推行村居法律顾问服务后，全区信访量较2014年同期下降了68%，有力地促进了基层社会和谐稳定。

2. 全面开展"食得放心"城市建设，食品药品安全形势趋好

2015年广州市将食品药品监管纳入2015年广州市十大民生实事之中，对本地食品生产企业和重点流通企业实施了100%监督抽检，对28类加工食品与6大类食用农产品实施了100%监督抽检，累计抽检2.84万批次。除了经常性的日常监管外，2015年广州市还持续开展打击假冒伪劣产品专项行动，破获食品药品环保类刑事案件998宗，查扣了一批劣质食品，捣毁制售假冒伪劣食品窝点，有效遏制了食品药品制假售假的违法行为。2015年广州市食品药品安全形势总体稳定并保持向好趋势，有效遏制了各类群体性食品安全事故的发生。

3. 以整治城中村安全隐患为抓手，推进"平安广州"建设

广州市现有城中村304个，村内建筑密集、人口构成复杂、各种管线凌

---

① 《广州深入推进村居法律顾问工作，打通服务群众"最后一公里"》，南方网，http://law. southcn. com/c/2015 – 11/25/content_ 137659832. htm。

乱，存在较大的安全隐患与社会治安死角，长期为社会各界所诟病。在试点的基础上，2015年广州市将116个城中村纳入安全隐患整治范围，推进以城中村电网、管线改造与视频监控等基础设施建设与改造为内容的综合整治。市区两级财政补贴10亿元，供电局出资20亿元，解决包括78个频繁停电城中村的用电难问题。全年城中村新增视频监控摄像头9000个，纳入整合的城中村环境发生了彻底改变，火灾与社会治安隐患显著减少。与此同时，2015年广州市继续组织开展严打暴恐专项行动，重点打击暴力恐怖、故意杀人、故意伤害、黑社会性质组织等犯罪行为，批捕1901人，起诉2514人，妥善处置各类突发事件，社会治安形势持续稳定向好，市民安全感进一步增强。据广州市公安局统计，2015年全市社会治安呈现"警情下降、发案下降、破案上升、群众安全感上升"的"两降两升"良好态势。其中，全市刑事治安警情同比下降5.9%，实现近4年来连续下降。市民关注、与居民安全感密切相关的抢劫、抢夺、盗窃等街面警情同比分别下降25.7%、15%和5.2%。广州社情民意研究中心调查显示，2015年市民群众对治安状况的满意度同比增加6个百分点，安全感达93%。

（五）规范行政权力公开运行，法治政府建设规范化、常态化

2015年，广州市继续深化行政体制改革，推进阳光政府建设，规范权力运行，推进依法行政，法治政府建设渐趋规范化、常态化。

1. 完成撤县（市）并区工作，推进阳光政府建设

2015年广州市继续推进政府职能转变和机构改革，完成了增城与从化撤市为区以及新黄埔行政区划调整工作，从此广州市结束了代管县（市）的历史，全部行政区域均成为市辖区，这极大便利了广州市政府的统一规划与建设，为推进城乡一体化与公共服务均等化扫清了体制障碍。与此同时，广州市继续推进机构改革与政府职能转变，推进依法行政，利用网络推进阳光政府建设，2015年全部取消非行政许可审批事项，目前97.9%的市级行政审批事项和99.6%的社会服务事项均可在网上办理，既方便了市民企业办事，又极大地压缩了权力寻租空间。

2. 深化商事制度改革，加大简政放权力度

2015年，广州市优化审批流程，推行国际贸易"单一窗口"和口岸管理

"三互"机制，探索企业投资"三单"管理，推动外贸发展。深化商事制度改革，推行工商登记"三证合一、一照一码"，推进市场监管体系和社会信用体系建设，加强事中事后监管。简政放权的实施、重点领域改革，激发了市场活力。2015年新登记企业快速增加，全市新登记注册市场主体比2014年增长14.9%，其中信息服务业新登记内资市场主体增长99.9%。仅广东自贸试验区南沙片区就新增市场主体5790家，注册资本697.3亿元。简政放权极大地促进了经济发展与人民生活的改善。

2015年，广州市社会发展和社会建设工作在取得显著成就的同时，也面临一系列突出的问题和矛盾。这些问题包括：关系到居民的切身利益的医疗、养老、教育、学前教育等问题与市民需求仍然有一定距离，尤其是看病贵的问题仍然较为突出；公益普惠性学前教育资源不足，学前教育总体质量依然落后，优质学位少而收费高，难以满足市民对优质、普惠学前教育的需求；社会建设相对滞后，部分草根组织、维权组织难以发展、成长，社会组织结构有待完善；社会组织参加社会治理的机制不足，难以适应社会结构的深刻变化，社会组织管理体制有待深化；等等。对这些问题和矛盾必须有清醒的认识，并且在深化改革、加快发展的过程中妥善加以解决。

综观2015年广州社会建设和社会发展状况，我们认为存在几个突出问题。

第一，社会组织结构有待优化，难以适应社会结构的深刻变化。截至2015年11月，广州市社会组织已经发展到6464家。但是，社会组织发展不平衡，组织结构有待优化，主要表现在社会福利机构增多与"草根性"、维权类社会组织不足的矛盾同时存在。在某些易于得到政府购买资源、政策宽松、进入门槛较低的领域，例如社会福利领域，社会组织数量增长迅速，且已经有一定程度的低水平重复。但某些具有社区共同体意义的"草根性"、维权类社会组织，比如小区里形成的小区业主维权组织、消费者组织、受环境污染侵害的受害者互助组织、劳工维权组织等社会组织，则有意无意被忽视，数量严重不足，生存困难，作用难以发挥。多年来社会管理存在的"维稳"思维路径，使得这些社会组织通常和"闹事"甚至"反政府组织"等产生联系，导致这些社会组织尤其是维权类社会组织难以登记成立。即使以社会工作机构等名义登记注册、获准成立，其发展也举步维艰，面临严峻的生存与发展问题。

第二，社工购买服务法制化程度不足，影响社工的进一步发展。自2007年以来，广州市借鉴香港"整笔拨款津贴制度"，探索建立起以设置项目为基础，以服务社区困难群众、长者为重点，以覆盖全市范围的家庭综合服务中心为主要平台，市、区、街（镇）三级同步推进政府购买社会工作服务的格局。目前，广州市共购买171个街（镇）和社区级家庭综合服务中心服务与16个社会工作专项服务项目。但是，广州市购买社工服务仍然存在以下问题。一是购买社工服务制度化程度不足，社工机构安全感低。在《中华人民共和国政府采购法》和《政府采购货物和服务招标投标管理办法》所规定的范围和程序内，并没有向社会或民众提供公益性社会服务项目，而目前广州市地方部门规范性文件在规范服务采购行为、服务质量标准、服务流程和规范的指引上比较缺乏。从招标看，由于社工人才紧缺，社工机构承办人与评标专家重合度较高，对购买服务的招投标公平性产生一定的影响。从评估看，八家中标评估机构的具体评估方式和具体评估标准设置各不相同，导致社工机构都要准备大量的文书材料，疲于应付，有的甚至不得不弄虚作假。二是购买社工服务资金缺乏正常调整机制。目前，广州市的购买服务主要有两个板块：居家社工服务与关注专门群体的专项服务。其中，社工机构承接的居家社工服务，自2011年起，每个家庭综合服务中心每年购买费用均为200万元。这笔购买经费一定三年，而且缺乏正常的调整机制，同时非营利的社工机构迄今仍然没有获得免税资格，导致目前社工机构通常没有积累，难以建立内部正常的薪酬调整与激励措施，造成社工流动率居高不下。据统计，近三年来的平均年流动率达21.5%（含在社工机构之间的流动）。三是社工购买经费拨付经常不及时，导致部分机构运作困难。广州市购买服务资金支付规则与评估结果相联系。由于后续购买服务费用须在年中和年末的绩效评估考核结束后才能支付，这就要求社会组织必须提前垫付服务费用，同时，经费的拨付中间环节多、需要时间长，一旦相关区、街财政困难，拨付延误、克扣经费现象则容易产生，导致部分社工机构运作困难，甚至生存困难。部分服务机构负责人表示，由于缺乏基本积累，一旦三年期满社工机构未能继续承接项目、机构解散的话，人员遣散费将成为未来一两年引爆社工机构危机的定时炸弹。

第三，群体性事件在数量上继续增长，并且出现鲜明的"互联网＋"等新特点。2015年，广州市群体性事件在数量上继续增长，范围不断扩大，牵涉面不断拓宽。据不完全统计，2015年广州市涉及10人以上、社会影响较大、传播广泛的社会群体性事件不断增多，并呈现鲜明的特点。一是由于欠薪、降薪、裁员、社保待遇等劳资关系问题引发的群体性事件时有发生。2015年以来，世界范围内普遍经济低迷和中国经济结构转型，导致广州市的劳动密集型、低端制造业陷入困境，中小企业融资成本高昂、利润微薄，导致大量企业倒闭或搬迁，老板跑路、企业结业现象增多，由此引发的工人维权行为增多，罢工潮、讨薪潮层出不穷，事实上2015年广州市因企业破产而引爆的欠薪、社保与公积金欠缴等劳资纠纷所产生的群体性事件居高不下，并在所有群体性事件中占相当大的比例。二是传统经济转型、个体户经济利益矛盾引发的群体性事件。电子商务、互联网产业的兴起导致许多传统产业和经济模式受到冲击。基于互联网技术的专车、快车严重冲击了出租车司机的利益，电子商务的发展冲击了许多实体店的生意，直接引发了出租车与专车、商铺租户与业主之间的矛盾冲突在2015年增长迅速。2015年10月广东广州十三行1000多家商户以关门罢市、聚集抗议的形式，要求档主降租。2015年5月30日与6月10日广州专车司机堵路聚集，抗议交委执法集体行动。三是广州群体性事件呈现鲜明的"互联网+"特点。2015年广州市的群体性事件在动员与宣传过程中，我们可以看到互联网（尤其是互联网自媒体）的作用，呈现线上线下联动、广泛动员、传播范围广、社会影响大的典型特点，微信等社交媒体、自媒体已经成为扩大影响、募集资金、动员成员参与的重要平台。网络引发的群体性事件则让人看到网络动员力量的威力。

二 2016年广州社会发展态势与展望

2016年是实施"十三五"规划的开局之年。经济发展继续面临若干风险，"营改增"政策使广州的财政收入增速有继续下滑的可能。在社会建设和社会发展方面，2016年广州市将秉承坚持为民用心做事的理念，突出民生福祉，加强社会建设，推进基本公共服务均等化、优质化、便利化，让改革成果更多惠及市民群众。

（一）2016年广州社会发展态势展望

基于广州市的工作安排与社会发展趋势，我们认为，2016 年广州市社会建设与社会发展将呈现以下态势。

1. 继续实施民生财政，落后地区的公共福利水平可望获得较大改观

改善民生将继续成为广州市政府工作的出发点和落脚点，民生财政政策将继续实施。面向市民关心的食品安全、基层医疗卫生服务，以及弱势群体的帮扶、促进就业、住房保障等，将进入十件民生实事。而推进实施第二期学前教育三年行动计划和特殊教育提升计划，开展幼儿园规范化、义务教育民办学校标准化建设，优化教育资源均衡配置，推动义务教育均衡优质发展，创建广东省推进教育现代化先进市，也成为 2016 年重点推进工作。与此同时，广州将继续开展家庭医生契约式服务，推进医联体试点，继续推进重大公共卫生服务项目。随着广州将投入更多资源用于教育、文化、卫生、体育等公共福利事业，城乡居民的公共福利水平可望有所提升，南沙、花都、增城等一些发展迅速、公共设施尤其是教育、医疗设施落后的地区可望获得较大改观。

2. 社会保障体系继续完善，养老服务将有更多新举措

2016 年广州市将加大社会保障制度改革的力度。在社会保险领域，改革与降低费率将成为社会保险改革的主流，包括机关事业单位养老保险制度改革，推进生育保险与医疗保险整合、降低失业保险费率和工伤保险缴费标准，推行失业保险浮动费率，将进入议事日程。

在社会救助领域，2016 年广州将健全最低生活保障与教育救助、医疗救助等衔接机制，建立临时救助制度，探索实施前置救助和支出型救助，从传统的重病救助向提前介入预防治疗转变，实施积极救助与促进就业相结合，从源头减少救助量。推动养老服务业综合改革试点，重点在养老服务社会化、医养融合发展、养老产业集聚、跨境养老服务合作、深化居家养老服务等方面改革创新。可以预计，只有社会保障体系继续完善，养老服务多样化、专业化、规模化、市场化才可能有更多实质性举措。

3. 社会组织监管将进一步加强，社区治理体系将进一步完善

2016 年广州市落实各项监管措施，健全社会组织监督抽查、财务专项稽查和内部审计等制度，完善社会组织年度报告和活动异常名录管理机制。推行

社区网格化管理将是广州市推动村居治理制度创新的手段。2016年将组织实施社区治理工程，探索建立社区发展专项资金，建立健全城乡社区协商平台和协商议事制度，全面推进城市社区网格化服务管理工作，加快社区网格化应用系统建设，推动社区自我建设、自我发展。可以预计，通过社会组织，立足基层社区治理的社区网格化管理将提速，社区网格化运行机制将继续完善。

（二）2016年广州社会发展面临的挑战

2016年广州市经济与社会发展既有机遇，也有很大挑战。世界各国普遍经济低迷、外需不畅，中国的经济结构转型困难重重、投资增长乏力、消费对经济的拉动不足，导致低端制造业陷入困境，将有相当部分企业倒闭、结业或被迫搬迁。加之营业税改增值税的政策与行政收费的减少，广州市的财政收入增长幅度趋缓将是个大概率事件。在这种经济形势下，广州市的社会建设与发展必然受到一定的影响。

1. 隐性失业、就业不足现象将进一步明显，对就业与社会稳定造成一定的压力

2016年，广州市将面临复杂的国内外经济形势，经济转型、外需不足、内需不振，造成相当部分劳动密集型制造业订单不足，将有相当部分企业倒闭、结业或被迫搬迁。而电子商务的发展将对广州传统的商贸企业造成较大冲击（广州十三行的罢市只是一个突出的例子），企业裁员、员工失业现象将有所增多。一些企业因为开工不足也将出现就业人员工作时间减少、工资降低等现象，隐性失业、就业不足等现象将增多，不可避免地对相当部分就业能力较弱的劳动者造成极大的冲击。

2. 社会群体性事件将继续居高不下，并有可能在金融等领域爆发

目前，广州市大规模的征地拆迁浪潮已经基本完成，历史遗留问题逐步解决，由此引发的农民维权的群体性事件将减少。然而，广州仍然处于矛盾多发、频发阶段。由于2016年不明朗的国内外经济形势造成企业经济效益下滑、企业破产、结业或转移（搬迁）等现象增多，广州因工资拖欠、社会保险等劳动纠纷引发的社会群体性事件将继续时有发生。与此同时，受2015年证券波动、互联网金融浪潮产生的金融诈骗、过高的金融理财收益影响而产生的经济纠纷已经浮出水面（目前，面向相对富裕群体的证券、期货、黄金等贵金

属投资理财产品因为监管不足而乱象横生）。这些互联网金融、投资理财产品涉及面更广，涉及金额更高，受害群体文化程度高，网络使用能力强，组织能力与动员能力更强。一旦市民中最有经济能力与组织动员能力的群体直接遭受重大利益损失，将可能直接引爆更大规模的群体性事件。在此过程中，部分严重利益受损者因为泄愤、报复社会等而产生的个别严重暴力恐怖事件也可能增多。这种状况对稳定中产阶级、维护社会稳定极为不利，也对社会和谐稳定提出了更高要求。如何发挥政府、社会组织在解决社会问题中的作用，将成为一个不得不思考的重要问题。

3. 各项社会保障待遇的增长速度将有所减缓，缩小不同群体差距的步伐有所放缓

一方面，连续多年的增长，广州的各项社会保障已经达到一定水平，在基数较大的情况下，增幅有所下降将属于正常现象。另一方面，由于经济转型以及营业税改革与减少行政事业收费，广州市的财政收入增幅趋缓将是一个大概率事件。这种状况会导致各项社会保障待遇的增长速度有所减缓，对缩小不同群体的利益差距可能造成一定的影响。

4. 社区治理的法制化程度有待进一步提高

广州市在幸福社区建设过程中，已经达到一定目标，但是离以"多元共治"为主题的和谐社区与"法治社区"还存在差距，具体表现在社区治理法治化程度不高、居民在协商共治中参与度不高、社区组织的培育不足、社区组织的工具化利用、社区治理智慧化和信息化程度不高。这种状况对幸福社区建设产生一定影响，社区建设尚未形成合力。

三 2016年广州社会发展的若干建议

回顾2015年广州社会建设与发展情况，展望2016年趋势，我们认为，就现阶段广州情况而言，改善民生仍然是化解社会矛盾和问题的根本途径，也是社会和谐稳定、人民幸福安康的基础条件。改善民生的着力点在于民众基本生活条件的改善和社会成员基本权利的切实维护，促进社会治理机制的完善，动员市场、社会与政府共同协作，推进民生建设。

针对2015年广州社会建设和发展中存在的若干问题，尤其是社会作用不

彰、社会矛盾频发，归根到底是社会组织在社会治理中的作用不彰的问题。因此，我们针对社会组织发展、社工购买服务、防范群体性事件方面，提出如下几个方面的政策建议。

1. 通过立法，推动社会组织结构的优化与作用的发挥

我国已经明确大力发展各类福利类社会组织，推动政府职能的转变，这是一个发展趋势。然而，仅仅发展福利类的社会组织依旧不足。广州市应当依据社会的发展趋势，针对目前广州社会组织发育不平衡、结构有待优化问题，大胆创新，坚持培育与监管齐下，推动社会组织结构的优化与社会组织作用的充分发挥。

一是加大社会组织立法工作的力度，以法治思维代替行政化管理思维。广州市应当在已实施政策的基础上，将既有的以广州市"政府令"出现的《广州市社会组织管理办法》，尽快提升到以人大通过的"条例"形式出现的地方法规，提高其法制化层次，使得社会组织管理部门与社会组织有法可依。在社会组织立法中，广州市应当根据克服既有的"维稳"思维惯性，大胆创新，允许特定领域的社会组织登记、注册，并在法律规定的范围内，鼓励社会组织参与社会矛盾的协调、处理，建立完善多元化的社会矛盾纠纷处理机制，充分发挥社会组织的正常功能。

二是通过试点，大力培育、发展特定领域的维权组织，完善纠纷处理的社会组织体系。目前社会矛盾高发领域，实际上存在着部分法定组织，例如各级工会、消费者协会均是依法成立的法定组织，其本身拥有各种资源，在集体谈判等法规制定、保护劳动者与消费者的利益过程中发挥枢纽组织作用，这是必须肯定的。但是由于内部运作机制不健全、官僚化作风等造成社会对这些组织信任感下降，同时这些现有的法定社会组织能力不足造成了维权无力的局面，作用已不够明显，在某种程度上需要大力增强活力，借助民间维权组织的力量发挥其法定作用。相对法定组织而言，发源于社会底层的劳工 NGO 组织、各种网络消费者维权群体，因为草根性、接地气而受到信任，他们有充分的信任资源，能够在一定程度上代表其所在群体的利益，一些活跃的机构也正在从初级的维权代理向培养群体成员的维权能力的方向转变，培养处理劳动争议的技能，参与争议诉讼过程，开展劳工社会服务等，但是这些组织缺乏法律认可的地位，也缺少必要的资源，公益创投不能覆盖，政府部门不敢支持，外部基金

会不能/不敢捐赠，运作困难。然而，他们能够在社会矛盾的纠纷与处理过程中，发挥着工会、消费者协会等法定组织不能发挥的作用，他们与工会等法定组织属于互补的关系。因此，作为社会组织试点城市，同时也是社会矛盾高发地区的广州市，应当充分利用试点城市的优势，通过试点，大胆尝试在物业、消费者维权、劳动者维权等矛盾高发领域，培育发展相应的维权类社会组织，共同建构社会纠纷处理的社会组织体系。

2. 通过购买服务方式，推动维权类组织的发展，发挥枢纽型组织的维权作用

工会、消费者协会等法定组织是联系工人、消费者的重要渠道，是保护消费者与劳动者合法权益的法定枢纽组织，妇联、共青团以及工商联等法定组织也具有保护其所代表的群体利益、合法权益的重要功能。建议通过制定条例，鼓励各类工会、消费者协会等法定组织加大购买维权服务力度，明确招标、购买资金拨付、评估等具体制度、原则，减少模糊空间，明确政府职能的转移原则、购买方式、评估方式等。通过这些法定组织购买服务的方式，带动、规范相关领域维权组织的发展，将维权组织纳入法制化轨道，充分发挥两者的共同优势，达到优势互补，共同推动社会矛盾的化解。在此过程中，法定枢纽组织将通过角色转变，从枢纽型组织转变为基金支持组织（基金会组织），充分发挥其所代表群体的意愿，维护群体的合法利益，而维权类社会组织则发挥其专业维权能力，以专业服务提供者的方式进入维权领域。

具体而言，面对劳工维权领域的问题，要树立社会治理的理念，因势利导地促进劳工维权组织转型并发挥其在劳工维权中的正能量，构建一个以工会为枢纽、吸纳社会力量参与的多元合作的劳工维权机制，共同化解劳工领域的矛盾与纠纷。在消费领域，则构建以各级消费者协会为枢纽，各类消费者维权组织为抓手，社会力量参与的多元合作的消费维权机制。

3. 以信息公开为抓手，推动维权组织的法制化、规范化与制度化建设

在敏感领域成立维权类组织，需要相当的勇气，对维权组织的监管，也刻不容缓。目前，广州市已经建立相对完善的社会组织监管体系。针对维权类社会组织的特点，建议以信息公开为抓手，推动其法制化、规范化与制度化建设。一是严格维权社会组织的信息公开制度。阳光运作将是维权类组织取信于社会、政府的最好方式。目前，广州市已经建立了全市社会组织登记管理一体化信息管理系统，形成纵向覆盖市、区各级登记管理机关，横向与政府各职能

部门数据互联、互通、互查，集登记、监管、服务和交流合作于一体的公共服务信息化平台。要按照社会组织信息公开指引和重大事项报告制度，充分发挥网络平台的作用，公开这些社会组织的信息，尤其是财务来源等重大事项的报告制度。二是完善健全维权类组织的治理结构，推动维权组织内部制度建设。此外，通过强化日常监管与联合执法方式，强化社会组织的监管。目前，广州市已经建立了相对完善的社会组织监管政策体系与监管网络，通过社会组织登记管理一体化信息管理系统、经常性评估与第三方评估等方式，对个体化运作的允许维权类组织首次公布社会组织活动异常名录，达到了信息共享、协作监管的效果。

4. 推进社工购买服务法制化进程，推进社工服务的规范化发展

购买服务是广州市转变政府职能、培育社会组织发展的重要举措。针对购买服务中存在的问题，我们认为应当立法与落实措施并举。一是尽快立法，将政府购买服务纳入法制化轨道。要在现有国家采购法与政策基础上，尽快将广州现有的购买社会服务的有关规定上升到地方法规的层次，将政府购买社会工作服务纳入法治化轨道。并依法出台有关实施办法、服务质量标准等制度和准则，明确招标、购买资金拨付、评估的具体制度、原则，减少模糊空间，明确政府职能的转移原则、购买方式、项目招投标、评估方式、减免税条件等，给社会工作机构一个稳定的预期，使得政府部门、社工机构有法可依。在制定地方法规、政策过程中，应当考虑员工遣散等有关问题的处置办法，未雨绸缪，化解风险。二是建立购买社工服务资金正常调整机制。建议依据重大事项咨询委员会办法，尽快设立广州市政府购买社会工作服务咨询委员会，广泛开展社会需求调研，科学论证政府购买服务项目，准确定位社工服务内容，了解社会工作服务机构开展服务的单位成本，建立随物价、正常社会工资水平、服务对象而正常调整的购买社会工作服务的资金动态调整机制。三是建立健全购买服务经费拨付制度。目前，经费的拨付需经过市、区、街道民政与财政部门，中间环节多，且部分经费需在考核后拨付，这容易产生各种问题。因此建议：在财政专户直接开立机构购买服务预付专户，建立机构等级与资金预防激励措施，依据机构不同等级，给予提前拨付、正常拨付、延迟拨付等处理办法。同时，减少地方政府有关部门的寻租空间，专款专用，杜绝资金的拨付延误、层层克扣经费现象。

5. 采取措施防范金融领域可能发生的风险，积极预防群体性事件的发生

2016 年，广州金融领域可能发生的风险将对广州社会中坚力量、最有活动能力的中产阶级产生较大的冲击。未雨绸缪，采取措施化解可能发生的风险、预防群体性事件的发生成为当务之急。因此，我们建议：一是加强分析研判，建立群体性事件预警机制。通过政府有关部门的信息综合，利用必要的手段加强对互联网、移动互联网、自媒体的监控，通过大数据技术，加强分析研判，加强金融领域风险预警，及时识别风险来源，预防群体性事件的发生。二是鼓励真正的金融创新的同时，加强对市民金融风险的教育，建立群体性事件预防机制。以互联网金融为代表的金融创新具有其发展的缘由与空间，只是目前在一定程度上缺乏有效的监管，因此有关部门在加强金融监管尤其是互联网金融监管、严厉打击地下金融活动的同时，应该通过各种措施，包括市民喜闻乐见的互联网手段，强化对市民投资理财风险意识教育，提高市民风险防范意识与投资意识。三是强化政府部门联动、市场组织与社会组织尤其是网络虚拟组织的合作，打造群体性事件的化解机制。防范、化解群体性事件政府应发挥主导作用，相关部门要齐抓共管，但同时也必须调动社会力量共同参与。政府有关部门应当通过微信、互联网等现代手段，加强与金融理财机构、各大金融理财社区尤其是网络虚拟组织（QQ 群等）的合作，主动了解其意愿，听取其呼声与建议，共同构建群体性事件的化解机制。

人力资源与劳动就业篇

Human Resources and Labor Employment

B.2
广州市人力资源市场运行
状况分析与建议

李汉章　徐林清　刘伟贤*

摘　要：　中国经济正处于转型期，以广州为代表的发达地区转型的速度很快，各种问题表现明显。本文首先对广州市人力资源市场运行的情况展开分析，进而重点提出助推广州人力资源市场有序运行的若干政策建议。

关键词：　经济"新常态"　人力资源市场　就业　广州

一　广州市人力资源市场运行情况分析

中国经济正处于急剧的转型期，以广州为代表的发达地区转型的速度更

---

* 李汉章，广州市人力资源市场服务中心副主任、高级讲师；徐林清，暨南大学经济管理学院副教授，专业方向：产业经济与区域发展；刘伟贤，广州市人力资源市场服务中心职业信息分析师、中级经济师。

快，各种问题表现得更加明显。经济增长速度的趋缓及结构性转变，会对劳动力市场产生很大的影响，最主要的表现就是结构性矛盾将变得更加突出。这种结构性矛盾表现在：劳动力技能结构、学历结构的供需矛盾；劳动力年龄结构的供需矛盾；本地就业人口与异地就业人口的矛盾；部分行业产品价格刚性与要素价格上升的矛盾等。

（一）统一劳动力市场初步形成，异地人力资源供给趋于减少

中国经历了长期的二元经济模式，当前随着人力资源流动渠道拓宽及人口红利的消失，现代产业与传统产业之间、城乡之间、发达地区与落后地区之间，传统产业内过剩的劳动力（边际生产率低于或等于零）已经被经济体系充分吸收，刘易斯拐点已经出现。

从全国劳动力市场公布的求人倍率对比中也可以看出，2008年以来，全国求人倍率都呈上升趋势，说明需求水平整体呈上升状态，但上升的速率有所不同。2008年，东部地区的求人倍率高于西部地区和中部地区，但到2014年，西部地区已经超过东部地区，到2014年底，东部地区甚至也低于了中部地区。这说明劳动力开始从沿海地区向中西部地区回流，也说明了中西部地区经济发展愈发强劲。

具体到广州市的情况，近年来，广州市人口的净迁入量急剧下降，不仅省外的迁入量减少，省内的进入量也大幅度下滑。广州市常住人口与户籍人口的差额有缩小的趋势（见图1）。

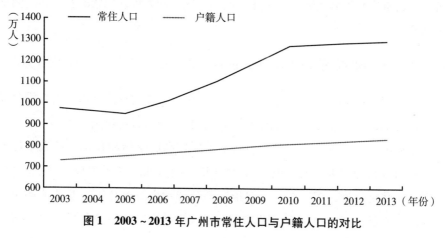

图1　2003～2013年广州市常住人口与户籍人口的对比

在过去的三十多年时间里，广州的经济发展相当大程度靠外地劳动力（包括外地加入广州市户籍的劳动者及未入籍的临时劳动者）来支撑，但这一现状即将发生改变，未来流入广州市的劳动力将趋于减少，广州必须更多依赖现有劳动力存量，通过提高劳动生产率的方式来应对经济增长对劳动的需求（见图2）。

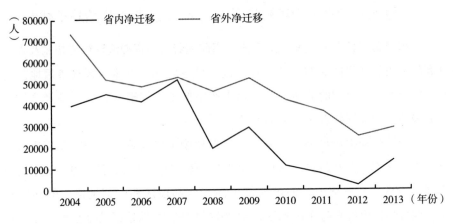

图2　2004～2013年广州市净迁入人口数量减少的趋势

当然，如果中国整个经济形势维持低增长的态势持续时间较长，则中西部地区经济下滑会更明显，沿海地区将重新获得就业上的优势。内地建筑市场的低迷将会使部分建筑工人重新到东部企业谋求稳定就业。在这一情况下，部分劳动力会重新到沿海地区寻找工作，广州地区劳动力短缺的状况有可能得到部分缓解。

（二）中低端劳工供应短缺成为常态，低技能劳工供求矛盾突出

产品和服务市场的需求刚性引发对低端劳工群体的稳定需求，但对沿海发达地区来说，低端劳工的供给在逐步减少，供求矛盾日益突出。

中低端劳工指以体力劳动为主，不需要较高的学历和技术，用人单位不愿意付出较高劳动报酬的工种。从2000年开始出现的"民工荒"，以及春节以后城市普遍出现的用工荒，普遍指这部分劳动力。近几年，低端劳动用工荒问题越来越严重。2014年广州市需求最大的是生产运输设备操作工、商业

服务业人员，需求量分别为 85.45 万人和 74.41 万人，合计占需求总量的 67%。2014 年广州市用工需求占比居前五位的行业分别为制造业（30.7%），租赁商务服务业（14.8%），批发和零售业（11.7%），居民服务和其他服务业（9.0%）和信息传输、计算机服务和软件业（7.1%），登记招聘总量占比合计超过七成（73.3%）。行业用工需求集中度较高。2014 年生产及运输工人、商业及服务业人员、专业技术人员、办事人员和单位负责人分别占用工需求的 31.3%、29.4%、19.4%、9.9% 和 8.7%。紧缺岗位前十位依次为营业人员、部门经理及管理人员、机械冷加工工人、治安保卫人员、行政事务人员、餐厅服务员、机械热加工工人、电信业务人员、保管人员、环境卫生人员。

2014 年，广州市人力资源市场进场登记供需总量为 352.2 万人次，同比减少 78.0 万人次，下降 18.1%。其中，登记招聘 210.7 万人次，同比减少 29.3 万人次，下降 12.2%；登记求职 141.5 万人次，同比减少 48.7 万人次，下降 25.6%。求人倍率 1.49，高于 2013 年同期（1.26）0.23，为 2006 年以来最高峰值，反映出劳动力供不应求紧张局面明显加剧（见图 3）。

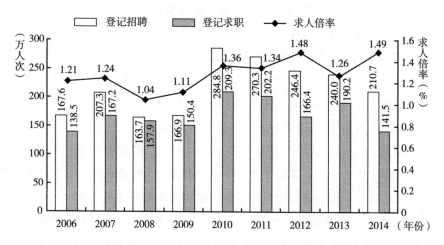

图 3　2006～2014 年广州市各年度人力资源市场登记情况

"用工荒"最严重的行业主要集中在劳动密集型企业，例如建筑业、家政业、服务业以及新兴的快递业等。这些行业普遍生产规模小、附加值偏低、利润微薄、工资福利待遇差，对员工的吸引力普遍较低。而且传统服务业收费标

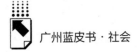
准由物价局统一核定，企业缺乏自主定价能力，难以通过提高服务收费的方式应对劳动用工成本的提高。

东部沿海城市"用工荒"有着深刻的产业背景。首先，随着沿海地区产业升级加速，大量企业开始向中西部迁移。一方面，因为中西部地区的劳动人口在"家门口"就能就业，所以中西部地区劳动力近年来呈现明显的回流趋势；另一方面，由于整体经济放缓，大量企业难有发展，很多企业薪酬待遇缺乏竞争力。

其次，本地劳工供给也趋于减少。广州市人口出生高峰期为 1950～1965年，其中 1955～1965 年出生率平均为 32.7‰。这部分人口目前在 50～65 岁，当他们全部进入退休年龄时为 2025 年，这时广州的人口红利期将完全关闭。因为广州作为发达地区，以前人口净流入一直是正数，且总量比较大，因此人口总量一直处于增长状态，但目前净移入人口增速在降低，实际上人口增速已经受到很大的抑制，劳动人口从 2015 年开始将进入下行的拐点。

（三）人口老龄化加剧，劳动力供求年龄落差持续加大

从用人单位对劳动者的年龄要求看，绝大多数（90%以上）用人单位对劳动者的年龄都有要求，其中要求在 35 岁以下的占到需求总数的 60%，要求25 岁以下的占到近 30%，而且对劳动力的年龄上限有压低的趋势。但是从广州市的供给结构看，显然不能满足这一需求。从 2014 年广州市的监测数据看到，在求职人员中，34 岁及以下青壮年劳动力占比 46.5%，35～44 岁占23.5%，45 岁及以上占 30.0%。与 2013 年同期相比，尽管青壮年劳动力仍占劳动力供给的主体，但 34 岁及以下的年龄段求职者占比由 57.7% 降至46.5%，跌幅超过一成，年轻劳动者供给有所减少。也就是说，市场需求更多的年轻人，但劳动供给结构中，年长者的比例却在提高（见图4）。

比较典型的年龄要求，如会计要求在 35 周岁以下；客户经理要求年龄22～30 岁；前台行政文员要求 25 周岁以下；商店服务员要求 18～28 岁。虽然有些行业因职业特点对年龄有较强的依赖，但大部分的情况都可以看作是一种年龄歧视。目前，我国劳动力市场上的年龄歧视具有明显的雇主主权意识，歧视不像人们通常认为的那样能够增加歧视者的收入，而是让歧视者和被歧视者都蒙受损失，它增加了社会就业成本，降低了社会总福

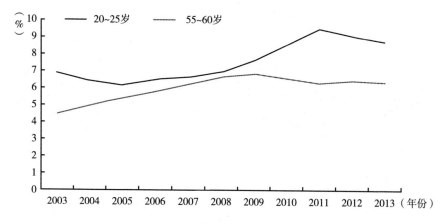

图4　2003~2013年不同年龄段人口占人口总数比重的变化

利水平，剥夺了部分公民工作机会和就业权利，造成社会人力资源不当配置和浪费。

　　对年龄的需求差距主要原因之一是产业转型。广州正在迅速由制造型城市向服务型城市转型，服务业直接面向消费者的特点使整个城市对劳动者年龄的要求有降低的趋势。但事实上，年轻劳动者在整个劳动体系中占的比重正在迅速下降，这一矛盾有扩大的趋势。

（四）技能需求结构两头高中间低，技师及高级工程师需求量大

　　观察全国不同技术等级的群体的求人倍率可以发现，从全国范围来看，工程师的求人倍率近五年来一直比较低，反映这个层次的技术人才需求量小而供给量大；高级工程师求人倍率则一直比较大，从2014年开始，技师的求人倍率增速加大，呈两头高中间低的状况（见图5）。

　　广州市的数据与此吻合，普通技术人员（如电工、司机等）需求量较大，但因为种种原因不能得到满足。高级技术需求虽然供给量比较少，但需求更少。工程师层次需求总量比较大，但供给量也比较大。高级工程师是具有创新能力和管理能力的高级职业技术人员，却供给总量有限，而随着广州发展战略向高端制造业和高端金融业转变，这类人才需求有增大的趋势。就是说，未来普通技术工人和高级工程人员的供需缺口将会保持一个较高的水平。

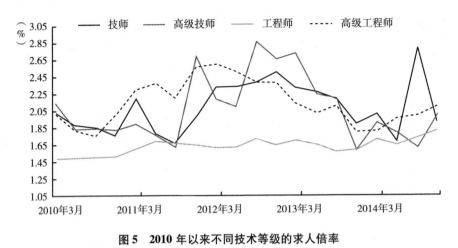

图5　2010年以来不同技术等级的求人倍率

（五）城市经济转型为大学生就业提供契机，但供需矛盾将长期存在

广州市经济发展的重点是新兴制造业及高端服务业，产业重点包括新能源、节能环保、电动汽车、新材料、新医药、海洋生物、软件和信息服务、移动通信、物联网、半导体照明等。广州的战略转型对大学生就业是一个利好消息。近年来，广州的大学生就业率保持较高水平，最近几年因金融行业的迅速发展，经济及管理类人才十分抢手，大量的毕业生（包括研究生和本科生）进入金融行业就业。今后理工科和应用性学科的就业形势将进一步向好，包括计算机、电子电气、机械仪表、房地产土建、市场营销、物流等。

但就业是动态的，广州及珠三角地区较好的就业状态会吸引全国其他地区的毕业生到这一地区求职，从而加大本地学生就业的难度。实际上，近年到广州求职的大学生数量有逐年上升的趋势。根据广州市人社局的统计，2014年有接近30万大学生到广州求职，比2013年的25万增加20%。统计显示，广州企业提供的职位数却并未相应增长，而是缩减15%。从高校毕业生就业专场供需见面会情况看，招聘单位数量较上一年同期下降11%，职位数下降15%，供需矛盾突出，就业形势不容乐观。而且广州本地大学毕业生的数量也在逐年上升，目前在校的大学生总量约100万人，每年进入劳动力市场的数量在30万左右，而且这30万本地大学的毕业生，大部分将在珠三角城市寻找工作。可见，广州市大学生就业问题仍将长期存在（见表1和图6）。

表1　广州市历年在校大学生人数

单位：万人

年份	人数	年份	人数
1990	6.55	2003	37.47
1991	6.44	2004	45.97
1992	6.70	2005	55.43
1993	7.89	2006	61.94
1994	8.90	2007	68.71
1995	9.54	2008	73.62
1996	9.92	2009	79.60
1997	10.24	2010	84.39
1998	10.84	2011	89.61
1999	13.43	2012	93.92
2000	18.51	2013	98.31
2001	24.47	2014	—
2002	29.90		

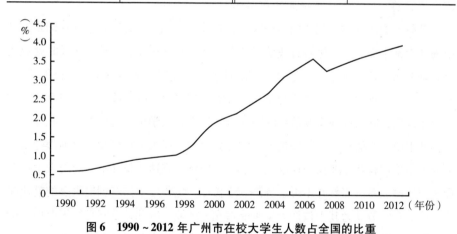

图6　1990～2012年广州市在校大学生人数占全国的比重

从总量上看，我国经济增长速度很快，但就业滞后于经济发展步伐，依靠经济增长提供的就业岗位尚不能完全满足大学毕业生对工作岗位的需求。所以虽然就业总量增加，但未就业的大学生人数也在增加，总就业率下降。从结构上看，我国的经济增长主要由制造业推动，仅拉动制造业的就业，对大学生集

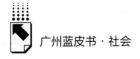
中就业的第三产业拉动力较弱。

除了经济增长对大学生就业有影响以外，教育模式、高校专业设置、能力培养、就业市场渠道等对大学生就业也有着重要影响。毕业生在选择单位时十分注重单位的性质、行政级别以及起点待遇等。大学生们自身期望值偏高、定位不准、理想与现实脱节是大学毕业生就业难的症结所在。如果观念不能及时更新，思想不能与时俱进，在当今社会就很难找到一个合适的位置。大学里开设的实践课程少，学生动手能力差，学校给学生提供的社会实践的方式与用人单位的需求也有距离。我国高校长期以来形成过分偏重学术性的专业教育，高校毕业生更容易出现知识与能力发展不平衡的现象，一些地区还有地方保护主义，对生源是本地的毕业生大开绿灯，对一些外地毕业生加上各种限制条件。真正公平竞争、择优有序的就业市场尚未建立，服务保障体系还未健全，体制性障碍还未消除。虽然围绕高校，地区、行业存在不少就业市场，但未形成较统一市场，导致毕业生和用人单位搜寻成本较高。市场规则不统一，部分市场甚至秩序混乱，导致就业市场的不完全竞争、不完全信息和较高成本，严重影响大学生就业。用人单位招不到满意的毕业生，毕业生找不到满意的单位，是市场不完善、信息渠道不畅通的直接体现。

此外，影响大学生就业因素还很多，具体可归纳为内在因素与外在因素，其中内在因素主要是大学生对自我认识、期望及工作理想化，导致无法及时就业或者频繁跳槽，处于摩擦性失业中；外在因素，主要是指学校对大学生技能培养，专注于学术性培养，导致无法与企业实际需要相结合，故不能很好地与企业人才需求相匹配，同时存在市场信息的不完全性，引起大学生结构性失业。此外，我国仍处于第二产业拉动经济增长的主因，而由本文相关分析可知，以脑力劳动为主的大学生们就业主要集中在第三产业，故经济的高速增长并不一定与大学生就业成正比例关系。当然并不否定经济的增长在一定程度上能够创造更多的就业岗位，让更多的劳动力其中包括大学生能够充分就业，因此，政府必须采取切实可行的政策鼓励大学生创业，拓宽就业渠道，促进第三产业吸纳大学生就业，才能真正做到经济增长与大学生就业的同步发展。

（六）产品、服务市场的价格刚性与生产要素价格上升的矛盾

如果产品市场和要素市场都是竞争性的和富有弹性的，则长期来看，产品、

服务的价格与供求及各种生产要素的价格与供求会达到均衡，任何一种因素的变动会带来其他因素的适应性调整。但广州当前面临的问题是，产品市场、服务市场上的价格呈现刚性，而生产要素的成本在逐步提高。前者的价格更具有竞争性，来自内地省份及东南亚其他国家的竞争压力已经使单个企业单独改变价格的可能性大大降低。城市服务市场的价格刚性更是十分明显，很多价格要接受物价局核定，有些价格则是习惯性定价，单个企业不能擅自改变。例如，物业管理行业，其收费标准要接受物价部门监督，提高住户管理费几乎是不可能的。但是来自生产要素市场价格上升带来的成本上升的压力使企业不堪重负。其中劳动力成本是最明显的部分，特别是对于劳动密集型企业，劳动成本上升大大挤压了企业的利润空间。部分行业只能靠不同业务之间的交叉补贴来维持（如物业管理行业，多数企业靠停车收费来维持物业传统业务）。劳动力综合使用成本包括劳动力获得成本（招聘、培训费用）、使用成本（工资、社会保险费用、福利开支、劳动保护、劳动条件改善的支出等）及劳动关系解除的成本（解聘费用、违约赔付等）。目前，广州经济的快速发展及居民消费水平的提高使消费者支出总额及结构都出现了明显的变化，劳动者对工资收入的预期逐步提高；同时，随着SA8000标准的推行及政府的努力，越来越多的企业认识到履行社会责任的重要性，劳动者的社会福利和社会保障水平也在不断提高。广州的最低工资标准也屡次上升，为低端制造业及低端服务业带来成本上的困扰。根据广州市的调查，求职者对薪资的期望值在不断提高。2014年只有7.4%的求职者月薪期望值集中在2000元以下，39.7%的求职者月薪期望值集中在2001~3000元，32.9%的求职者月薪期望值集中在3001~4000元，12.8%的求职者月薪期望值集中在4001~5000元，7.1%的求职者集中在5001元以上。调查显示，92.6%的求职者不愿意接受2000元/月以下的薪酬待遇。

二 新常态下助推广州人力资源市场有序运行的政策建议

（一）推动技术变革和经济转型，增强产业活力，实现人力资源市场的持续良性运行

经济增长是推动就业及人力资源市场良性运行的根本保障。中国经济7%

的增长速度仍属较快的水平。特别是对广州来说，三十多年以来形成的产业链优势并没有削弱，制造业的产业链优势在全世界仍是最好的。或者说，中国已经形成了机电产品的产业生态，这种产业生态是一个演化的过程，东南亚及南亚地区不可能在短期内形成。

从技术上看，中国在中端技术上的优势尤为明显，就是说，当某种技术进入较为稳定的状态，技术创新不再活跃时，中国通过模仿及规模生产，可以将这类产品的成本降到极致，获得巨大的产业优势。根据产品生命周期理论，新的产品（或技术）的市场空间拓展可分为三个阶段，广州的优势体现在第二个阶段上。当前，部分低端产品或产业已经向中国内地或其他国家转移，高端技术产品有向发达国家回流的趋势，但中端技术产品，中国凭借产业链优势，仍将在相当长时间内在世界上居领先地位。

因此，政府的产业政策不应过度向所谓的高端制造、高技术产品倾斜，应当更多地扶持中端技术产业，继续培育产业生态，巩固中国特别是发达地区在这方面的优势，保持长期增长的活力，这也是解决就业问题的终极途径。

另外，鉴于服务业是广州市吸纳就业最多的行业，而且有进一步扩大的趋势，所以应加大对服务业的扶持力度。可以通过减税等方式扶持具有公共服务职能的传统服务业，这些服务业无法转型及向其他地区转移，而对市民服务又至关重要。

（二）政府、雇主与工会三方合作，通过职业再造，改善劳动条件，增加职业升迁机会，提高职业对劳动者的吸引力，解决结构性失业难题

一是对低端职业形象、低报酬、缺乏吸引力的工作进行重新设计；二是发掘和识别更多工作机会；三是帮助失业者适应经过改造的工作。工作再设计的方式很多，例如使一些低技术工作实现自动化或机械化，提高这些工种的生产效率，并提升从业者的工资；通过灵活的工作时间安排改变某些职业的固有形象，使之更人性化；通过工作再设计，使从业者意识到职业前景，使他们更乐于从事这些工作。

（三）全面提高劳动者的职业素养，实现劳动者的动态就业

职业素养是一个综合指标，包括职业技能、文化素养、敬业精神等。劳动

者的综合职业素养与中国的产业升级是动态均衡的过程。技术革新的迅速发展和产业结构的高级化促进了就业劳动力在"质"的方面的提高，而劳动力"质"的提高创造了劳动力被扩大吸收的重要条件，尽可能减少因产业结构调整而引起的结构性失业。在大规模采用新的技术装备的条件下，劳动力质量是劳动力能够被迅速吸收的前提。而劳动者素养的提高是社会、个人、企业共同努力的结果。

来自政府的再就业培训应该更具有针对性。目前，政府也向失业者提供免费技能培训，但培训往往是盲目的，有些甚至流于形式。失业者即便参加培训，并获得相关资格证书，也难以被企业聘用。也就是说失业培训和企业的劳动需求脱节。政府可以考虑设计和推行一种有更强针对性的就业促进计划，对愿意参与计划的企业提供资助。参与政府就业促进计划的企业首先根据要求从失业者中招募员工，然后对新招募员工进行有针对性的技能培训，技能和资格符合要求后再正式上岗。通过这类计划，可以使失业者获得长期受雇的技能基础。

（四）继续发挥城乡、区域差异的就业蓄水池作用，缓冲劳动力市场波动给社会带来的冲击

中国传统的二元经济模式曾经发挥重要的就业蓄水池作用，就是说，劳动力的流动是"候鸟式"的，周期性地在发达地区和落后地区（城乡之间）流动，在经济发展较为快速的时期，落后地区的劳动力到发达地区打工，而在经济低迷时期，这些人回到农村，从事农业生产。这一巨大的劳动蓄水池对劳动市场的波动起到了重要的缓冲作用，可以避免失业对人力资源市场的冲击。

但现在，这一蓄水池作用正在减退。一方面，因为二元经济结构模式正在消退，特别是新生代农民工逐步改变了候鸟式的流动方式，即便在经济衰退时他们也不会回到其父辈居住的地方；另一方面，农村劳动生产率的提高、大型农机具的使用，使农村能够容纳的劳动者数量急剧减少，越来越多的农民转变为城市居民。为了继续发挥农村的就业蓄水池作用，农村土地集中制度应该缓行。就是说，如果农村土地集中的速度过快，相当一部分农民完全失去土地，可能就会出现像拉美国家那样的"城市病"。

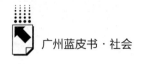

（五）鼓励创业

广东省出台了《关于进一步促进创业带动就业的意见》，提出降低创业门槛和成本，提高和扩大各项扶持创业的补贴标准及对象范围，提升公共创业服务能力和水平等措施，努力实现2015～2018年，全省新登记注册初创企业户数、吸纳从业人员人数平均每年增长10%以上的目标。目前，广州经济处于转型期，由高投资带动的增长模式将难以为继，加上制造业、房地产市场、对外贸易等市场都处于明显下行阶段，推动创业与创新成为调整经济结构及拉动就业的有效途径之一。近年来在各大城市出现了诸如创新工场、车库咖啡、创客空间、天使汇、亚杰商会、联想之星、创业家等新型小微企业孵化器，有效推动了中国的创业运动。因为广州是广东省最大的城市，除了落实省政府的相关政策，还应当在鼓励创业上做出更开放的姿态，使广州成为推动创业的先进城市。

（六）延长人口红利期

广州的人口红利期即将结束，届时广州的人口结构将出现"头重脚轻"的局面，即年轻人口比重低、老年人口比较高的情况，这对经济增长是不利的，主要影响是劳动供给减少、老年抚养比率提高、社会负担变重、储蓄率降低。延长人口红利期限成为一个重要的课题。可以采取一些人口和劳动政策，充分利用劳动力资源，避免老龄化对社会带来的冲击。政府可以和企业联手，鼓励有高技能，特别是大型企业的退休技术工人重返工作岗位。对广州来说，延长人口红利的空间更大一些。广州可通过放宽劳动力的进入条件来吸引外地的劳动力。因为对外来工而言，广州的入户门槛仍然较高，如房价高房租贵、子女入读难、生活费用高，都限制了外地人力资源的引进。另外，外来人口社会地位不高，享受不到城市人同等的经济补偿、社会保障待遇等，而且劳动纠纷维权难，让外来工整体缺乏对城市归属感。因此，对广州来说，降低劳工进入广州的门槛，增加劳动供给，延长人口红利期，仍然大有所为。

（审稿：刘树军）

B.3

广州市人力资源服务业发展研究报告

广州市人力资源和社会保障局课题组*

摘　要：　人力资源服务业是"朝阳产业"和现代服务业的重要组成部分。本文首先对广州市人力资源服务业发展现状展开分析，进而论述其存在的主要问题，最后提出相关对策与建议。

关键词：　人力资源服务业　创新驱动　广州市

　　近年来，随着全球范围内的产业结构调整，服务业逐步成为全球经济的主导，而人力资源服务业的主要服务对象逐步转为服务业。据统计，人力资源服务对象涵盖三大产业，其中工业领域占31%，服务业领域占37%，农业和其他领域占32%；在英国、瑞典、西班牙等发达国家，人力资源服务对象中，服务业的占比更是超过了50%，成为"服务业中的服务业"。

　　人力资源服务业作为"朝阳产业"和现代服务业的重要组成部分，具有高技术含量、高人力资本、高附加值和高成长性，并兼具劳动密集型特征，是促进就业和经济社会发展的重要力量。为实施人才强市战略，配置和开发人力资源，构建现代产业体系，推动广州市经济社会快速发展，广州市需加快发展人力资源服务业。

一　广州市人力资源服务业发展现状

（一）行业规模快速增长

　　从行业规模看，广州人力资源服务业呈现营业收入大幅增长、机构数量迅

---

　　* 课题组成员：关则朝，广州市人力资源和社会保障局人力资源市场处处长、管理学硕士，研究方向：人才和人力资源市场管理；麦嘉盛，广州市人力资源和社会保障局人力资源市场处副主任科员，研究方向：人力资源服务业发展规划。

速增加、从业人员队伍快速壮大的特点。2013年，广州市人力资源服务业全年营业总收入395亿元（其中包括代收代付123亿元），较2012年有了大幅度增长，增速高于全国平均水平。截至2013年底，广州地区的人力资源服务机构共1005家，较2012年增长6.1%；从业人员1.5万人，较2012年增长34.3%，增速超过全国平均水平的5倍，行业规模不断壮大（见表1）。

表1　2012~2013年广州市人力资源服务业总量对比

项目	总量指标	2012年	2013年	2013年较2012年增长率(%)
广州市	营业收入（亿元）	300	395	31.7
	服务机构数（家）	947	1005	6.1
	从业人员（人）	11170	15000	34.3
全国	营业收入（亿元）	5763	6945	20.5
	服务机构数（家）	27939	26000	-6.9
	从业人员（人）	336000	358000	6.5

（二）市场主体逐渐完善

截至2013年底，全市共有人力资源服务机构1005家，建立网站280个，年营业收入395亿元（其中代收代付123亿元），初步形成了政府所属的人力资源机构、外资及中外合资企业和众多民营人力资源服务机构共同参与的多元化体系。

一是外资机构快速进驻，国际化步伐加快。德科（Adecco）、任仕达（Randstad）、万宝盛华（Manpower）等国际人力资源服务巨头陆续进驻广州，业务定位普遍在高端人力资源市场，这加快了广州市人力资源服务业的国际化步伐。

二是本土龙头企业不断涌现，市场份额增长迅速。近年来，南方人才、红海人力、仕邦人力、友谊外服、倍智测评、午马猎头、方胜人力等一批本土企业成为全国知名品牌，对行业发展起到了较好的示范带动作用。

三是民营人力资源服务机构成为主体。近年来，民营人力资源服务机构已逐步成为广州市人力资源服务提供的市场主体。与全国相比，广州市民营服务机构发展更为迅速，其占比明显高于全国平均水平。截至2012年底，广州市民营人力资源服务机构占比为79%，明显高于全国60%的占比（见图1）。

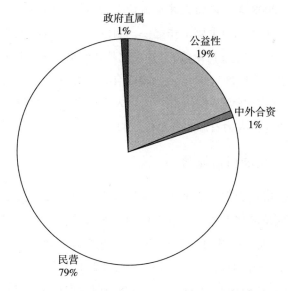

图1　广州市人力资源服务机构分布（截至2012年底）

（三）产业链条逐步形成

在数字革命和网络信息化浪潮的推动下，广州市不仅形成了比较丰富和完整的产业链条，在服务内容和形式等方面也有诸多进步和创新。一是公共就业、流动人员档案管理、招聘等传统人力资源公共服务业务量呈现减少的态势，但相对平稳。二是新兴和高端人力资源服务业务得到较快发展。人力资源外包服务、高级人才寻访（猎头）、人力资源培训、人力资源管理咨询、人才测评等业务增长幅度普遍较大，成为人力资源服务行业新的增长点，甚至成为某些服务机构的主要利润来源。

（四）行业自律不断增强

1995年8月，广州市政府发布《广州市人才中介管理暂行规定》，初步规范了广州人才市场的管理。1998年4月，广州市人社局根据体制改革、政府职能转变的需要，以及人力资源服务业的特点，成立了广州人才市场中介服务行业协会，并于2007年4月更名为广州人才交流协会。协会成立以来，在促进公平竞争、提高服务质量、规范职业道德、维护行业成员合法权益等方面发挥了重要作用。2008年，广州人才交流协会把制定广州市人才服务机构评级办法作为提升行业品牌的主要工作之一，制定了《广州市人才服务机构评审定级试行办法（草案）》（讨论稿），并在此基础上拟定了《广州市人才服务机构评审定级给定分数标准（试行）》。2012年，广州人才交流协会与广州市职业中介服务协会联合开展了广州市"优秀人力资源服务单位"评选活动，正式认定广州市"优秀人力资源服务单位"43家。

（五）服务功能日益显著

目前，广州市人力资源服务供求主体基本到位，市场机制在人力资源配置中的决定性地位已经基本确立，对广州市经济社会发展、高端人才开发引进的贡献初步显现。据统计，2013年，广州地区引进各类人才10970人，接收应届高校毕业生41856人（其中包括"211工程"高校毕业生15129人、"985工程"高校毕业生9441人），登记留学回国人员5713人（其中包括登记留学回国人员中排世界前100名人员346人），较2012年有了大幅提升；随军家属安置数326人，省直及中央驻穗单位调动入户数量6300人。以中国南方人才市场为例，近年来累计为广州引进的外地优秀人才达到7.8万人，其中高级人才近9000人；接收应届高校毕业生23.1万人，其中60%来自"211工程"重点院校；2013年，引进异地人才和优秀毕业生数量超过4.1万人，超过广州市引进人才总量的75%，其中引进的代表人物有全国人大代表、迪森公司董事长常厚春，省政协委员、天普生化医药集团董事长傅和亮，省人大代表、金发科技公司董事长袁志敏，蓝月亮公司总经理罗秋平等。总体来看，广州市人力资源服务机构在人才资源配置中发挥了重要作用。

二 广州市人力资源服务业存在的突出问题

近年来，尽管广州市人力资源服务业得到了快速发展，但与发达国家和地区相比，仍然存在一定差距，突出表现为以下几个方面。

（一）产业总体实力相对较弱

经过多年的发展，广州市人力资源服务业总体实力虽然有了大幅提高，但人力资源服务业整体竞争力相对较弱，尚存在较大的发展提升空间。一方面，从内部看，广州市人力资源服务业规模相对较小。2013 年，广州市人力资源服务业营业收入占 GDP 的比重仅为 2.6%。另一方面，广州市人力资源服务业的总体实力与国内先进城市相比，也有显著差距。截至 2013 年底，广州市人力资源服务业从业人员数、每百万人口拥有从业人员数、营业总收入、营业总收入占 GDP 的比重与北京、上海相比尚有较大的差距（见表 2）。

表 2　2013 年主要城市人力资源服务业基本情况对比

城市	服务机构数（家）	每百万常住人口拥有服务机构数（家）	从业人员数（人）	每百万人口拥有从业人员数（人）	营业总收入（亿元）	营业收入占GDP比重（%）
广州	1005	77.7	15000	1160.1	395	2.6
北京	1119	52.9	17445	824.8	1000	5.1
上海	1500	62.1	36530	1512.6	1258	5.8

（二）专业化水平有待提高

从全国情况看，广州人力资源服务业的发展水平和发展规模都位居国内前列，但与北京、上海等城市相比，专业化程度尚缺乏优势，突出表现在：一是人力资源服务产品技术含量和附加值相对较低，高端化、专业化、精细化、个性化的人力资源服务供给相对不足，在满足客户差异化需求方面亟须提升。二是大部分本土服务机构研发创新能力较弱。调研发现，大多数本土服务机构没有专门的研发部门和研发人员，也极少有专项的研发投入，与外资人力资源服务企业相比，研发创新能力相对较弱，在中高端服务市场及整体解决方案提供等方面亟待加强。

（三）现有业态结构不合理

从目前情况看，广州市人力资源服务业以传统、低端业态为主，高端业态发展尚不能满足经济社会发展的需要。一是尚未形成与用人单位人力资源需求相匹配的完整产业链。目前，广州市人力资源服务主要集中在人才招聘、劳务派遣等初级服务方面，而用人单位需求量较大的诸如人力资源管理咨询、人力资源外包服务、高级人才寻访（猎头）等中高端服务还相对薄弱。二是服务产品的结构不合理。初、中、高服务项目或者产品的结构不合理，服务细分度不高，利润主要还是通过提供诸如供求信息等初级产品获得，缺乏技术含量高、信息集成度高、附加值高的高水平、专业化的人力资源服务产品。大众化、粗放型、就业服务型的人力资源服务占很大比例，真正专业化、个性化的服务相对较少。大部分人力资源服务机构服务产品单一，同质化现象比较严重，无法满足客户差异化的需求。

（四）规范化程度亟须加强

从组织结构来看，广州市人力资源服务业主要以中小民营机构为主，占80%左右，它们在解决就业、服务产品创新等方面发挥了应有的作用。但从目前情况看，大部分民营人力资源机构服务方式单一，缺乏行业特色，没有形成自己的品牌，无法适应当前人力资源服务业竞争国际化、多元化和专业化的新形势。调研发现，由于政府在人力资源服务业的管理中，对大中小企业实行统一的管理政策，缺乏分类管理政策，特别是对小企业缺少相应的支持和鼓励政策，致使小企业发展比较困难。目前，非法劳务市场、信息公司、人力资源中介机构、未持证或未进行工商登记的个人或群体也进行人力资源服务方面的经营活动广泛存在，在一定程度上扰乱了广州市人力资源市场的正常秩序，加之政府对人力资源中介机构的实际运营范围缺少有效的监管，无证经营对人力资源服务业的发展也造成了一定的冲击。另外，企业间不良竞争、企业不诚信经营时有发生，甚至还发生了一些违规、违法的事件。这些行为从客观上破坏了广州市人力资源市场健康发展的环境。

（五）信息技术应用水平不高

近年来，广州市人力资源服务机构在结合互联网、大数据、云计算等新一代信息技术上做了有益探索，如以中华英才网、前程无忧（51Job）、智联招聘为代表的网络招聘企业已经成为人力资源服务业信息化发展的新动力。但与发达国家相比，还有一定差距，如在欧洲已经有23%的企业把招聘活动全部通过网络实现。此外，多数人力资源服务机构缺乏资源整合和区域协作意识，市、区的人力资源服务机构信息系统建设较为分散，导致目前广州市还没有建立统一的人力资源服务信息共享平台，资源利用效率较低，难以发挥整体规模效应。

三　广州市人力资源服务业发展面临的新形势

"十三五"时期，广州人力资源服务业发展面临着巨大的需求与挑战。

（一）"一带一路"战略的实施和区域经济合作的推进，要求人力资源服务业在广州市成为区域人力资源配置核心枢纽中发挥决定性作用

"一带一路"战略的实施，凸显了广州市在全国乃至东南亚的独特地位。一是随着"一带一路"战略的实施，广州市将依托南沙自贸区、广州港和白云空港，成为"一带一路"的国际枢纽城市，成为海上丝绸之路建设的排头兵和主力军之一、东南亚经济贸易文化交流中心，这就要求广州市首先要成为南中国乃至东南亚地区的人才配置中心。二是随着珠三角以及泛珠三角区域经济合作的推进，特别是《珠江三角洲地区改革发展规划纲要（2008~2020年)》的实施以及《粤港合作框架协议》和《粤澳合作框架协议》的签署，广州市人力资源服务必须实现跨域跨界发展，推动以广州为龙头的珠三角地区人力资源服务业的同城化、一体化发展。三是随着国际经济合作交流的不断深入，大规模走出去和高水平引进来将同步发生，对国际贸易人才、国际化经营人才、跨国流动的劳动力等需求将更趋多元化和高端化，外向型企业和境外经营企业对人力资源离岸外包、国际人才招聘、人力资源国际培训、高级人才寻访、国际法务咨询、国际会计咨询、国际金融服务、科技中介服务等人力资源相关服务需求将不断扩大，这就要求广州市人力资源服务机构要不断增强国际化服务能力。

（二）创新驱动发展战略的实施，要求广州市人力资源服务业不断提升创新创业服务的层次和质量

实施创新驱动发展战略是广州市对接国家战略走在前列的责任担当，是适应和引领经济新常态的必然选择，是巩固提升国家中心城市地位的根本要求，是

产业结构调整和发展方式转变的客观要求。近年来，广州的科技和管理创新对经济发展的驱动力有了明显提高，但也应看到，与经济总量相当的北京、上海、深圳等城市相比，广州市创新能力还有较大潜力可挖。从发明专利申请量和授权量看，2013 年，广州市发明专利申请量、授权量分别为 12156 件、4055 件，与北京、上海、深圳等地还存在一定差距（见图2）。为进一步增强创新驱动力，广州市必须大力培育创新主体，大规模培育高新技术企业，支持大型骨干企业设立研发机构，培育引进大批科技型中小微企业，大力推动传统企业技术改造升级；必须加强创新载体建设，积极创建国家自主创新示范区，建设珠江两岸自主创新示范带，加快广东自贸试验区南沙新区片区、广州高新技术产业开发区等创新载体建设，形成多点支撑的发展格局；必须营造良好的创新生态环境，加大科技创新投入力度，加强知识产权保护和科技成果转化，实施有竞争力的人才政策，吸引优秀创新团队和个人来广州发展。这必将催生广州市创新创业生态系统建设、高层次创新创业人才引进、创新创业指导、创业培训、创新教育等人力资源服务需求，人力资源服务机构必须不断提升创新创业服务的层次和质量。

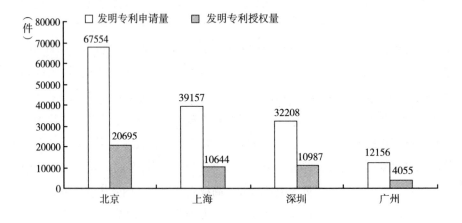

图 2　2013 年北上广深四个城市发明专利情况

（三）经济总量的稳步增长，要求广州市必须把人力资源服务业的发展主动融入经济建设主战场

随着我国经济发展进入新常态，广州经济运行下行压力也在不断加大，但

广州市经济总量却保持着稳步增长态势,增速也高于经济发展水平相当的城市和全国平均水平。据广州市统计局数据显示,2014 年,广州地区生产总值 16707 亿元,在全国主要城市中排第 3 位,比 2013 年增长 8.4%,增速高于全国平均水平 1.2 个百分点,分别高于北京和上海 1.3 个和 1.6 个百分点。从人均地区生产总值看,按常住人口计算,2014 年广州人均地区生产总值为 12.8 万元,约为全国平均水平的 2.7 倍,比北京、上海分别高 27.7%、31.3%。经济总量的稳步增长,要求广州市人力资源服务业在服务经济社会发展、构建人力资源服务体系、提供人力资源服务支持等方面实现新突破(见图 3)。

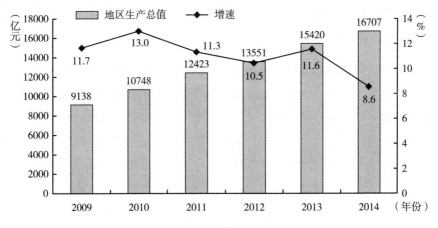

图 3 2009～2014 年广州地区生产总值与增速

(四)经济结构转型升级,要求广州市人力资源服务业必须在解决结构性失业和有效配置人力资源中发挥重要作用

近年来,广州市坚持先进制造业和现代服务业双轮驱动,经济结构调整和产业转型提速,服务业对经济发展的贡献度持续提高。2014 年,广州市第三产业完成增加值 10862.9 亿元,比重为 65%,同比增长 9.4%,其中以商贸会展、金融服务、科技服务、信息服务和现代物流等为代表的现代服务业比重达 62.7%。但与美国、日本等发达国家第三产业比重约为 80% 相比,广州市服务业,特别是作为现代服务业中具有代表性的行业——人力资源服务业,还有

很大潜力可挖。

随着广州市产业结构持续调整，不论是传统产业的改造，还是新兴产业的培育，都会带来巨大的人力资源服务变革与需求。可以预见，广州市人力资源服务业将在解决产业转型升级引起的结构性失业、提高人力资源有效配置中发挥更大作用，其中，再就业培训、多渠道招聘服务、就业创业服务、职业指导、人力资源和社会保障事务代理等人力资源服务必须加快发展。此外，随着国家大力发展人力资源服务业政策措施的落实部署，行业自身也面临着转型升级，这都对广州人力资源服务业的发展提出了新要求。

（五）人力资源供需结构性矛盾，要求广州市人力资源服务业必须满足日益增长的人力资源培训、多渠道招聘、职业指导、高级人才寻访等服务需求

近年来，广州市招工难、就业难并存的现象一直存在，人力资源供需结构性矛盾较为突出，这就要求广州市人力资源服务业必须满足日益增长的培训、多渠道招聘、职业指导、创业指导、高级人才寻访等服务需求。一方面，要提升广州市现有劳动者适应能力和自主创新能力，必须通过人力资源培训等方式使其能力素质更好地满足产业转型升级和经济社会发展的需要。另一方面，要进一步提升人力资源市场配置能力。一是加大对海外留学人才的吸引力度，进一步拓展海外招聘、国际猎头、人才就业创业服务、医疗保健、家属安置、子女教育、政策咨询等服务；二是开拓针对老龄人口二次开发的个性化服务，不断创新老年人的培训开发、健康咨询、医疗保健、心理咨询等服务。

四　加快广州市人力资源服务业发展的政策建议

综合广州市人力资源服务业面临的问题和形势，提出如下建议。

（一）加强对外开放，吸引国外总部企业

目前，广州市人力资源服务业整体的国际化水平还比较低，与整个城市的定位以及外向型经济的发展不相匹配。广州市要在开放的大局中研究放宽外资股比限制和鼓励支持混合所有制的相关规范性政策制定。建议加大引进国外知

名人力资源服务机构的力度，带动国内机构的专业化发展；在确保人才信息安全以及国有资产保值增值的基础上，有选择地吸纳外资和社会资本进入人力资源服务行业，把市场做大、做强、做专；积极引导和支持本土人力资源服务机构拓展和优化涉外服务，为我国企业大规模走出去做好人才和智力服务支撑，同时鼓励和引导本土机构在海外设立办事处或是与国外机构合作，帮助走出去企业在当地本土化。

（二）发挥产业集聚孵化作用，推进人才产业园建设

针对产业集聚发展的形势和要求，广州市人力资源产业集聚政策要坚持需求导向、市场导向，要重视做好人力资源服务产业园的统筹规划和政策引导，以集约化为原则，布局人力资源服务产业园建设。目前，上海、杭州、苏州等地在人力资源服务业产业园建设等方面出台了一些有关政策，建议广州市基于自身特点，学习借鉴这些地方的有益政策，以人力资源公共服务枢纽型基地、产业创新发展平台、互联网与产业融合为着力点，加快广州市人力资源服务产业园和南方人才大厦建设，制定广州市人才资源服务产业园配套政策，加快建设形成集聚产业、拓展业态、孵化企业、培育市场的人才资源服务业产业集聚区。建议广州市可定位于粤港澳合作特色，布局建设珠三角人力资源服务产业园，争取在外商股比限制方面实现政策突破，同时针对香港、澳门的人力资源服务需求着力通过财政和金融支持引导服务机构在产品开发上进行创新，开发更多适应粤港澳合作需求的人力资源服务产品。

（三）构建完备的人力资源服务产业政策体系

人力资源服务业的发展离不开政策的支持和规范。近年来，各地围绕经济和社会转型升级，通过不断创新思路理念、体制机制以及搭建发展载体等方式，稳步推进人力资源服务业发展。与北京、上海等地相比，广州市政策制定方面有待加快推进。下一步，广州市亟须加快制定符合产业发展规律、体现珠三角区域特点、具有一定竞争力的人力资源服务产业政策。具体来看，未来出台的《广州市加快发展人力资源服务产业的意见》应包括鼓励和支持行业发展的产业发展性政策，包括税收优惠、财政支持、放宽准入政策以及土地、金融、人才等的产业要素支持政策。

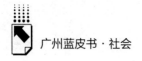

（四）规范清理人力资源服务业相关的税收优惠政策

过去一段时间，税收优惠以及财政支持政策在整个人力资源服务政策体系中的分量较重，但随着行业的发展，尤其是面对当前大众创业、万众创新的大背景、大形势、大挑战，人力资源服务业政策支持重点也面临转型。2014 年底，财政部下发了《关于贯彻落实国务院清理规范税收等优惠政策决策部署若干事项的通知》，要求规范市场秩序，维护市场统一，对各地的税收等优惠政策进行清理规范，减少政府对市场行为的过度干预。为此，广州市应借此契机，尽快就人力资源服务业相关的税收优惠政策进行清理和规范，探索税收优惠政策向创新激励政策的转型。

（五）着重发挥金融支持政策的要素支撑作用

当前，广州市服务机构集中、业务扎堆现象严重，管理咨询、教育培训、人才职业规划咨询、人力资源服务外包等中高端人力资源服务相对不足，难以满足现有的市场需求。要引导企业调整产品和服务结构，积极发展薪资福利、人力资源培训、员工服务、管理咨询、人力资源服务外包等中高端服务项目，侧重客户导向，更加突出细致的专业分工，提供"专、精、深"的服务产品，增加服务的技术含量和附加价值。针对未来广州市经济结构转型和产业升级的需要，着重在招聘、人力资源服务外包、人力资源和社会保障事务代理、人力资源管理咨询、高级人才寻访、人才测评等业态给予支持。针对当前广州人力资源服务业创新能力不高、专业化水平不高的问题，可以学习借鉴在其他领域已经做得比较成熟的"产业基金"的做法，在政策上研究如何更好地规范人力资源服务产业基金的投资和管理办法，形成以市场为主导的开放式金融支持生态体系。此外，还应积极着手研究人力资源服务领域技术抵押、信贷抵押等的实施细则，更好地鼓励和引导金融机构创新金融产品和服务方式，推动人力资源服务企业提高专业化水平和自主创新能力。

（审稿：刘树军）

广州常住人口发展的调研报告

广州市统计局人口和社会科技处课题组*

摘　要：　研究发现，2014 年广州常住人口相比前几年，呈现增量扩大、增速加快、人口城镇化水平稳步提高、老龄化程度加深等特点。这对广州加强城市公用设施建设、提升城市综合服务能力提出了新要求。

关键词：　常住人口　城镇化　广州

一　广州常住人口发展状况

（一）常住人口增量扩大增速加快

2014 年末，广州常住人口为 1308.05 万人，比上年末增加 15.37 万人，增量同比扩大 6.58 万人；同比增长 1.2%，增速比上年提高 0.5 个百分点（见表 1）；人口总量占全省常住人口比重为 12.20%，所占份额比上年提升 0.06 个百分点。常住人口规模排在重庆（2991.40 万人）、上海（2425.68 万人）、北京（2151.60 万人）、天津（1516.81 万人）4 个直辖市和成都（1442.75 万人）之后，居全国各大城市第六位，副省级城市第二位。

2014 年广州常住人口增量和增速均是自 2011 年以来最高的一年，原因在于户籍人口增量和流动人口总量继续回升（见表 1）。

---

* 执笔：黄燕玲，广州市统计局人口和社会科技处副处长；审核：区海鹏，广州市统计局人口和社会科技处处长；梁汉学，广州市统计局人口和社会科技处副处长。

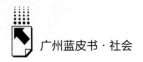

表1　2010～2014年广州常住人口增长情况

单位：万人，%

年份	数量	比上年增加	比上年增长
2010	1270. 96	—	—
2011	1275. 14	4. 18	0. 3
2012	1283. 89	8. 75	0. 7
2013	1292. 68	8. 79	0. 7
2014	1308. 05	15. 37	1. 2

（二）户籍人口增量继续回升

据公安部门户籍登记资料显示，2014年末，广州户籍登记人口为842.42万人（见表2），较2013年末增加10.11万人，同比增长1.2%。户籍人口增量也是自2011年以来的最高，主要原因在于2014年广州实施积分入户新政策，放宽入户要求，方便入户申请者，符合条件的非户籍人口纷纷争饮落户广州"头啖汤"。另外，2014年是我国开始实施"单独二孩"生育政策的第一年，出生人口保持较大规模，达到11.40万人，也是户籍人口增量回升的原因之一（见表2）。

表2　2008～2014年广州市户籍人口数量

单位：万人

年份	人数	比上年增加
2008	784. 17	10. 69
2009	794. 62	10. 45
2010	806. 14	11. 52
2011	814. 58	8. 44
2012	822. 30	7. 72
2013	832. 31	10. 01
2014	842. 42	10. 11

资料来源：广州市公安局。

（三）纳入登记的流动人口规模扩大

近两年，广州加强对来穗人员的信息登记以及重点地区的出租屋整治工作，增强了来穗人员主动登记的积极性，全市流动人口纳管率明显提高。据来穗人员服务管理部门统计，2014 年末，全市纳入登记的流动人口 728.19 万人，同比增加了 41.51 万人，增长 6.0%，继续延续自上年以来流动人口规模扩大的态势（见表 3）。

表 3　2008～2014 年广州流动人口数量

单位：万人

年份	2008	2009	2010	2011	2012	2013	2014
年末流动人口数量	537.90	634.71	688.02	659.25	647.82	686.68	728.19

资料来源：广州市来穗人员服务管理局。

近两年，来穗流动人口规模虽有扩大之势，但流动性趋强，其中，居住半年以下的人数占比从 2013 年的 24.51% 上升为 26.21%。按照只有在某地区实际经常居住一定时间（指半年以上）的人口才计入当地的常住人口这一统计标准，广州流动人口规模扩大，并未使常住人口数量大幅增长，虽有上升但只保持较低速增长。

二　广州人口分布及变动情况

（一）白云区为第一人口大区

从各区人口规模看，2014 年，白云区常住人口总量最大，达到了 228.89 万人（见表 4），牢牢占据第一人口大区的位置。其次是海珠区和天河区，均超过 150 万人，分别为 159.98 万人和 150.61 万人。其他常住人口超百万的区域还有番禺区（146.75 万人）、越秀区（114.65 万人）和增城市（106.97 万人）。常住人口规模在全市居末两位的是黄埔区和萝岗区，分别有 47.43 万人和 40.58 万人。

（二）人口的分布密度呈三级梯队变化

从人口密度看，广州区域人口的分布密度呈三级梯队变化。居第一梯队的是越秀、海珠、天河、荔湾四个老城区，人口密度均高达 15000 人/平方公里以上（见表 4）。以上四区以 3.76% 的土地面积集聚了 39.32% 的人口，2014

年末常住人口共 514.38 万人，相当于国内一个特大城市的规模。居第二梯队的是黄埔、白云和番禺区，人口密度急剧下降为 2500～5500 人/平方公里。居第三梯队的是萝岗、花都、南沙三个区，人口密度为 1000 人/平方公里左右。由于北部山区面积广阔，增城、从化两个区域的人口密度分别仅为 662 人/平方公里和 314 人/平方公里。

表4　各区（县级市）常住人口数量及人口密度

区域	2013 年			2014 年		
	常住人口（万人）	比重（%）	人口密度人/平方公里	常住人口（万人）	比重（%）	人口密度人/平方公里
广州市	1292.68	100.00	1739	1308.05	100.00	1759
荔湾区	88.92	6.88	15046	89.14	6.81	15083
越秀区	114.09	8.83	33754	114.65	8.76	33920
海珠区	158.34	12.25	17515	159.98	12.23	17697
天河区	148.43	11.48	15408	150.61	11.51	15635
白云区	226.57	17.53	2847	228.89	17.50	2876
黄埔区	46.67	3.61	5131	47.43	3.63	5215
番禺区	144.86	11.21	2734	146.75	11.22	2769
花都区	96.48	7.46	995	97.51	7.45	1005
南沙区	62.51	4.84	797	63.53	4.86	810
萝岗区	39.61	3.06	1007	40.58	3.10	1032
增城市	105.18	8.14	651	106.97	8.18	662
从化市	61.02	4.72	309	62.01	4.74	314

（三）新城区承接人口转移的功能发挥不明显

从近两年广州区域人口的分布看，中心城区（荔湾区、越秀区、海珠区、天河区、白云区、黄埔区）的常住人口规模庞大，2014 年末达到 790.70 万人，占全市总人口的比重一直居高不下，2014 年末占比仍超过六成（60.45%），比上年仅微降 0.13 个百分点，人口外溢到新城区的速度缓慢。番禺、花都、南沙、萝岗四个新城的人口规模占全市总人口的比重缓慢上升，其中，萝岗及南沙两个新区，由于产业发展单一，生活配套设施建设滞后，虽然房地产业发展迅速，但短期内未能形成人口聚集。目前，两个新城区以占全市17.06%的土地面积集聚11.59%的人口，承接中心城区人口转移和接纳新来穗人员的空间仍然很大（见表5）。

表5 广州区域人口占比情况

单位：%

区域	2011年	2012年	2013年	2014年
中心城区	60.71	60.61	60.58	60.45
新城区	26.45	26.51	26.56	26.63
县级市	12.84	12.88	12.86	12.92

注：中心城区包括荔湾、越秀、海珠、天河、白云、黄埔六区；新城区包括番禺、花都、南沙、萝岗四区；县级市为增城市和从化市。

三 广州城镇人口发展情况

（一）人口城镇化进程稳步推进

2014年末，广州常住人口中城镇人口为1117.52万人，比上年末增加15.24万人；人口城镇化率为85.43%，比上年末提高0.16个百分点，比全国（54.77%）和全省平均水平（68.00%）分别高出30.66个和17.43个百分点，在全国各大城市中位居前列，但在北京（86.40%）、上海（89.60%）、广州（85.43%）、深圳（100%）四个一线城市中居末位，在全省各地级以上市中还低于佛山（94.89%）、东莞（88.81%）、中山（88.07%）和珠海（87.87%）。

（二）各区人口城镇化水平差异明显

由于功能定位的不同及区域经济发展的不平衡，各区人口城镇化水平存在明显差异。荔湾、越秀、海珠、天河、黄埔五个老城区的人口城镇化率均为100%（见表6）。其他区中，白云、萝岗、番禺三个区的人口城镇化率均超过80%，接近于珠三角的平均水平（84%）；花都、南沙、增城、从化四区（市）人口城镇化率均低于珠三角平均水平10个百分点以上；从化的人口城镇化率甚至低于全国平均水平（54.77%）。根据 2014 年 3 月国务院发布的《国家新型城镇化规划》要求，2020 年全国人口城镇化率将达到 60% 左右，目前广州只有从化低于这一标准，仅为 44.49%。

表6　广州城镇人口和城镇人口比重

单位：万人，%

区域	2013 年		2014 年	
	城镇人口	比重	城镇人口	比重
广州市	1102.28	85.27	1117.52	85.43
荔湾区	87.15	98.02	89.14	100.00
越秀区	114.09	100.00	114.65	100.00
海珠区	158.34	100.00	159.98	100.00
天河区	148.43	100.00	150.61	100.00
白云区	181.71	80.21	183.71	80.26
黄埔区	46.67	100.00	47.43	100.00
番禺区	122.02	84.24	123.68	84.28
花都区	64.17	66.53	64.93	66.59
南沙区	45.07	72.11	45.86	72.19
萝岗区	32.23	81.38	33.07	81.49
增城市	75.37	71.67	76.87	71.86
从化市	27.03	44.31	27.59	44.49

（三）按照国家新标准，广州晋身全国超大城市行列

2014 年初，广州开启新一轮的行政区划调整后，成为继武汉、南京之后全国第三个管辖区域全部设行政区的省会城市。2014 年 11 月国务院印发《关于调整城市规模划分标准的通知》，以城区常住人口为统计标准，将城市规模划分调整为五类七档，增设"城区常住人口超千万的超大城市"。根据国务院关于城市规模划分的新标准和关于城区是指在"市辖区和不设区的市，区、市政府驻地的实际建设连接到的居民委员会所辖区域和其他区域"的规定，广州 2014 年末城区常住人口如果包含刚刚撤市设区的增城、从化两区人口，则可达 1117.52 万人；即使不包含增城、从化两市的城区人口，也已达 1013.06 万人，毫无疑问已晋身全国超大城市行列。

四　相关对策与建议

（一）引导人口合理分布，提高人口承载能力

城市是人口聚集的产物，而人口的快速集聚也成为各大城市发展的重要动因之一。合理的人口布局可以在一定程度上增加城市的人口容纳能力，为城市发展注入更多的活力。但目前广州人口的区域分布极不平衡。越秀、荔湾、海珠、天河四个老城区的人口密度均超 15000 人/平方公里，而南沙、萝岗两个新区的人口密度仅为 1000 人/平方公里左右。除承担生态保护功能和山区面积广阔的增城、从化两个区域外，全市其他行政区中，人口密度最高的越秀区与密度最低的南沙区相差约 41 倍。而深圳市人口密度最高的福田区与人口密度最低的坪山区（1852 人/平方公里）的差距仅有 9 倍。广州中心城区人口密度过高，超量的人口一方面给中心城区的自然生态和社会环境、公共服务、社会管理等带来相当大的压力；另一方面，城市发展新区承接中心区人口疏散功能发挥不够，迫切需要政府引导人口合理分布。

未来几年，政府应加强新区基础设施建设、均衡优质公共服务资源配置，实现基本公共服务均等化，同时，积极引进商业、零售业、服务业参与新区居住环境运营，不断扩大就业机会，使新区发展和产业支撑、就业转移、人口集聚有机统一，达到优化人口布局、提升城市人口承载能力的目的，进而促进人口分布与经济布局、资源环境承载力相适应，增强可持续发展后劲。

（二）考虑经济增长对外来劳动力的需求，科学制定人口调控政策

高度聚集的流动人口一方面对广州的社会管理和公共服务造成了压力、提出了挑战，另一方面也为广州提供了丰富的劳动力资源，延缓了总人口的老龄化进程。从老龄人口占比情况看，2014 年广州户籍人口中 65 岁及以上老龄人口占户籍总人口比重为 10.86%，已进入中度老龄化，但由于来穗人员中有九成正处在 15~64 岁的劳动年龄区间，"稀释"了常住人口中老龄人口所占比例（2014 年末为 7.15%）。从外来劳动力占比情况看，在广州就业市场上，外来劳动力占了全市就业总量的一半多，成为广州就业市场的主导力量，在制

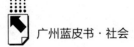
造、批发零售、住宿餐饮三大行业中，外来劳动力的比重甚至超过了六成。

但即便有外来劳动力的补充，广州常住人口中老龄人口所占比重也已达7.15%，且老龄化程度比前几年略微加深，相比 2010 年提高了 0.48 个百分点。按照国际通用的 65 岁及以上人口占 7% 以上即达到老年社会的标准，广州常住人口早已进入了"初老"阶段。一旦广州的发展失去了优势和吸引力，大量外来人口回流，广州老龄人口的比例就会大大上升，主要依靠广州户籍劳动力的再生产远不能满足经济增长对劳动力的需求，人口红利期将提前结束。

按照国家的规划，以后将更加严格地控制特大城市和超大城市的人口规模。广州作为全国超大城市之一，在制定人口调控政策时，须充分考虑广州经济增长对劳动力的需求，一方面通过政策引导，以优厚的待遇、较成熟的人才成长环境和完善的人才发挥平台为条件引进人才，注重人才储备，为产业转型升级提供充足高效的人才服务，增强经济发展后劲；另一方面通过市场调节，由劳动力市场上的供求关系决定外来劳动力的数量和结构，填补户籍劳动力的总量不足和低端产业劳动岗位的供求缺口。

（审稿：李江涛）

B.5
中国南方人才市场2015年度才市分析及2016年预测

中国南方人才市场才市分析调研课题组*

摘　要：　基于南方人才市场现场招聘会和网络招聘对 2015 年才市情况进行了全面分析，本文在对有关数据进行汇总的基础上，从供需的主要特点、高校毕业生就业情况、2016 年供求情况和薪酬分析等多方面进行了梳理，为洞悉整个广州地区乃至珠三角地区人才供求情况提供了一定的参考。

关键词：　现场招聘会　网络招聘平台　人才供求

中国南方人才市场是广州地区人才交流的主渠道，是广州和珠三角地区人才市场供求情况的重要参考依据。南方人才市场关注社会民生，立足自身业务和人才服务情况，连续多年发布年度才市情况的分析，为求职人群和招聘单位提供参考，现结合南方人才市场 2015 年度人才供求状况进行深入分析并初步预测 2016 年才市供求状况。

一　2015年度南方人才市场供求状况总结分析

（一）概况

2015 年，中国南方人才市场举办现场招聘会 187 场，进场招聘企业 3.7 万

---

* 课题组成员：王世华，中国南方人才市场管委办主任；刘新堂，中国南方人才市场管委办党委书记；陈秋碧，中国南方人才市场策划公关部部长；王晴，中国南方人才市场行政部总监；陈婷婷，中国南方人才市场策划公关部部长助理。

家次，提供职位数 73.3 万个，求职人数共 43 万人次，同比均有所减少。2015 年全年求人倍率①为 1.70，与 2014 年度的 1.38 相比有所增加（见表 1）。

表 1　2014～2015 年度南方人才市场现场招聘才市供求数据

时间	举办场次（场）	单位数（万家次）	职位数（万个）	入场人数（万人次）
2015	187	3.7	73.3	43
2014	278	4.5	80.9	58.8
同比（%）	−33	−22	−9	−27

网络招聘方面，通过南方人才网（www.job168.com）发布招聘信息的企业共 2.3 万家次，发布职位数 151.5 万个，同时，上网求职人数 26 万人次，同比均有所减少。根据南方人才网全年获得的数据，网络才市呈现整体需求降低、求职者行业倾向明显、专业就业不平衡等特点（见表 2）。

表 2　2014～2015 年度南方人才市场网络招聘才市供求数据

时间	发布企业数（万家次）	发布职位数（万个）	上网求职人数（万人次）
2015	2.3	151.5	26
2014	3.2	212.1	31.7
同比（%）	−28	−29	−18

（二）供求主要特点分析

1. 从供求整体情况来看，南方人才市场的现场招聘和网络招聘两大平台与 2014 年相比供需双方都呈现下降趋势

2015 年以来经济放缓的传导作用和广州及珠三角地区产业结构的调整，使得传统现场招聘与网络服务均呈下降趋势。数据显示，进场招聘的企业数、提供的职位数与 2014 年相比均有所下降，仅入场人数略有增加。现场招聘会以月为单位的数据分析显示，因 2015 年过年时间较晚，供需两旺的年后才市

---

① 求人倍率是人才市场需求人数与求职人数之比。如果求人倍率数字大于 1，说明人才供不应求；如果求人倍率数字小于 1，说明职位供不应求。求人倍率数字越大，越是容易找工作；求人倍率数字越小，越是不容易找工作，显示竞争将变得越来越激烈。

出现时间推后，且持续时间变短，毕业季（7~8月）人才求职的小高峰相比2014年有所下降，传统招聘淡旺季之间的界限继续趋于模糊，原因主要集中在两方面，一是人才流动日趋理性，求职人才不再拘泥于某些时间节点集中找工作；二是大学生创业更加活跃，政府出台的创业扶持政策逐步落地，使得创业成为大学生毕业后的热门选择，同时，专科、本科生毕业后继续求学深造的比重也在不断增加，这两点共同导致毕业季求职高峰也渐趋平缓。

南方人才网的上网招聘企业数、发布职位数、上网求职人数与2014年相比仍有所下跌，跌幅与上年相比基本持平。随着移动通信行业快速发展，社交网站、搜索引擎等新求职平台不断涌现，微信、微博等新招聘方式继续快速发展，移动互联网也在继续变更着人们的求职方式。未来几年内，互联网与传统行业结合形成的"互联网+"现象将持续渗透到人才服务业，全方位影响和改变人才服务的生态环境。

2. 从产业需求来看，第二产业是需求大户，制造业招聘最为旺盛，频率较高，贸易、批发和零售业与计算机行业需求较上年有所下降，建筑业上升比重明显

从产业招聘需求看，一、二、三产业需求结构为1.26∶59.47∶39.27，第二产业占所有招聘行业的比重较2014年有明显提升。2015年，随着国家"一带一路"战略的提出和南沙自贸区的建立，广州继续加快转型升级步伐，确立建设国际航运、物流、贸易中心等目标，制造业、建筑业等加快引才步伐，刺激该行业人才需求释放。从行业招聘需求看，制造业，建筑业，贸易、批发和零售业排在行业需求的前三位，制造业招聘需求占50.73%，建筑业占7.94%，两个行业的招聘需求达到总需求的五成多（58.67%），贸易、批发和零售业招聘需求占7.72%（见表3）。

表3　2015年度南方人才市场现场招聘各行业所占比例

单位：%

排名	所处行业	占所有招聘行业比
1	制造业	50.73
2	建筑业	7.94
3	贸易、批发和零售业	7.72
4	信息传输、计算机服务和软件业	5.94

续表

排名	所处行业	占所有招聘行业比
5	金融业	5.90
6	教育	4.16
7	房地产业	3.64
8	交通运输、仓储和邮政业	3.04
9	住宿和餐饮业	2.92
10	居民服务和其他服务业	1.86
11	农、林、牧、渔业	1.26
12	租赁和商务服务业	1.07
13	多元化业务集团公司	1.06
14	电力、燃气及水的生产和供应业	0.77
15	文化、体育和娱乐业	0.75
16	水利、环境和公共设施管理业	0.66
17	卫生、社会保障和社会福利业	0.37
18	科学研究、技术服务和地质勘查业	0.18
19	采矿业	0.03
20	公共管理和社会组织	0.01

3. 从招聘企业的所有制情况来看，非公有制企业招聘需求依然最为旺盛，港澳台商投资企业涨幅明显

数据显示，非公有制企业占总数超过90%，用人需求大，提供职位较多。排第一位的是私营企业，占所有企业总数的86.68%，其次是港澳台商投资企业和外商投资企业，分别占5.07%和3.78%。相比2014年，港澳台商投资企业人才需求上升2%（见表4）。

表4　2015年南方人才市场现场招聘不同所有制企业所占比例

单位：%

性质	占比	性质	占比
私营企业	86.68	国有企业	2.49
港澳台商投资企业	5.07	个体经营	1.09
外商投资企业	3.78	行政事业单位	0.89

4. 从需求的专业情况来看，工商管理类需求所占比重最大，市场营销居需求职位榜首

工商管理类专业在企业所需专业中成为首个热门专业类别，占总需求的18.89%。工商管理类专业中需求量最大的是市场营销专业，从行业招聘需求看，市场营销/公关/销售、计算机/互联网/电子商务、建筑/机械、技工、生产/营运/质量/安全进入了行业需求排名的前五位。市场营销/公关/销售仍然稳居需求榜首位，计算机/互联网/电子商务虽然继续排名次席，但下降幅度明显，这说明移动互联网行业快速发展，人才流动逐渐趋于稳定，互联网公司逐渐开始延长招聘周期，花更多时间和薪酬招揽合适人才。2014年医疗/卫生/美容/保健异军突起，进入了需求排名前十，2016年下降至十五名开外，说明该行业经过一段时间发展后，人才流动逐渐走向平稳（见表5和表6）。

表5　2015年南方人才市场现场招聘各专业需求所占比例

单位：%

排名	专业类别	占比
1	工商管理类	18.89
2	电子信息类	14.58
3	机械类	9.43
4	计算机科学与技术类	7.76
5	技校类	7.68
6	土建类	6.54
7	公共管理类	5.13
8	其他类	5.01
9	管理科学与工程类	3.91
10	医学类	3.64
11	语言文学类	2.67
12	交通运输类	2.46
13	材料类	2.20
14	化工与制药类	2.05
15	经济学类	1.99
16	生物科学及生物技术类	1.10
17	化学类	1.09
18	轻工纺织食品类	0.82
19	公安技术类	0.58

续表

排名	专业类别	占比
20	力学类	0.54
21	能源动力类	0.54
22	仪器仪表类	0.42
23	教育学类	0.34
24	政法类	0.16
25	艺术类	0.14

表6　2015年需求职位所占比例最多的前十位

单位：%

排序	职位类别	占比
1	市场营销/公关/销售	38.02
2	计算机/互联网/电子商务	14.69
3	建筑/机械	6.52
4	技工	6.01
5	生产/营运/质量/安全	4.36
6	高级管理	4.35
7	百货/连锁/零售服务	4.33
8	其他	3.93
9	人力资源/行政	3.06
10	采购/贸易/物流/仓储	2.60

5. 从薪酬方面看，金融业位居行业薪资水平榜首，不同学历间的差距日趋缩小，整体薪酬稳步上升

南方人力资源评价中心发布的《2015～2016年度广东地区薪酬调查报告》显示，从行业来看，金融业平均月薪以7622元保持在行业领先地位，增幅达到10%以上，这与广州确立建设现代金融体系战略目标紧密关联。咨询与调查行业、广电及文化艺术业的平均月薪居于第二和第三位。随着近几年网络购物等生活方式的改变，以及各大网络商城不断推出购物狂欢节等促销活动，交通运输、仓储和邮政业快速发展，其薪酬增幅最大，达到13.5%，软件业、计算机服务业的平均月薪增幅也较为明显，均达到13%以上。国家不断增加对社会服务类行业的系列扶持政策并深化体制改革，卫生、社会保障/福利业、娱乐业/体育业、居民服务业等行业的平均月薪相对2014年继续增加，平均增

幅保持在 11%。此外，电力/燃气及水、电气/电工机械及器材制造、采矿/地质/金属/石油、化学/医药制造业的涨幅较大，均在 10% 以上。

从企业性质来看，不同性质的企业平均薪酬虽然有增幅，但增长幅度较小，民营企业薪酬出现小幅下降。国有企业的平均薪酬水平超越外商独资企业，以 6852 元的平均月薪居于第一位，民营企业平均薪酬水平最低，为 5707 元。

从学历来看，不同学历之间平均月薪增速平缓并且薪酬差距有明显的缩小趋势，尤其是中专、大专与本科之间的差距，整体薪酬水平都较 2014 年有小幅上升。说明用人单位更看重人才的能力，而不是学历。

6. 广州地区高校毕业生就业情况总体平稳，行业倾向较为明显，学生创业意向小幅增加

2015 届广州生源高校毕业生共有 50117 人，已就业 48091 人，就业率为 83.46%，与 2014 年基本持平。根据广州市高校毕业生就业指导中心发布的《2015 年在校大学生就业与创业情况调查报告》，广州市大学生在择业的行业选择当中具有比较明显的偏重性，在职业选择当中，商业服务业、金融、计算机服务业、公共事业、学校与科研比例最高。而选择农业、运输服务业、旅游和制造业的偏低。商业服务、金融和计算机服务的选择次数占到 48.2%，想进入学校科研单位和公共事业行业的占到 30.1%。相比之下，想从事农业、旅游业和运输服务业的仅有 12.9%。

报告数据显示，学生毕业后会选择就业、继续深造的人数占到了 85%，只有 9% 左右的学生毕业后会进行创业，相比上年的 5% 有小幅提升。这说明，绝大部分学生将进入就业渠道，只有极少部分学生会在毕业后直接去创业。这意味着当前及今后一段时间内，直接就业或深造是大学生的首要选择，广州所面临的大学生就业压力依然很大，大学生毕业后找工作依然面临着诸多的困难。

二 2016年南方人才市场人才供求情况趋势预测

（一）传统行业人才需求趋于稳定，薪酬略有提升

2016 年是广州市"十三五"规划的开局之年，广州市已明确了建设国际航运、国际物流、国际贸易中心和现代金融服务体系的目标，并重点建设

"一江两岸三带",与之相关联的制造业、建筑业等行业都会保持快速发展,人才需求也会不断加大。而金融业,化学/医药制造业,房地产业,交通运输、仓储和邮政业,通信/计算机/电子设备制造业等也会继续通过提高薪酬来吸引、留住人才,预计薪酬增长率都会在10%以上。民营企业特别是中小型民企将继续扩大招聘规模。

(二)新兴行业人才需求将明显上扬,互联网金融人才炙手可热

从2014年开始,互联网金融已经表现出强劲势头,互联网金融的竞争实质上是人才的竞争,融合了金融、通信、信息和IT等行业,目前具备金融和互联网行业知识的跨行业复合型人才较少,随着政策的逐步开放,企业将加剧对此类人才的争夺,全行业将出现"井喷"现象。

近年来互联网行业快速膨胀,电子商务行业大浪淘沙后成长迅猛,2015年,中国电子商务交易总额达到18万亿元,成为世界第一大网络零售市场,与之相关联的交通运输、仓储和邮政业,软件业,计算机服务业等企业招揽人才的脚步会继续加快,预计薪酬增幅达到15%,平均月薪超过5000元,人才供不应求现象会非常明显。该行业岗位基数大又包罗万象,新兴岗位层出不穷,如微信公众号策划/推广、互联网营销、手机应用(APP)技术开发岗、互联网金融战略筹划等新兴岗位都有较强人才需求。互联网行业人才供不应求的局面将会愈演愈烈。互联网电商企业也纷纷启动大规模招聘计划,高薪吸引优秀人才加盟。

(三)招聘会"特色"成趋势,网络求职日趋时尚

现在南方人才招聘会开设的特色招聘专场以各大热门行业、热门职位的招才动向为基础,分门别类,聚集优质企业和行业人才,由于行业专场定位清晰,业内名企悉数亮相,为业内求职者、跳槽者提供了众多机会,从而使用人单位的招聘效果大大提高。因此,预计今后相当长一段时间内,针对性、对接性强的特色专场招聘会或将成为现场招聘会的发展趋势。

此外,随着网络科技的迅速发展,求职者通过网上投简历,或者通过官方微博微信投简历等方式越来越多,虽然不像现场招聘会那样直观、便于筛选,但也成为广大求职者尤其是年轻人求职喜闻乐见的方式。南方人才市场开发了

职点求职移动 APP，求职者只需携带二维码，即可代替传统纸质简历，直接应聘。而企业用户通过职点招聘，扫描求职者二维码，一份电子简历即可展示在安卓版 Pad 或手机上，方便了求职和招聘双方，大大提高了效率。

（四）用人单位对工作经验的要求依然较高，而求职者的求职心态日趋谨慎

在薪酬逐年看涨的情况下，企业用人成本陡增，求职者的工作经验越丰富，必然对薪酬的要求越高。企业对求职者的工作经验依然重视，而求职者的观望心态依然普遍存在，多样化的求职方式更加重了求职者广撒网的心态，进一步拉长的求职周期将让招聘单位压力倍增。

（审稿：文军）

B.6
关于完善广州市人才安居政策的
几点建议

虞 水*

摘　要：　广州近年来在人才安居方面出台的政策措施，取得一定成效，
　　　　　但在当前人才竞争激烈的形势下，仍存在一些短板和不足，
　　　　　应该借鉴兄弟城市的经验做法，扩大人才住房支持面，推行
　　　　　货币化补贴，细化人才住房保障产品，强化向创新型人才倾
　　　　　斜，加强人才住房建设市场化运作，努力打造人才社区。

关键词：　广州　人才安居　政策完善

　　人才是第一资源，人才优势是决定城市发展的最大优势，安居才能乐业。
近年来，广州房价高企、人才住房难问题日益突出，降低了对人才特别是青年
人才的吸引力，影响到城市长远发展的竞争力，必须引起足够重视。为落实市
政府工作部署，市政府研究室牵头会同有关部门开展了完善广州市人才安居政
策专题调研，在梳理广州市现行人才住房政策的基础上，深入市内及兄弟城市
学习调研，为下一步完善广州市人才安居政策提供了重要参考和有益借鉴。

一　广州市人才住房政策实施的基本情况

　　为深入贯彻全国人才工作会议精神、全面实施《国家中长期人才发展规

---

*　虞水，广州市政府研究室城市发展处副处长、武汉大学经济学硕士，研究方向：城市经济与
　　公共管理。

划纲要（2010~2012 年）》、加大高层次人才吸引培养力度，2010 年 7 月，广州市委、市政府出台了《中共广州市委、市政府关于加快吸引培养高层次人才的意见》（穗字〔2010〕11 号），随后市委组织部牵头出台了 10 个配套实施办法（穗组字〔2010〕46 号），简称"1 + 10"文件，其中包括《广州市高层次人才住房解决办法》（以下简称《解决办法》）。《解决办法》规定解决高层次人才住房问题的基本原则是以货币补贴为主、实物配置为辅。根据高层次人才的类型、人员编制和住房等情况，在住房货币补贴上采取发放购房补贴、购房贴息、租房补贴等方式。截至 2013 年底，全市共有 102 人申请领取高层次人才住房货币补贴，共发放补贴资金约 2000 万元。应该说，《解决办法》实施 5 年来，为解决人才住房问题作出了有益探索，发挥了一定的保障作用。

二 广州市现行人才住房政策的不足

广州市实施人才住房政策以来，虽然取得了一定成效，但相对于上海、杭州、深圳、宁波等先进城市，目前人才住房政策的支持面和支持力度明显不够，主要体现在以下几个方面。

一是政策的覆盖面比较窄。现行《解决办法》主要解决广州市杰出专家、优秀专家以及青年后备人才等高层次人才的住房问题，覆盖范围太小，符合标准的人才很少，新毕业大学生等处于成长期以及培育期的一般年轻人才无法享受住房支持政策，保障的层次结构不合理，呈倒金字塔形，重心需要下移。随着房价的高企，各类引进人才、新进公务员、大学毕业生等"夹心层"群体住房困难日益凸显，成为制约各类人才来广州市创业发展的重要因素，这部分人才群体规模大，其安居问题可能会影响城市长远的竞争力，应该引起足够重视。

二是政策的产业导向性不强。现行《解决办法》中受惠的高层次人才很多是来自高校、医院等体制内的人才，支持产业发展创新人才的政策意图体现不够，不利于吸引符合广州市产业发展方向的各类人才，无助于优化城市人口结构。

三是现行政策亟待充实完善。现行《解决办法》虽然规定了货币补贴和人才公寓两种保障形式，但基本都是通过货币补贴来解决，对人才公寓的建设管理规定条款比较原则和笼统，操作性不强，且人才公寓一直没有实施。《中共广州市委、市政府关于推进人才集聚工程的实施意见》（穗字〔2012〕20号）提出广州市 5 年内将建设 1000 套专家公寓、10000 套人才公寓。据市住房保障办了解，目前广州市正积极推进人才公寓建设，亟须相关政策对人才公寓建设和管理予以规范。另外，目前人才公寓建设主要是政府财政投资，资金来源比较单一，推进比较困难。此外，现有《解决办法》作为 10 个配套文件之一，有效期 5 年，目前已经届满，亟须修订完善。

三　兄弟城市的经验做法

在调研过程中，我们重点了解一些兄弟城市在人才住房保障对象、保障方式、保障标准、资金筹集、土地供应、建设方式、主要特点等方面的经验做法（见表1）。

表1　部分城市人才安居政策比较

城市	深圳	上海	杭州	宁波
人才类别（保障对象）	涵盖杰出人才、领军人才、高级人才、中级人才	一类是产业聚集区、高科技园区、留学人员创业园、大学园区各类人才；另一类是有稳定职业、居住困难的各类人才	①大师级文化创意人才 ②突出贡献人才 ③企业优秀人才 ④引进人才 ⑤奖励人才 ⑥海归（领军、重点和优秀）人才	①顶尖人才 ②特优人才 ③领军人才 ④拔尖人才 ⑤高级人才 ⑥创客人才 ⑦基础人才
保障产品	货币补贴和实物配置结合	人才公寓或公共租赁住房	以上 6 类人才分别享受相应面积标准的人才专项住房	安家补助、购房补贴、租房补贴
保障方式	包括领取租房补贴、购房补贴、人才住房免租入住到期赠予产权、租住公租房、轮候购买安居型商品房等多种形式	实物配租、市场租金、货币补贴、租补分离	①出售型：包括突出贡献、人才限价、人才经济适用、人才奖励专项住房。 ②租赁型：包括大师级人才、人才经济租赁和人才短期专项住房	对于顶尖人才、特优人才、领军人才、拔尖人才、高级人才分别给予 300 万元、100 万元、80 万元、50 万元、15 万元的安家补助，其他人才享受一定标准的购房补贴或租房补贴

城市	深圳	上海	杭州	宁波
土地供应	行政划拨,市区分担,但没有明晰具体的分担比例	区县为主	2010～2012年全市总供地1500亩,市本级600亩,区级900亩	区县为主,土地划拨
资金来源	2012年开始市、区政府各安排5亿元专项资金	区县为主,另外通过保险和企业年金融资40亿元	市财政为市本级人才住房提供3亿元启动金,区级自筹	建立两级人才工作专项投入保障机制,市级人才工作专项投入每年新增1亿元
建设方式	政府直接投资建设、BOT模式、工业园区或大型企业配套建设等多种模式	①政府引导、社会主办;②政府主导;③国企主导模式	代建模式	融资建设,鼓励社会资本投入,构建多元化人才投入体系
主要特点	①以产业发展为导向,人才住房定向分配给深圳市重点产业中的企事业单位的各类人才;②保障方式多样:优惠出售型、租赁补贴型和购房补贴型,还与安居型商品房和公租房对接、联通;③保障范围广;④市级政策为指导,充分发挥区级政府的灵活性	①不限户籍和收入线,以在上海有稳定职业、居住困难为申请条件,实现住房保障全覆盖;②政府支持、专业机构市场化运作	①主要政策和配套政策齐全,政策条款具体,清晰界定了各建设主体的责任;②土地供应行政划拨、市区联动;③财政资金投入力度大	①2013年以前以人才公寓为主,2013年以后改为以货币补贴为主;②建立宁波人才分类目录,基本实现各类人才住房保障全覆盖;③土地供应行政划拨、市区联动;④财政资金投入力度大

四　完善广州市人才安居政策的建议

人才是产业转型升级的原动力,是引领城市创新的主力军。为吸引和培养大量海内外创新创业人才,迫切需要为各类人才提供住房方面的保障服务,让各类人才来穗安居乐业。在保持政策连续性的基础上,借鉴兄弟城市先进经验,结合广州实际,提出如下几点建议。

一是扩大人才住房政策支持面,拓宽人才认定范围。建议参考深圳等地做法，在原高层次人才认定的基础上，增加"一般人才"（含急需专业技术人才）认定类别，扩大受众面，将各类人才纳入人才住房支持政策范畴，建立健全普惠性人才住房保障政策，原来《广州市高层次人才住房解决办法》相应可修订更名为《广州市人才安居办法》。现行《解决办法》有效期5年已满，建议市委组织部牵头对现行政策进行修订，适时出台广州市人才安居新的政策。

二是坚持以货币补贴为主、实物配置为辅。从调研的情况来看，大部分城市目前对人才住房保障转向以货币补贴为主，这样有利于克服人才公寓建设的用地、资金、管理维护成本等制约因素，保障人才安居的效果更为明显。具体到广州而言，对于中心老城区，土地资源紧缺，区级财力也捉襟见肘，建设人才公寓面临较大困难，且老城区房地产市场也比较完善，完全可以采用发放货币补贴、社会化提供的方式解决人才安居问题。对于黄埔、南沙等一些远离中心城区、产业园区和创新人才相对集中的区域，房地产市场发育不成熟，各种生活配套也不完善，可以考虑政府投资或PPP等多种形式，规划建设一定规模的人才公寓，满足这些区域人才的安居需求。

三是细化人才住房保障产品及面积标准。人才住房要保障一般人才的基本居住需求，同时激励高层次创新创业人才安居乐业。相应地，人才住房保障产品建议分为两大类：面向高层次人才的专家公寓和面向一般人才的人才公寓。人才住房面积标准。一般人才：人均住房建筑面积$20m^2$，单套住房建筑面积以$60m^2$为主。高层次人才：①杰出专家中的两院院士，住房建筑面积标准为200平方米；其他杰出专家，住房建筑面积标准为150平方米；②优秀专家住房建筑面积标准为100平方米；③青年后备人才住房建筑面积标准为85平方米。这样，既能与现行《解决办法》相衔接，又能与公共租赁住房政策相适应。

四是人才住房向广州鼓励发展的重点产业就业的各类创新型人才倾斜。建议参照上海、杭州、深圳等地做法，由人力资源和社会保障部门牵头制定广州市重点产业紧缺人才目录，每年根据实际情况修订一次。人才住房重点保障广州重点发展的战略性新兴产业，包括在新一代信息技术、生物与健康、新材料与高端制造、时尚创意、新能源与节能环保、新能源汽车等领域就业的各类人才。

五是明确和规范人才公寓建设管理模式。目前，广州市保障性住房主要解决城镇户籍中等偏下收入家庭的住房困难，来穗时间长、对广州贡献大的优秀外来务工人员也纳入保障范围。从城市的长远发展来讲，应把人才列为广州保障性住房的重要保障对象。建议将人才公寓统一纳入保障性安居工程建设管理范畴，由市住房保障部门统一规划、建设和管理。人才公寓的使用原则是：政府主导、只租不售、周转使用、动态管理。面向一般人才的公寓的建设标准应符合公共租赁住房的有关规定，部分面向高层次人才的公寓建设标准可根据需要适当放宽。人才公寓按照"高端优先、就近安排、逐步解决"的原则，根据人才公寓房源情况，可采取单位向政府整体租赁的形式，再由单位根据实际情况，综合人才层次、实际贡献、引进时间、申请时间等因素实行综合评分、轮候分配，同等条件抽签决定。

六是注重市场化运作，加强人才住房资金筹集和土地供应。在强化市级财政责任的同时，需要充分调动区级政府（含各类开发区、产业园区、科技园区），特别是用人单位（如高新技术企业、高等院校和科研机构）的积极性，增强人才安居政策的可持续性。建议将人才公寓纳入保障性安居工程范畴，人才公寓建设享受公共租赁住房的相关优惠政策，充分调动社会力量特别是用人单位的积极性参与人才公寓建设。在土地供应方面，建议结合城市更新改造，鼓励企事业单位充分利用自有土地建设人才公寓，或将旧厂房、旧物业改建为合格的人才公寓，政府以购买服务的方式为青年创业人才提供住房保障。

七是注重营造创新创业氛围，打造人才社区。目前的人才公寓仅仅是一个住的概念，缺少与周边社区的联系，缺乏生活、交流和文化氛围，形成人才"孤岛"现象，并未形成具有归属感的人才集聚地。随着人才公寓的推进建设以及管理运营逐步成熟，应顺当今创新创业浪潮，探索人才公寓升级"人才社区"的路径，将其构建成一个人才集聚、交流互动、培训孵化的平台，就如美国"硅谷"一样，即以创业环境和创业文化吸引人才集聚，不断孵化、促进人才的提升，帮助人才在此萌生创意、投资创业。如 YOU＋类创新社区，政府可加大让利力度，引导其产品从一般青年居住类向高、中、低人才公寓类方向发展，打造新型人才社区。今后各地区不再主要因为它的交通优势、区位优势而占据价值链顶端，而是因为这个地区有人才创新创业的平台、文化和环境而凸显其高价值。

（审稿：涂成林）

B.7
广州高素质职业培训师资队伍建设问题调研报告

广州市职业能力培训指导中心调研课题组 *

摘　要：　当前因人口和劳动力市场的重大变化，广州市加大了职业培训和人力资本投入力度，致力于推动建设技术劳动力队伍和产业大军。然而，相对于广阔的劳动力市场需求，广州的职业培训工作依然任重道远。鉴于此，为更好地了解广州市职业培训市场情况，以及培训师资队伍建设上存在的问题，广州市职业能力培训指导中心与华南师范大学经济与管理学院合作，于2015年7～9月在全市范围内开展了关于高素质职业培训师资队伍建设问题的实地调查，并针对师资队伍建设方面存在的问题及其原因，提出了相应的对策建议。

关键词：　广州　高素质　职业培训师资　建设

发展职业培训事业，需要奋斗在职业培训一线的教师队伍持久的动力。职业培训师资是职业培训的直接提供者，教师的素质直接影响职业培训的质量，具有一支实力强大的、高素质和结构合理的教师队伍已成为职业培训健康发展的前提和实力的标志。师资队伍虽在职业培训中起着决定培训

---

*　课题组成员：童囡囡，广州市人力资源和社会保障局职业能力建设处处长；黎光治，广州市职业能力培训指导中心主任；李顺勤，广州市职业能力培训指导中心副主任；罗燕，华南师范大学人力资源管理系主任、副教授；欧阳振成，广州市职业能力培训指导中心开发部部长。

质量的重要作用，但是政府却未能针对师资队伍建设制定直接有效的政策。本次研究通过对全广州市职业培训机构进行问卷调查、个案访谈等方式，一方面让政府全面掌握目前职业培训师资队伍的状况，从而有针对性地作出有效决策；另一方面搭建科学的职业培训胜任力模型，提出相关优化策略及建议。

一 广州市职业培训师资基本现状

（一）广州市职业培训机构概况

广州全市现有培训机构 180 家，包括公办市训 12 家，占机构总数的 6.7%。民营培训机构 168 家，占培训机构总数的 93.3%。各区培训机构分布情况如表 1 所示。

表1 广州市职业培训机构分布情况

所在区	越秀	天河	海珠	荔湾	黄埔	白云	萝岗	番禺	南沙	花都	从化	增城
公办机构数	1	1	1	1	1	1	1	1	1	1	1	1
民办机构数	22	40	6	7	7	21	14	4	5	18	12	12
合 计	23	41	7	8	8	22	15	5	6	19	13	13

其开设的课程类别主要包括：生产设备操作类，运输设备操作类，机电、仪器仪表等设备装配类，机电仪器仪表等设备维修类，运输设备维修类，产品化验、检验类，动物检验检疫、疫病防治类，电工类，餐饮服务类，汽修类，电子产品及钟表维修类，烹饪类，计算机、电商类，美容美发、保健按摩类，营销推销和管理类，物业管理类，工程机械、制造类，家政服务类 18 个传统培训课程类别和一些新兴的课程（如会展、创业、动漫、电脑软件编程等）。

机构办学资金的主要来源，占比最多的为自我积累，共 90 家，占比为 78%；企业支持共 3 家，占比为 2%；其他途径有股份投资、协会自筹等，共 23 家，占比为 20%（见图 1）。

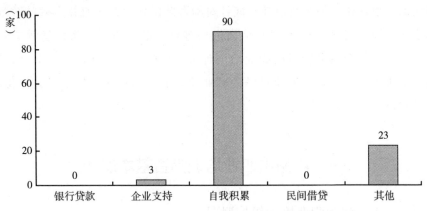

图1 广州市职业培训机构办学资金来源情况

（二）培训机构师资情况

1. 师资队伍总人数

培训机构教师总人数为10人及以下的有31家，占27%；机构人数为10~50人的有52家，占46%；机构人数为50~100人的有30家，占26%；机构人数为100人及以上的有1家，占1%（见图2）。

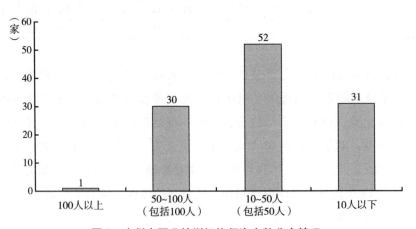

图2 广州市职业培训机构师资人数分布情况

2. 兼职教师比率

兼职教师比率是指：在一个机构中，兼职教师的数量占师资队伍总人数的比率。达到70%以上的机构有13家，占比12%；达到50%～70%的机构有34家，占比31%；达到25%～50%的机构有31家，占比28%；达到25%及以下的机构有33家，占比30%（见图3）。

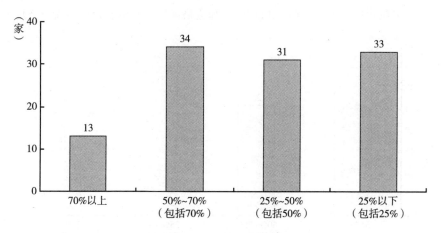

图3 广州市职业培训机构兼职教师比率情况

3. 学历分布情况

学历情况主要是调查大学及以上的教师数量。达到70%及以上的机构有58家，占比52%；达到50%～70%的机构有22家，占比20%；达到25%～50%的机构有21家，占比19%；达到25%及以下的机构有11家，占比10%（见图4）。

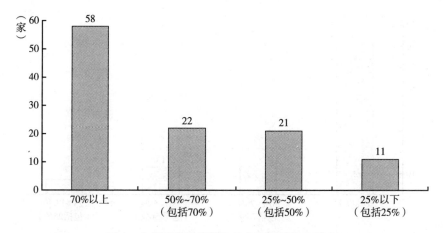

图4 广州市职业培训机构师资学历分布情况

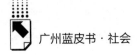
4. 教师资格证持有率

教师资格证持有率是指：持有教师资格证的人数占师资队伍总人数的比率，有 35 家培训机构的教师资格证持有率达到 70% 以上，26 家机构在 50%~70%，36 家机构在 25%~50%，16 家机构的教师资格证持有率少于 25%（见图5）。

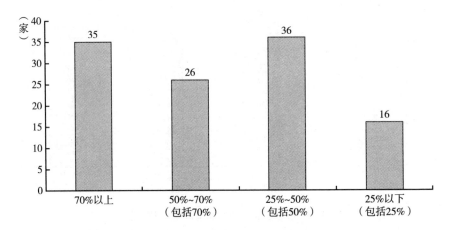

图5　广州市职业培训机构教师上岗资格证持有率情况

5. 职业资格证书持有率

职业资格证书持有率是指：持有职业资格证书的教师占师资队伍总人数的比率。持有率达到 70% 以上的培训机构有 71 家，达到 50%~70% 的机构有 22 家，达到 25%~50% 的机构有 13 家，只有 7 家是不到 25%（见图6）。

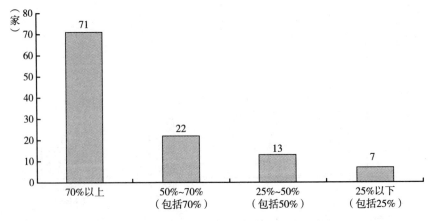

图6　广州市职业培训机构职业资格证持有率情况

6. 技师率

技师率是指：在一个机构中，持有技师资格证的教师数量占持有职业资格证书的教师数量的比例。技师率在25%及以下的培训机构有51家，在25%~50%的机构有27家，在50%~70%的机构有20家，只有11家机构的技师率在70%以上，技师率为0的机构有18家，技师率为100%的机构有3家（见图7）。

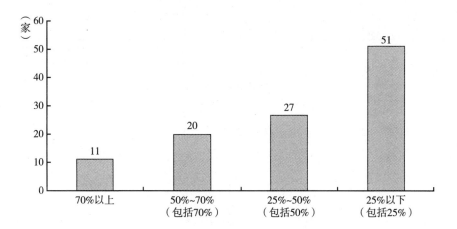

图7 广州市职业培训机构技师率情况

7. 高级技师率

高级技师率是指：在一个机构中，持有高级技师资格证的教师数量占持有职业资格证书的教师数量的比例。高级技师率在25%以下的有64家，在25%~50%的有27家，在50%~70%的有7家，在70%以上的有11家，高级技师率为0的有31家，高级技师率为100%的有1家，即全部都是高级技师（见图8）。

（三）教师资源短缺与流动情况

1. 师资队伍短缺情况

调查显示认为师资队伍普遍短缺的机构有2家，占比2%；部分短缺的机构有23家，占比为20%，主要表现在热门工种、高级技师、新兴行业的教师都相对短缺；认为不短缺的机构有90家，占比78%（见图9）。

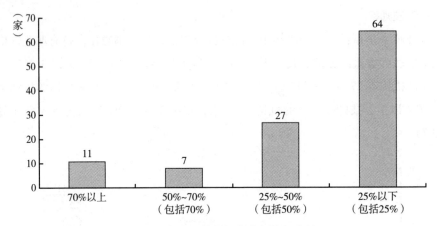

图8　广州市职业培训机构高级技师率情况

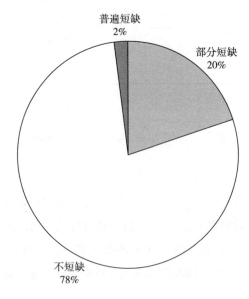

图9　广州市职业培训机构师资短缺情况

2. 签订劳动合同比率

签订劳动合同比率是指：签约合同的教师数量占师资队伍总人数的比率。比率在25%及以下的机构有27家，在25%～50%的机构有14家，在50%～70%的机构有9家，达70%～100%的机构有56家，其中达到100%的机构有51家（见图10）。

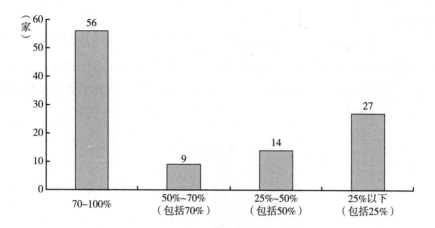

图10　广州市职业培训机构师资签订合同比率情况

3. 2014年辞职率

辞职率是指：在一家机构中，辞职的教师人数占其师资队伍总人数的比率。辞职率在25%及以下的机构有95家，在25%～50%的机构有14家，在50%～70%的机构有6家，在70%以上的机构有3家（见图11）。

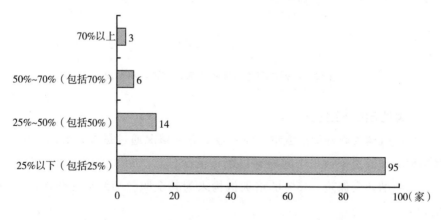

图11　广州市职业培训机构师资2014年辞职率情况

（四）教师薪酬以及缴纳五险一金情况

1. 薪酬情况说明

根据统计，2014年师资队伍年平均工资为42079元，其中技师及以上的教师年平均工资为 51597 元。

在对本机构薪资的自我评价调查中：认为具有很强竞争力的有 2 家，占比 2%；认为机构薪资水平具有较强竞争力的机构有 67 家，占比 60%；认为机构薪资水平没有竞争力的机构有 37 家，占比为 33%；认为处于劣势的有 6 家，占比 5%（见图 12）。

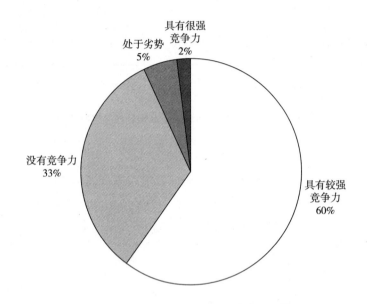

图 12　广州市职业培训机构师资薪资水平情况

2. 缴纳五险一金情况

培训机构为教师依法缴纳五险一金的总体情况通过是否缴纳社会保险、缴纳种类和缴费基数三个问题进行统计情况分析。64% 的培训机构为其全职教师缴纳社会保险，36% 的培训机构未为其全职教师缴纳社会保险（见图 13）。

在缴纳社会保险种类方面，缴纳工伤、养老保险的较多，在缴纳医疗、失业、生育保险方面有所不足（见图 14）。

在缴纳社保的基数方面，58% 的培训机构仅按照最低工资标准给教师缴纳社会保险，而能按照教师实际工资水平缴纳社会保险的培训机构不足四成（见图 15）。

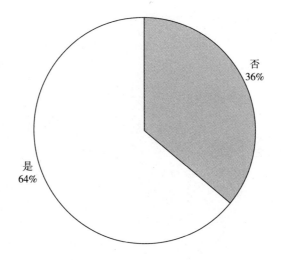

图13　广州市职业培训机构师资社保缴纳情况

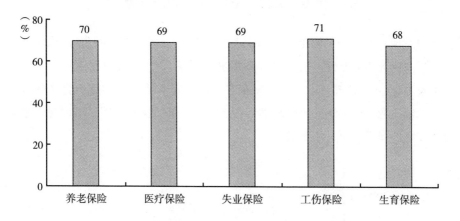

图14　广州市职业培训机构师资社保种类分布情况

（五）教师培训及职业生涯

1. 教师培训情况

在 2014 年中，多数机构教师培训次数少于 5 次。部分机构反馈培训经费受限于经营状况，而且初中级别的职业培训是业务的主要构成部分，依靠在职教师过往积累经验以及自身学习能力来保持职业培训水平（见图16）。在问卷

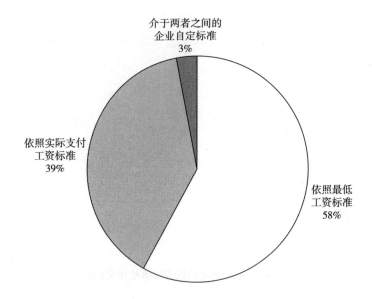

图15　广州市职业培训机构师资社保缴纳标准情况

统计中发现只有 8 家机构年均培训投入达到 22.9 万元，剩余的 70 家机构年均培训投入仅为 4.2 万元。按照机构教师平均规模 50 人来计算，人均年培训成本不及 1000 元，占其年收入的 2% 左右，这种成本结构显然是不合理的。同时课题组注意到近 1/3 的机构培训都由上级主管部门发起组织，培训对于教师专业技能的提升效果并不显著。

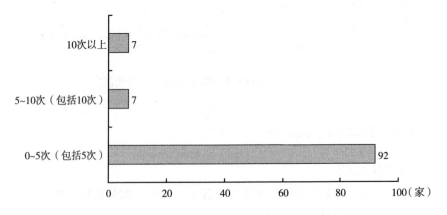

图16　2014 年广州市职业培训机构师资培训分布情况

2.教师职业发展形势

在我们调查的机构当中，将提高教师薪酬等级作为教师未来发展形势的机构占所调查机构的49%；其次是职位提升，占比27%；给教师转型管理的机会占比18%（见图17）。

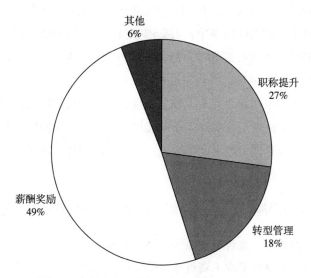

图17　广州市职业培训机构师资职业发展形势

二　广州市职业培训师资存在问题

（一）培训机构师资队伍整体素质不高，少数机构存在"无证上岗"情况

职业培训教师技能素养关系职业培训质量，培训教师首先应是具有高一级的职业岗位能力的、持有职业资格证书的业内人士，这仅是入门条件。其次，培训教师必须具有扎实的理论基础、丰富的实践经验、较强动手能力以及丰富的职业培训经验。再次，老师的语言表达能力、教学组织能力等教学基本功同样不可或缺，这些决定着教师的技能是否可以快速、准确地传递给学生。

职业培训教师既要有职业资格等级证书还要有教师资格证书，这样才能更好地发挥自己的才能。但当前，广州市职业培训机构从教人员中高技能职业培训

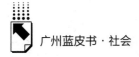

师群体缺乏，大多数职业培训教师的职业资格证等级停留在中级以下水平（占40％），而拥有技师以及高级技师等级证书的教师比重不足35％，部分培训教师无职业资格证书，其比例占所有调查人数的5％；约20％的教师从未接受过系统的教师专业培训，拥有教师资格证的教师比例不足7成；在我们抽样的教师当中，约5％的教师既没接受过系统的教师专业培训，也无职业资格证书。

在我们调查的培训机构当中，有25％左右的培训机构的教师职业资格证持证率不足50％。在高技能教师方面，技师率低于25％的培训机构超过5成；高级技师率低于25％的培训机构超过6成。

在教师的实际工作能力方面，较多机构负责人向我们反映：理论教师缺乏动手能力，尤其是缺少企业实际工作的能力；而来自企业的实训教师缺乏专业理论以及规范的教学能力。由此可知，目前职业培训师资队伍的综合素质无法满足理论方法和实操能力的同时需求。

（二）教师课酬福利普遍偏低，高素质教师被挤出培训市场

在我们的调查中，发现职业培训教师收入水平较低，超过6成的教师课酬一节课不足100元，月平均工资低于4100元。远低于近日广州南方人才市场最新发布的《2014～2015年度广东地区薪酬调查报告》的广州市教育从业者平均工资5143元，低于广州市教师平均工资水平的20.2％。

在针对教师工资满意度方面的调查中，我们发现对自身工资水平满意的教师不足4成；在福利方面，近4成的培训机构未给其机构老师缴纳社会保险，在缴纳保险类型中，缴纳工伤保险的企业最多，这是由培训课程具有一定的危险性所决定的。在缴纳社保的标准方面，约6成的机构仅依照最低工资标准为其教师缴纳保险，按教师实际收入水平交纳保险的机构不足4成。在额外福利方面，约50％的培训机构，没有提供额外福利，提供额外福利的种类也较为单一，以带薪假期和培训补助为主。

在对公立机构教师的访谈中，我们发现虽然公立机构的教师相较民营培训机构的教师工作更加稳定，但由于区训的特殊性质，除教师资源极度稀缺的个别工种外，职业培训机构教师工资水平大多由各区训参照全市培训机构平均课酬统一划定，课酬水平较为刚性。在薪酬激励方式方面，公立培训机构由于教师资源较其他私立培训机构更为丰富，且申请薪酬奖励的流程需区训向市训提

交薪酬奖励申请，再通过各个区训代表开会讨论过后对薪酬奖励申请进行批复，这个流程耗时较长，且整个流程相对复杂，因此，在公办机构的教师管理中大都没有奖励机制。对于教学质量较差的教师，公办培训机构直接"用脚投票"，选择不再聘用。

低薪酬水平同时造成了高技能教师的流失，在我们的调研数据中，对教师的职业技能水平与其跳槽意愿做了相关性分析，发现：职业等级为初级的教师跳槽意愿最低，仅为11%，而高级技师的跳槽意愿最强，达到了18%。由此我们可以得出结论，技能水平越高的人员，潜在辞职率越高。在我们对美容美发培训机构管理人员的访谈中也印证了这一结论：美容美发教师收入低于同行业从业者的收入，且由于其技能水平较高，再找到一份高收入的工作较为容易，因此很多技能水平较高的老师短期从业后会回到美容美发店工作或是被别家机构高薪挖角，导致高技能教师大量流失（见表2）。

（三）缺乏师资培训体系和资助体系，教师缺乏技能提升通道

培训机构师资队伍的整体素质水平和师资培训的关系密不可分。在政府大力推动自我增值的氛围下，教师有机会接受长期可持续性的培训，以提高自身的技能水平和教学质量，这对于建设高素质师资队伍有着重要的意义。

表2 职业机构教师流失意向统计

单位：人，%

职业技能等级	人数	有辞职想法人数	潜在辞职率
初级	18	2	11.11
中级	76	9	11.84
高级	131	17	12.98
技师	61	10	16.39
高级技师	72	13	18.06

在本次调查的老师中，大多数教师对进行自我提升表现出极大的需求。在被调查的405位老师中，有348位教师表示参加过自费的自我提升课程，在希望得到何种培训方面，320位老师表示对能提高自身技能水平的培训感兴趣，其次是提高自己教学技能水平的培训，有298位老师表示希望通过培训提高自

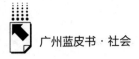

己的教学技能。

与教师强烈的自我提升需求相比,培训机构所提供的培训机会相对较少,对教师培训缺乏统一的规划管理,在包括培训计划、统筹、组织、经费等方面没有详细的方案,尤其是民办学校的情况更加严重。在2014年,教师培训的次数大部分少于5次,有机构负责人解释是因为大部分教师从事初中级别的职业培训,不需要再多的个人培训了,而且教师大都有丰富的教学经验,机构资金有限,所以无法提供很多培训给教师。培训经费少,培训方式以上级主管部门培训为主,从中可以看出培训机构对自身教师的水平提高并不重视,被动性很强,没有意识到教师也是需要不断更新知识的。

(四)职业培训教师社会地位偏低,社会职业认可度不高

职业培训教师的社会地位偏低主要体现在主观和客观两个方面。

主观社会地位是社会学常用的一个概念,指社会成员从自身角度出发,对自己在社会系统中所处地位或受尊重程度的自我判断,研究发现个人主观社会地位与教育水平、职业、收入等客观指标间存在一定相关性。在调查中我们发现,职业培训教师主观地认为自身社会地位不如一般教师,在针对教师未来希望跳槽的行业的问卷调查中,发现约2/3的教师希望跳槽到有正规编制的一般学校中。可见,从培训机构的教师的自我认识来看,大都认为一般学校教师的工作优于自己现在所从事工作,一般学校教师社会地位优于自己。

从客观的角度来说,职业培训教师客观社会地位偏低主要体现在经济保障、社会认同两个维度。

据我们访谈了解到,职业培训机构教师不仅福利水平和假期天数少于一般教师,由于职业培训教师群体中大量存在兼职教师,其工作也较一般教师更加不稳定。在我们的调查中,近4成的培训机构未给其机构老师依法缴纳社会保险,且大多数机构都按最低工资标准为教师缴纳保险,按照教师的实际工资水平缴纳社会保险的机构不足机构总量的40%,在某种程度上,这意味着相比一般教师,职业培训机构教师在经济上无法得到充分保障。同时,他们也无法享受到一般学校老师享有的寒暑假、教师节等福利待遇。

在访谈中,多数培训机构教师都认为教师是受社会大众尊重的职业,而职

业机构中的教师并未真正被社会普遍认同。由于培训对象直接与市场对接，需求企业一般将受过职业培训的人才等价于积累同等工作年限经验的职工，而忽略其受教育的过程与实际价值。尽管近年来职业培训机构的人才供给受到越来越广泛的市场青睐，然而职业培训教师的社会价值仍未得到充分认可，社会地位亦未得到显著提升。

三 建设高素质职业培训师资队伍的对策

（一）健全师资市场准入机制，强化职业道德标准

拥有较高的职业技能固然重要，但是对于职业培训教师来讲，职业道德比技能更重要，因此重视师德培养，将职业道德作为选择老师的重要标准是由职业培训这个特殊教育群体的学生群体特殊性所决定的，拥有较高职业道德的教师，才能成为高素质的职业培训教师。

一个严谨的职业培训教师职业道德结构模式应由以下几个因素构成。

1. 职业培训教师的职业理想

职业培训教师的职业理想是指从事职业培训的教师应有的追求，它能够引导教师产生遵守职业道德的行为，其具体表现为"职业培训教师的职业是最能为人类谋求福利与进步的职业，是高尚的职业"。不仅如此，崇高的职业理想也有助于高尚的职业价值观的形成，包括职业公正、职业良心。

职业公正是指在日常教学活动中，公平正确地评价以及对待每一个学生。在学生多样性的环境下，教师在教学过程中，对不同性别、不同出身、不同相貌以及不同个性的学生，要做到一视同仁，体现出教师对学生的无差别对待。这是教师职业道德素养高低的重要标志。

职业良心是指教师由于认识到自身的职业使命以及职业职责而产生的一种基于自身道德水平的自律。它是职业培训教师从事职业培训工作的重要精神支柱，也是职业培训教师职业道德完善的最强大的心理动因。

2. 职业培训教师的职业态度与责任

职业培训教师的职业态度是基于教师本身对职业意义的理解而产生的道德认知。职业培训教师的职业责任主要是指从事这一事业的教师所必须承担的职

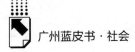

责以及需要完成的任务，其内容主要包括：职业培训教师应热爱自己的本职工作，忠于职业职守，在工作中发扬精益求精、勤奋向上的精神，专心致志地完成本职工作。

在职业培训教师的日常工作中，职业态度与职业责任之间具有相互促进的作用：端正的职业态度有助于教师更好地将对职业的理解贯彻到日常工作中，从而更积极地承担职业责任。而在履行职业责任的过程中，也会对职业的意义与认识产生新的理解与认知，从而使职业态度向着更为端正向上的方向发展。

3. 职业培训教师的职业规范

职业培训教师的职业规范就是教师在从事职业教育工作中遵循的规章条例制度守则等，它是维持正常教育教学秩序的前提，是维持整个职业培训机构日常工作正常运转的保证。

在职业培训的各项规范当中，最为重要的即是具备的基础知识水平以及实操能力。

现代科学技术的发展与创新，不仅推动了社会的进步与发展，也对职业培训教师的职业技能提出了更高的要求：具有复合型专业理论基础知识结构以及扎实的实操能力；具有先进的现代教育与科学理念以及高水平的教育教学管理能力；具有勇于实践且不断创新的精神。为达到这一标准，在执行职业规范的过程中，职业培训教师本身要有坚定的信念和持之以恒的决心，严格要求自己，严肃对待规范，勇于自我批评，努力达到各项规范规定的标准，为所有学生起到模范带头作用。

政府在设计培养教师师德的培训课程时，课程内容可为先进模范教师和受培训教师进行交流、日常工作观察模仿、情景模拟法等，这些培训方法都能让教师身临其中，获得最大的体验。

（二）建立良好的奖惩机制，提高教师的工作积极性

对当前广州市培训机构教师而言，工资支付基础大都以市场供求水平为主。如果仅仅依照市场定价，与职称技能不挂钩，老师将失去工作的积极性，从而无法用高素质教师的标准要求自己，为了更好地激励老师，建立良好的奖惩机制，应是当前工作的重点。

最有资格评价老师教学水平、能力水平的莫过于学生，职业培训机构的学

生大都是有一定社会经验，且有明确的判断标准的成年人，其对教师的评价更能体现出职业培训教师的水平。因此，建立奖惩机制的核心应从学生着手，建立健全的学生评教机制。将学生满意度、学生就业速度、学生就业薪资以及教师口碑与教师工资水平挂钩。

（三）完善教师继续培养机制，提升职业培训师资素质

在宏观方面，我们必须针对职业培训师资培养整体进行相应的完善。从实践的角度，主要体现在通过立法的方式将职业培训整体纳入职业教育体系中，确认职业技能教师与普通高等院校教师在薪酬福利、职业发展等方面的平等地位，落实高级技师等同于高校高级职称的同等待遇，建立健全现代职业教育体系的基本框架和基本制度，做到职业技能培训的三个供求对接：专业规划设计与产业发展需求对接，日常课程内容与职业需求标准对接，教学实践过程与具体生产过程对接。

参照近些年来国内外实践的相关经验，在职业培训师资队伍建设方面，主要有以下几点经验值得借鉴。

第一，建立技师工作站，强化培训教师的继续教育。由广州市职业能力培训指导中心统筹、组织、规划、协调、实施对全市各职业技能培训机构的师资培训，技师工作站通过吸纳有一技之长且实践经验丰富的培训教师，组织开展针对产业发展方向的专项技术技能研究、职业培训技巧研究以及技师培训服务。其所用经费应由财政统一支付。

第二，建立帮带合作关系。政府要拉近与促成培训机构与企业的多方合作，在各个职业领域挖掘具有高技术水平的优秀人才，通过建立与企业以及个人的合作关系，让有丰富教学经验的培训教师与企业中高技术人才建立帮带合作关系，提升培训教师技能水平。

第三，建立"优秀教师"成长培养计划。挑选一批具有较高职业道德水平、较高实践操作技能和较强组织能力的教师，作为重点培养对象。名师充分发挥示范带头作用，通过组织定期开展的培训机构教师经验交流会，将最新的技术、技能普及到更多的教师。

第四，将职业培训机构师资培训纳入培训券的使用范围。目前，广州市培训券的发放对象是本市户籍、法定劳动年龄范围内、有就业能力和培训需求、

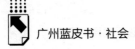

具备参加培训条件的人员，但是没有涉及需要培训的职业培训机构的教师。培训券的使用促进教师享受继续教育，在费用上大大减免，有利于提高教师主动培训的积极性。

第五，开辟"多元化"师资来源渠道，整合社会人力资源，扩大职业培训师资队伍。通过从社会聘用优秀高技术人才以及与高等学校、科研机构、大型龙头企业合作的形式，广泛吸引各方面职业人才，尤其是高科技领域的、产业未来发展急缺的专业人才从事职业培训教学工作，壮大培训师资队伍，优化培训师资结构；通过建立专业师资人才库对社会各行业的技师、高级技师以及专业技术人员的师资人才进行统计，并做好相关信息跟踪，定期公布，以利于资源共享，优势互补。

第六，培训侧重点应该跟需求紧密相关。与普通职业教育不同的是，职业培训需要更注重实际操作与解决现实问题的能力，培训机构应该在开展培训前做好调查工作，了解受培训教师的需求，做到培训有针对性。当然，技术注重创新，观念也一样。正如我们调查中得知：家政培训行业很难引进国外的创新技术或者机械，但是可以学习国外的新理念、新观念，家政往家庭管家方向发展就是一个新理念。

第七，建立规范的培训制度。参考国外对职业培训教师培训的制度，结合不同职业（工种）的教师所需要的继续教育学时数量，有计划、持续地对教师培训进行管理，和行业协会合作完成设立每个行业相关的培训制度。

（四）加大师资培训投入力度，增加师资的人力资本

通过对韩日等亚洲国家职业培训发展先进经验的学习明确了职业培训事业发展与优秀的师资队伍以及充裕的培训资金之间相互必不可少的关系。针对这样的情况，整个社会应加大对职业培训师资建设的专项资金投入力度。

首先，建立专门的职业培训教师进修中心。通过省级政府制定教师进修管理办法，对教师进行系统化、制度化管理。

其次，依托当地的技工学校、职业学校等实体机构，通过财政专项拨款的方式对职业培训教师进修进行专项补贴。

最后，应对职业培训教师的在岗进修做出相应的规定，要求从业教师定时进行进修培训。使其不断更新已有知识，为我国职业培训事业以及产业升级发

展做出应有的贡献。

经费除政府财政投入外，还应由职业技能培训的其他受益者（包括企业、劳动者、社会）来共同承担。通过借鉴韩国职业培训分担金制度，在坚持职业培训公益性、发挥政府主导性的基础上进行多元化、多方向的筹集职业培训经费。

首先，通过法律形式规定企业承担职业培训的义务，令企业承担部分培训费用，这对员工的职业培训以及成果能起到一定的监督作用。

其次，针对培训的受训者应收取部分培训费用，这有利于端正受训者的学习态度，提高学习效率。

再次，倡导社会捐赠机制，为社会福利捐赠提供新的且有利于社会未来经济发展的渠道。

在经费筹集上坚持政府主导、企业参与、全面动员的方式，保障职业培训的资金充足，对参与职业培训的企业及个人，政府应给予相应补助和奖励，通过调动其积极性，形成良性循环，促进职业培训事业的长足发展。另外，政府应保障培训机构和教师各自的利益，促进培训机构和教师签订一定期限的服务协议，在保证培训机构健康运营的情况下，政府支持培训机构的发展，减少培训机构对教师接受培训时能否继续为其服务的担忧。

政府可以通过经济杠杆调控职业培训机构专业建设和课程建设。当社会发展需要不同方面的人才时，政府可以通过购买不同内容的培训成果，引导职业培训机构采取更完善的课程建设，以满足社会的人才需求。

（审稿：贺忠）

B.8
产业结构调整对广州市
就业工作的影响研究

罗冬英　邵　磊　佟颖懿*

摘　要：　广州的经济发展进入了转型的关键期，产业结构调整为广州
的经济社会发展既带来了机遇，又带来了挑战。本文重点分
析了广州就业形势面临的主要问题，在此基础上论述了在产
业结构调整期对就业工作的几点建议。

关键词：　产业结构调整　就业　结构性矛盾

"十二五"期间，中国的改革开放进入了新的阶段，广州的经济发展也进
入了转型的关键期。发展需要动力，转型必有代价，产业结构调整为广州的经
济社会发展既带来了机遇，又带来了挑战。一方面，新兴产业为广州就业形势
向好的方向发展提供了新的机遇；另一方面，广州劳动力供求总量矛盾和结构
性矛盾并存、劳动者素质与经济社会发展需求不相适应的问题能否解决，成为
转型不得不面对的挑战。

一　目前广州市就业形势的问题

（一）经济增速放缓加剧人力资源供需错位

由于经济增长方式转变，企业用工模式逐步发生变化，机器代替人的现象

---

* 罗冬英，越秀区人力资源和社会保障局副局长；邵磊，越秀区人力资源和社会保障局办公室
副主任；佟颖懿，越秀区劳动就业服务管理中心副主任。

越来越普遍，对普通劳动力的挤出效应逐步明显，高增长、低就业的发展模式，进一步加剧结构性失业等深层次的矛盾，使广州就业形势保持稳定的压力较大。

根据广州市人力资源市场职业供求状况分析，2014 年第四季度，人力资源市场需求人数为 596803 人，求职人数为 51615 人，求人倍率为 11.56%，人力资源总体供求情况与 2010 年第四季度同比，供需双方都有大幅上涨，但求人倍率却下降 11.01 个百分点。从行业分组需求情况来看，2014 年第四季度第一产业需求占比为 1.22%，较 2010 年第四季度同比上升 1.09 个百分点，2014 年第四季度第二产业需求占比为 29.21%，较 2010 年第四季度同比下降 6.13 个百分点，2014 年第四季度第三产业需求占比为 69.57%，较 2010 年第四季度同比上升 5.04 个百分点；从行业的需求状况看，2014 年第四季度排名前八的人力资源市场需求大类依次为制造业，租赁和商务服务业，批发和零售业，信息传输、计算机服务和软件业，金融业，住宿和餐饮业，居民服务和其他服务业，交通运输、仓储和邮政业，排名前八的人力资源市场需求大类 2014 年第四季度与 2010 年第四季度同比，制造业维持在第一位不变，新增了金融业，房地产业则跌出了前八位，租赁和商务服务业，信息传输、计算机服务和软件业的需求占比有所上升，而批发和零售业，住宿和餐饮业，居民服务和其他服务业，交通运输、仓储和邮政业的需求占比都有所下降。从职业需求来看，2010 年第四季度与 2014 年第四季度情况较为一致，单位负责人及专业技术人员的求人倍率持续高企，需求人数远大于求职人员状况仍在持续。单位负责人的求人倍率从 2010 年第四季度的 30.39% 上升到 2014 年第四季度的 33.18%，专业技术人员的需求也从 2010 年第四季度的 25.32% 大幅上升到 2014 年第四季度的 38.12%。

广州的新兴产业发展需要大量的高等级、高水平的劳动力，如汽车产业基地所需的汽车人才、民间金融街所需的金融人才、中央文化商务区所需的文化人才等等，劳动力市场必然出现需求紧缺。而大量劳动力随着传统劳动密集型产业的衰落进入失业状态，也为就业和城市稳定带来了巨大压力。因此，对广州来说，结构性失业问题是摆在未来发展道路上的一块巨石。

（二）教育发展滞后导致人力资源供需失调

目前教育形式发展滞后且市场化程度不高，再加上体制僵化，导致高等教

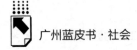

育专业设置无法满足劳动力市场需求，同时职业教育一直得不到重视，结果导致大学毕业生失业现象加剧。教育体制落后、教育结构不合理、学非所用使劳动力无法满足结构需求而引起失业。总之，教育发展跟不上经济发展的需要，一方面导致因劳动者文化素质不能随着经济发展需要及时得到提高而失业；另一方面导致专业难以对口的高学历人才也被迫流入失业人群。

（三）技术进步导致高技术人才缺乏

随着科技创新对广州产业发展的影响日趋加重，知识密集型产业逐步取代了过去劳动密集型产业的位置，不断推动技术进步已成为每一个参与市场竞争企业的主要竞争手段。而技术的进步在一定程度上使劳动者的需求结构与供给结构在工种、技术、知识上出现了不相吻合的现象，也不可避免地造成了失业。科技革命、技术进步是现代社会前进的动力，而劳动者又是技术进步的主要载体。如果劳动者不能及时更新知识和技能，就无法满足新技术岗位的需求，必然会被抛入失业的队伍中，与此同时出现大量的新技术岗位空缺，继而引发结构性失业。

二　关于产业结构调整期就业工作的几点建议

（一）着力开展就业服务，畅通就业渠道

定期公布失业人员就业形势和发布就业指引。大力开展针对失业人员、高校毕业生的就业服务月、服务周等就业促进系列活动，举办有针对性的社区专场招聘会、阳光就业校园招聘会及定期举办网络匹配会，搭建失业人员、高校毕业生与缺工企业的双向选择就业平台，多渠道为失业人员、高校毕业生提供就业机会。

（二）加快技能人才就业平台建设

按照技能人才公共就业服务平台建设工作计划，逐步建立广州技能人才供需匹配服务和跟踪管理服务机制，健全完善技能人才信息定期收集和入库制度，优化技能人才信息库及专业技能人才信息管理系统，着重信息匹配、服务

跟踪，畅通技能人才公共就业服务绿色通道，为技能人才及企业提供一系列的职业推荐、岗位匹配、就业跟踪等服务，开创技能人才就业平台的新气象。

（三）积极开拓校企合作

充分利用资源优势，发掘与省内外、市内技校、大中专院校的合作空间，开拓院校资源，引导企业与院校的无缝合作，从而有针对性地为企业提供支撑转型升级的人才保障。开展"走进985"活动，加大力度引进人才，走进清华、北大、人大、川大等"985"高校举办招聘会和推介会，巩固、扩大与国内著名高校的合作，把著名高校毕业生招聘会做成品牌，积极引导清华、北大等名校学子来穗实习、在穗就业。

（四）加强灵活主动的职业培训，为转型提供提前量

经济社会变动使社会对劳动力的需求结构发生了变化，而劳动力的培训是存在一定的滞后性的。经济社会变动之前，劳动力由于职业惯性不可能过于积极主动地寻求技能革新。但是任何产业都不可能是一天之内建立起来的，这就存在一个城市发展规划和产业转型升级引导就业培训的过程。在这个过程中，可以通过及时的岗位需求宣传和技能培训引导而实现就业需求的软着陆，使其成为避免结构性失业的缓冲区域。劳动部门应加强供求监测，畅通劳动力市场的信息传递，为供求双方提供有效的对接服务，实现供求双方和岗位信息等资源的合理配置，指导求职人员及时了解劳动力市场各类人员的供求状况并做好供求状况的预测工作，从而提高就业与用工质量的稳定性。同时通过及时掌握就业市场的需求，对培训资源进行优化整合，充分利用信息化网络技术建立起实物与虚拟操作相结合的培训模式，使学员能够在较短的时间内熟练地掌握相应的技能，使劳动力的技能更新与技术发展同步。

（五）引导科学合理的就业观念

劳动者的就业意愿、对就业岗位的预期过高与实际所能提供的就业岗位不一致，某种程度上也导致了结构性失业的发生。如一些刚毕业的大学生在择业时期望值过高，想留在大城市，进大公司，并且薪水要优厚，否则宁愿失业。此时，导致结构性失业的原因就是失业者错误而落后的就业观念。习近平总书

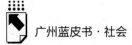

记指出，当代大学生要志存高远、脚踏实地，转变择业观念，坚持从实际出发，勇于到基层一线和艰苦地方去，把人生的路一步步走稳走实，善于在平凡的岗位上创造不平凡的业绩。因此，政府、学校、企业和社会应当联起手来，加强就业引导，把帮助劳动者建立正确的就业观念铸成解除就业枷锁的一把金钥匙。

（六）转变思路，多渠道解决劳动力供求矛盾

从对象来讲，随着产业结构调整升级，短期内将大量本地普通劳动者培育成为具备新技能的劳动力资源必然是不可能实现的，因此从其他地区引入新劳动力资源就成了必然选择。新劳动力的引入势必扩大城市人口规模和社会服务市场需求，此时可通过增加专业技术需求较低的街道、社区公益性岗位以及鼓励家政服务市场的开发，促进结构性失业人员创业或再就业。

（审稿：周凌霄）

广州市创业对居民增收的影响研究

文苑棠*

摘　要：　本文首先探讨了创业拉动居民增收的路径，并对广州创业发展的现状进行分析，指出其存在的主要问题，最后着眼地方政府事权，提出排除居民创业增收梗阻、提高大众创业质量等方面的若干对策建议。

关键词：　创业密度　居民收入　创业主体　私营企业

一　广州市创业影响居民增收的路径

创业是通过扩大就业、发展经济、拉动财政三个途径拓宽居民收入的渠道，影响居民收入的初次分配和再分配，对居民增收发挥了积极作用。然而，创业直接收入占居民收入的比重仍然偏低，创业对拉动居民增收的空间仍然较大。

（一）创业经济提供近六成就业岗位，成为居民增收的主要就业渠道

广州创业活动主体数量、创业经济提供的就业岗位均呈快速增长态势。其中，2001~2014年，私营企业户年均增速为15.6%，城乡个体工商业户数年均增速为8.8%；私营、个体和其他从业人员年均增速为15.8%。

值得一提的是，从2011年起，广州私营、个体和其他从业人员数占全社

---

* 文苑棠，国家统计局广州调查队主任科员，主要研究方向：政府统计管理、价格统计、居民收支统计。

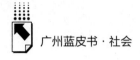

会从业人员数的比例已接近六成，2011～2014 年，户均创业主体提供就业岗位 4.4 个，创业经济已成为居民增收的主要就业渠道。

（二）创业经济对劳动者报酬①的贡献超过两成，第三产业优势明显

对私营企业劳动者报酬的测算结果显示，2008～2014 年②，私营企业创造的劳动者报酬对全市的贡献超过两成（为 23.4%）。从绝对额总量看，私营企业创造的劳动者报酬从 2008 年的 686.1 亿元，快速上升到 2014 年的 1888.0 亿元；从户均看，2008～2014 年，平均每家私营企业每年创造劳动者报酬 56.6 万元，这些均以初次分配形式进入居民收入。

从各产业和行业的贡献度看，第三产业私营企业优势明显，主要表现在两个方面，分别如下。

一是因为私营企业家的创业活动大多集中在第三产业。从产业总量看，2008～2014 年，私营企业中第三产业的劳动者报酬总量最大，占三次产业总和的 77.6%；其次是第二产业，占 21.4%；第一产业仅占 1.0%。然而，从产业户均看，三次产业排名恰与总量情况倒挂，表明私营企业数量在产业之间分布差异较大，第三产业集聚明显。

二是行业总量和户均排名靠前的均属于第三产业。从行业总量看，排名最前的超百亿元的行业有 5 个，分别是科学研究和技术服务业，工业，批发和零售业，租赁和商业服务业，文化、体育和娱乐业；其余 10 个行业均在十亿元以上百亿元以内。从行业户均看，排名最前的超百万元的行业有 7 个，分别是卫生和社会工作，金融业，教育，水利、环境和公共设施管理业，文化、体育和娱乐业，住宿和餐饮业，居民服务和其他服务业；其余 8 个行业均在十万元以上百万元以内。

---

① 本文的"劳动者报酬"特指国民经济核算收入法中的劳动者报酬，即地区生产总值（GDP）＝劳动者报酬＋生产税净额＋固定资产折旧＋营业盈余。
② 因国民经济行业分类变化，本文关于私营企业劳动者报酬和生产税净额的测算均从 2008 年开始。

（三）创业经济对广州地区组织公共财政收入贡献近两成半，是居民移转收入的重要来源

对私营企业生产税净额（近似等于政府财政收入）的测算结果显示，2008 ~ 2014 年，私营企业对政府财政贡献年均总额为 547.5 亿元，年户均额为 22.0 万元，平均约占广州地区组织公共财政收入的两成半（为 24.7%）。

近年，广州地方财政收入①约占广州地区组织公共财政收入的五成；其中，用于投入资助城乡居民养老保险等地方财政支出约占地方财政总收入的 4.0%，即广州地区组织公共财政收入（近似等于生产税净额）中约有 2.0% 的份额通过转移支付成为再分配的居民收入。以此推算，2008 ~ 2014 年，广州私营企业贡献的财政收入中，年均总量约有 10.9 亿元、年户均约有 4400 元，通过资助城乡居民养老保险等方式成为再分配的居民收入。

从各产业和行业的贡献度看，二、三产业私营企业对财政贡献旗鼓相当，主要表现在两个方面，分别如下。

一是从产业总量看，第三产业创造的财政收入虽高于第二产业，但二者户均贡献基本相同。

二是总量和户均排名靠前的行业在二、三产业中均有体现。从行业总量看，排名最前的超百亿元的行业有 3 个，分别是批发和零售业、工业（属第二产业）、租赁和商业服务业。从行业户均看，金融业的私营企业户均财政贡献最高，超过百万元；其次是户均财政贡献在十万元以上百万元以内的行业，数量多达 11 个，分别是房地产业，文化、体育和娱乐业，工业（属第二产业），信息传输、计算机服务和软件业，水利、环境和公共设施管理业，租赁和商业服务业，批发和零售业，居民服务和其他服务业，科学研究和技术服务业，卫生和社会工作，住宿和餐饮业。

（四）创业收入不到居民收入一成，比重偏低情况凸显

创业收入对城市居民增收的贡献不断上升，但在可支配收入中的比重仍不

---

① 地方财政总收入按全口径统计，包括一般公共预算、政府性基金预算、国有资本经营预算和财政专户管理资金。社会保险基金属政府代管资金，不纳入财政总收支计算。

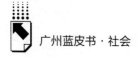

足一成。2000~2013 年①，广州城市居民人均经营性收入以年均 27.1% 的增速，从 2000 年的 170.0 元快速上升到 2013 年的 3830.4 元；城市居民人均经营性收入占可支配收入的比重从 2000 年的 1.2% 快速上升到 2013 年的 9.1%。

农村居民创业对增收的直接拉动比城市要弱。2000~2014 年，广州农村居民第一产业以外的经营收入占家庭收入比重从 2000 年的 14.8% 下降到 2014 年的 8.5%。

二　广州大众创业的现状与问题

与提供近六成数量的就业岗位相比，创业经济对全市劳动者报酬和财政收入的贡献却不足三成，城乡居民创业收入比重偏低情况凸显。探究个中原因，须从潜在创业者的准备状况、城市创业活跃程度、创业主体各阶段的换挡对接、创业者的诉求和期盼等方面把脉大众创业的现状与问题。

（一）潜在创业者的创业状态有待提高

1. 创业意愿与创业实践比例悬殊，创业实践能力亟待提高

广州具有创业意愿的潜在创业者人数是实际创业行动者的 7.7 倍，创业意愿向创业实践的转化速度亟待提高。一方面，广州潜在创业者比例偏低。据有关调查显示，2014 年广州具有创业意愿的大学本科应届毕业生比例仅为 2.3%。另一方面，广州潜在创业者的创业实践比例更少之又少。据广州市高校毕业生就业指导中心数据显示，2014 年广州地区普通高校毕业生创业人数约为 750 人，占毕业生人数比例更是低至 0.3%；其中，广州生源高校毕业生创业人数约为 510 人，仅占广州生源毕业生人数的 1.0%。

从横向比较看，广州的大学应届毕业生创业人数少、比例低。无论是广州地区 0.3% 的创业实践比例、广州生源 1.0% 的创业实践比例，还是 2.3% 的创业意愿比例，均低于麦可思研究院 2014 年对全国大学生调查 2.9% 的自主创

---

① 因统计方法制度改革，2000~2013 年为城市居民人均经营性收入，2014 年为城市居民人均经营净收入。经营净收入 = 经营性收入 - 经营性支出。因数据口径变化较大，为确保数据可比性，本文仅计算 2000~2013 年城市人均经营性收入。

业比例；与创业率最高的省份浙江（4.0%）相比，差距很大；与欧美发达国家和地区大学生20%~30%的自主创业比例相比，差距更大。

2. 对创业准备不足，制约创业实践的成功

一是潜在创业者对创业政策了解不够。调查显示，超过九成的大学生不太了解或完全不了解创业相关扶持政策；比较了解的比例仅有5.9%；非常了解的比例更低至2.7%。这在一定程度上影响了创业扶持政策对创业者的激励作用。

二是潜在创业者缺乏企业家精神。调查显示，超过六成的大学生无法承受创业失败的风险；对创业有足够心理准备，能承受任何创业后果的大学生比例仅为5.8%。潜在创业者抗风险条件和能力较差，对自身创业品质、创业精神的认知和肯定仍十分匮乏，直接影响了创业动机的进一步增强和向创业行动的转化。

3. 生存导向创业为主，影响创业质量

调查显示，大学生在创业行业的选择上，大多倾向于投入小、技术低、劳动密集型的基础行业，对科技等含金量较高的知识密集型行业的选择比例仅为一成左右。表明潜在创业者大多属于生存导向型创业，而机会导向创业者比例偏小，从而影响了创业质量。

（二）创业活动高于全省全国，但与标兵城市有差距

1. 创业主体实有量偏少

与北京、上海、深圳、天津等国内主要城市相比，广州创业主体实有量相对靠后。对比显示，2007~2014年，在京沪穗深津五大城市中，广州私营企业户数仅高于天津，为北京的42.8%、上海的29.3%、深圳的61.1%。

2. 创业活跃程度高于全省和全国，但在主要城市中显弱

与全省和全国相比，广州创业活跃程度处于领先地位。运用GEM中国小组创立的CPEA指数①计算方法，对广州、全省和全国创业活跃程度进行测量②。结果显示，2007~2014年，广州创业活跃程度高于全省全国水平。广州

---

① CPEA＝区域3年内新创私营企业户数/区域劳动人口数。
② 广州数据来源于《广州统计年鉴》；广东2007~2010年数据来源于《广东统计年鉴》，2011~2015年数据来源于广东省工商行政管理局；全国2007年数据来源于全国工商联，2008~2014年数据来源于国家工商总局。

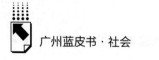

近3年平均每百个劳动者创办企业1.6家，高于全省的1.0家、全国的0.7家。

但与国内主要城市相比，广州创业活跃程度相对较低。尽管深圳私营企业户数仅排在京沪穗深津五大城市的第三位，但其创业活跃程度却高居榜首，近3年平均每百个劳动者创办企业4.6家；上海排第二位，为3.0家；北京排第三位，为2.2家；广州排第四位，为1.6家；天津最低，为0.8家。

与欧美发达国家和地区相比，广州创业活跃程度和成功率相形见绌。据有关资料显示，欧美发达国家和地区大学生自主创业比例达到20%~30%，成功率约为30%。以此推算，发达国家和地区大学生创业并获得成功的比例在6%~9%，即每百名大学生，将成功创立6~9家企业。相比之下，广州在3年内每百名劳动者仅成功创立0.8~1.6家企业，与国际成熟的创业地区相比，差距仍相当大。

3. 创业吸引力仍有提升空间

据国家统计局广州调查队2015年对广州企业家创业状况专题调查显示（简称"专题调查显示"，下同），超过七成（71.9%）的在地创业者认为广州是最理想的创业城市。但是，有近三成（28.1%）在地创业者认为理想创业城市是广州以外的地区，其中近二成（18.2%）认为最理想的城市是深圳、北京和上海。因此提振"在地创业者"的创业信心，留住优秀创业人才，巩固广州创业基础应引起政府的重视。广州对在地创业者的吸引力尚须提升，对外地创业者的吸引力更应加码。

（三）创业主体各阶段的换挡对接状况总体良好

本文从创业阶段的角度，把创业者划分为新生市场主体创业者（成立1年以内）、新设市场主体创业者（成立1年以上3年以内）、既成市场主体创业者（成立超过3年）三种类型，运用格兰杰因果关系检验方法对创业主体各阶段的换挡对接状况进行测算，结果如下。

一是既成企业创业者对诱发个体工商业的创建具有良好的带动作用，但个体工商业转型为企业的可能性较低，居民创业转型并非易事。

二是既成企业、新设企业均对新生企业创建有示范带动作用，新生企业进阶为新设企业和既成企业的换挡状况较好。

三是新生个体工商业进阶为新设个体工商业和既成个体工商业、新设个体工商业进阶为既成个体工商业的换挡状况均较好。

（四）创业者对创业环境的评价

1. 创业环境对创业地点选择的影响

专题调查显示，创业环境对创业者选择创业地点具有较高关联度。选择在广州创业的创业者中，有71.8%认为广州发展机会多；有35.5%因创业前在广州读书，熟悉环境，故选择在广州创业；有34.7%认为广州经商环境好；有12.1%认为广州创业政策足，扶持力度大；认为广州创业成本低、税费优惠多的创业者占8.1%。

2. 创业环境变化喜忧参半

专题调查显示，与一年前相比，广州创业环境变化喜忧参半。其中，超过五成（50.1%）的在地创业者认为广州创业环境变好；超过三成（33.0%）的创业者认为广州创业环境变差；超过一成五（16.9%）的创业者认为广州创业环境维持不变。

3. 创业融资难有所缓解，融资贵问题仍然突出

从融资需求满足情况看，融资难的情况有所缓解。国家统计局广州调查队对新设小微企业和个体经营户跟踪调查数据显示，2015年第三季度，有融资需求的创业者能获得不同程度融资的比例为16.1%，分别比第一季度和第二季度扩大1.9个和5.9个百分点。

但与同期对比看，2015年第三季度未获得融资的比例比2014年第三季度扩大了1.1个百分点，表明融资难的问题依然存在，且对潜在创业者更加突出。广州市高校毕业生就业指导中心数据显示，能从商业渠道或人际资本中获得资金支持的创业大学生比例不足一成，能获得融资的比例比已有企业的创业者更低。

从资金成本看，融资贵问题仍相当突出。国家统计局广州调查队对新设小微企业和个体经营户跟踪调查数据显示，2014年第三季度至2015年第三季度，调查中的小微企业的银行贷款平均年利息及费用率为6.5%，民间借款平均年利息率为28.6%，二者平均息差高达22.1个百分点。2014年第四季度，民间借款年利息率更是高达37.7%，是正常企业利润率（6%左右）的6.3

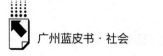

倍。在获得部分融资需求的企业中，有65.0%的企业要承受7.1%的平均年息及费用率；有35.0%的企业甚至要承受26.0%的民间高息借贷。远高于正常企业利润率的沉重融资负担，成为居民创业增收的资本障碍。

（五）创业者的诉求与期盼

1. 政策落地效果受知晓度影响有所打折

广州创业政策宣传和知晓度仍有待提高。专题调查显示，有23.4%的创业者不了解广州的创业政策；而对政策有所了解的创业者中，非常了解的仅占3.2%，比较了解的也不足一成（9.7%），大部分创业者（63.7%）表示只知道一些。

政策落地效果受知晓度影响较大。专题调查显示，有超过七成（72.8%）的创业者认为前期创业中没有获得过相关的政策帮助；而在创业政策的受惠者中，帮助人才吸纳的有16.9%，解决场地问题的有10.5%，给予过创业指导的有9.7%，缓解资金压力的有6.5%。

2. 创业门槛集中，政策期待迫切

专题调查显示，创业门槛最大的客观影响因素是资金问题，认同度高达81.5%；其次是得力人才问题，认同度为73.4%；再次是场地问题，认同度为26.6%；另有21.8%的创业者认为是设备问题。除客观因素外，创业经验这一主观因素也是创业的一大门槛，认同度接近六成（59.7%）。

针对创业问题，创业者对改善广州创业环境存在多方面的诉求与期盼。专题调查显示，有60.5%的创业者希望获得工商税务优惠政策；有48.4%的创业者希望有更多创业贷款、担保、融资政策；有43.5%的创业者希望政府多提供商业或项目对接机会；有42.7%的创业者希望获得创业基金支持；有37.9%的创业者希望多出台支持自主创业的配套政策；有22.6%的创业者希望加强创业培训；有21.0%的创业者希望加强创业园区、基地等场地建设与管理；有15.3%的创业者希望提升社会化专业的管理服务水平。

三　对策建议

扩大创业拉动居民增收的空间，本文建议根据各产业、行业创业对劳动者

报酬和财政的贡献程度不同，重点发展第三产业，优先扶持金融业，文化、体育和娱乐业，水利、环境和公共设施管理业；针对创业问题，立足地方政府事权，从加强创业教育、激发创业意愿、提供创业机会、强化创业支撑、优化创业环境五个方面，启蒙居民创业增收思想，助力居民创业增收实践，增强居民创业增收引力，加强居民创业增收保障，提高居民创业增收质量。

（一）加强创业教育，启蒙居民创业增收思想

一是争取国家试点，建立完整的创业教育体系，改变大学到社会突变式的创业教育模式。建议参考美国、瑞典等先进国家经验，把创业教育贯穿到从小学到大学的整个过程中。即小学开始开设传授商业基础知识或模拟游戏的第二课堂，初中开设每周一次的商业课程兴趣班和相关社会实践，高中开设最基础的经济学入门课程，大学开设创业学科或研究专业。把断点式、跳跃式的创业教育延伸为连贯式、衔接式的创业教育。

二是改变地方共建高校的建设，增加高校创业教育补位。当前各大高校担负创业教育职能的机构大多设在团委、就业中心下属的办公室或其他机构，因而缺乏专业的指导老师和专职教师。因此，应加快学科建设走上正轨，增强创业教育的实效性和创业辅导的实战性。把地方共建高校的焦点从硬件建设转向为地方经济社会建设、促进居民增收的软实力上来。

（二）激发创业意愿，助力居民创业增收实践

一是加大创业宣传力度，保证政策落地，提高大众创业意向。现有创业政策不可谓不多，涵盖面不可谓不广，但很多潜在创业者却知之甚少。在创业意愿较低、创业实践更甚、创业教育体系不完备的现实下，持续、长期的创业宣传动员十分必要。创业宣传须做到电视有影、电台有声、报纸有字、网络有"粉"，不断扩大创业典型的辐射力和影响力，从而激发创业意愿，驱动创业实践。

二是降低创业门槛，让创业者敢想敢试。当前较低创业门槛的场地是创业实践基地、孵化基地，但在广州这样土地资源极端稀缺的情况下，要让创业实践基地、孵化基地坚守实践与孵化功能，必须在制度设计上安排好成长企业的退出和新生创业的进入机制。建议构建分类别、多层次的创业基地，研究企业

在各层次基地的进阶切换制度。帮助成长企业从孵化基地进入更高层次的园区，让成长企业及时分享高新技术园区的产业集聚功能，并为草根创业腾挪孵化空间。防止成长企业长期霸占孵化基地，阻碍种子期初创企业发展的"马太效应"。此外，在大多依靠租金、入股孵化项目等盈利模式下，如何保障成长企业向更高层次园区迈进、如何保持在原有孵化基地这一市场主体的利益问题，需深入研究。

（三）提供创业机会，增强居民创业增收引力

一是推进错峰式、宽频道的创业设计大赛。所谓错峰式，即与省两年一届的大学生创业设计大赛形成错峰；所谓宽频道，即把创业设计对象从大学生扩大到全社会。既让大学生有天马行空、放飞梦想的机会，又要让更有创业经验、更具创业敏锐性的市场经营者或从业者拥有二次创业的平台。建议在设定项目落地广州的前提条件下，鼓励参赛团队、项目扩展到外地，让更多优秀的有价值的投资创业计划更好更快地对接广州市场，从而提高广州创业吸引力。

二是建立创业小额贷款市民待遇制度，吸引更多创业者到广州创业投资。相关部门在推进高成长性重点项目的同时，也要让更多创业的星星之火得以燎原。建议借鉴深圳、上海等创业标兵城市的经验，让小额贷款面向全国而非局限在广州本地人。只要创业地点选在广州，经济成果留在广州，就可通过创业对就业、经济、税收等的拉动作用，提高居民收入水平。此外，还需加大小额贷款资金额的投入力度，缩小与北京、上海、深圳等城市在该领域支持上的差距。

（四）强化创业支撑，加强居民创业增收保障

一是成立产业、集团的结算中心，拓宽资金保障渠道，为解决创业融资难、融资贵等问题开辟新径。银行作为金融市场经营主体，在追逐资本高回报的利益驱动下，银行资本偏好投向高回报的企业和项目以"锦上添花"，却难对新创企业报以"雪中送炭"，造成当下融资成本高昂，阻碍了企业成长，抑制了经济发展和结构转型升级。特别在几大国有银行上市，成为金融业的超级"航母"后，融资问题更加突出。反观美国等发达国家，银行破产有限理赔的制度设计，鼓励居民分散储蓄，并通过市场化利率，各银行积极吸储并低息寻

找客户放贷，从而为市场提供丰富低廉的资本，其作为金融工具功能对市场创新和经济发展形成强大的支持。因此，在发展金融产业的同时，应更加注重其工具功能的回归和发挥。同时成立产业、集团的结算中心，打造新的资金池，既可突破国家政策对地方创办金融机构的限制，形成国有资本与私有资本的互补，为创业提供新的资金流；又让传统国有企业间接参与到私营企业的创业进程中，分享市场创业成果。通过推动资金链引导创业创新链，创业创新链支持产业链，产业链带动就业链，广州在这方面，可以大有作为。

二是完善创业者及其雇员社保资金补助政策，减轻创业后顾之忧。建议根据创业不同阶段，建立补助逐渐退出机制，以降低创业者用工成本，助其吸纳人才，渡过创业最困难的起步阶段。可以考虑两种方案：第一种是按员定补的递减渐退制，即根据创业不同阶段，对补助企业社保的员工人数指标实行逐渐递减；第二种是按额定补的渐退制，即根据创业的不同阶段，在补助人数指标既定范围内，对补助金额实行逐渐递减。两种方案的创业阶段划分，建议参照创业启动种子期 0 ~ 6 个月、新生企业期 6 ~ 12 个月、新设企业期 1 ~ 3 年等进行设定。

（五）优化创业环境，提高居民创业增收质量

一是建立市场项目对接平台，充分发挥广州的高校集聚优势。凡在本市的企业均可通过该平台，随时提交生产经营中需要解决的重大技术、管理等难题；系统平台营运方有专人负责跟进，定期把问题归类发放到广州各高校；各高校把相关研究课题向全校公开，有兴趣、有能力的师生均可提出相关项目的对接研究。对接平台的构建必须坚持信息公开原则，让市场所有的现实课题公开面向全体师生，防止各类"学霸"长期霸占科研资源、抑制其他广大科研人员研究创新的积极性。利用广州高校优势的集聚效应，充分调动知识要素，为创业创新提供强大的智力支持。

二是建立创业的创新基金与项目利润分成的融合制度，激发创新性创业，鼓励高水平创业。建议参考美国经验，在建立明确的机构分工制度和利益分配机制的前提下，每年市政府拨付比较丰厚额度的专项资金，用于奖励有市场价值的创新成果。具体可考虑全市各高校统一与政府签订通用的创新奖励协议。首先，前置核心要件是协定项目落地若干年的利润比例提留，即在项目落地若

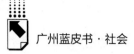

干年内利润需按一定份额标准返还奖励基金，用于长期奖励。签订协议的科研单位所有创新成果，只要愿意执行该前置核心要件，自动适用协议并获得奖励，无需按项目逐一与政府另行签订协议，简化执行流程，提高执行效率。其次，专项奖金将平均分成三份，一份给予学校，一份给予所在学院，一份给予研究人员。因利益方延伸到高校与学院两级，可在制度层面大力激发学校、学院、科研人员三级推动创新的积极性。再次，学校和学院两级主体的介入，一方面可让科研人员潜心科研，不必涉足烦琐专利申报与法律事务；另一方面，具有市场价值的创新成果出来后，由学院负责项目申报和专利代理，由学校负责寻找企业把具体项目与市场对接、签订合同等相关工作，将有效提高创新成果应用的社会中介服务水平，推进产学研深度融合的专业化分工。

（审稿：贺忠）

B.10

2015年广州毕业大学生创业情况及对创业扶持政策意见调查报告

陈 贝*

摘 要： 2015 年，广州调查队通过问卷形式调查了 126 家毕业大学生创立的企业，并走访了广州市高校毕业生就业指导中心以及部分毕业大学生创立的企业。调查显示：当前毕业大学生总体创业比率还比较低，毕业大学生创业仍存在诸多难题，大学生创业者希望政府在加大财政支持力度、加强对经营场所支持，以及减少审批和资质资格认证等方面，帮助其减少创业负担。

关键词： 创业 大学毕业生 扶持政策

一 总体情况

（一）毕业大学生创业比例偏低

随着毕业大学生就业压力的增大以及国家创业政策的引导，创业逐渐成为毕业大学生的一种选择。但从当前的情况来看，广州毕业大学生创业比例仍然较低，广州市高校毕业生就业指导中心数据显示，2014 年广州地区普通高校毕业生人数为 25 万，创业人数比例约为 0.3%；广州生源高校毕业生人数为 5.1 万，创业人数比例在 1% 左右。

---

* 陈贝，国家统计局广州调查队主任科员、统计师，主要研究方向：专项统计调查。

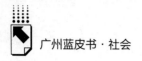

（二）创业行业类型多样

由于在学校所学的专业、自身的优势以及创业环境的不同，毕业大学生选择的创业行业也是类型多样。从总体来看，由于批发零售业进入门槛相对较低，选择批发零售业作为创业行业的毕业大学生较多，在调查的126家企业中有63家为批发和零售业，占比为50.0%。此外，调查的企业中有15家属于科学研究和技术服务业，占11.9%，居第二位。租赁和商务服务业，信息传输、软件和信息技术服务业也较多，分别有11家和10家，占8.7%和7.9%（见表1）。

表1 大学毕业生创业样本单位行业分布

单位：家，%

门类	样本单位数	所占比重
制造业	8	6.3
建筑业	6	4.8
批发和零售业	63	50.0
交通运输、仓储和邮政业	3	2.4
住宿和餐饮业	4	3.2
信息传输、软件和信息技术服务业	10	7.9
房地产业	1	0.8
租赁和商务服务业	11	8.7
科学研究和技术服务业	15	11.9
居民服务、修理和其他服务业	3	2.4
教育	1	0.8
文化、体育和娱乐业	1	0.8
合　计	126	100

二　经营情况

（一）企业初始投资额偏低

商事制度改革后，注册公司由原来的实缴制改为认缴制，创立公司不再需要缴纳全额的注册资本，这极大地推动了大众创业的积极性。从调查的126家毕业大学生创立的企业来看，除去停业或歇业的 14 家，实际正常经营的 112 家企业注册资本共计 1.2 亿元，平均每家 107.1 万元。而实缴资本金共计 750.4 万元，平均每家 6.7 万元，初始投资比例为 6.3%。可见，当前大学毕业生创立的企业初始投资额较低。

（二）企业资产持续增加

企业资产某种程度上代表着企业的经营实力，从调查情况来看，近三个季度毕业大学生创立的企业资产总量持续增加。从企业户均资产来看，由 2014 年第三季度的 30.5 万元上升至 2014 年第四季度的 36.1 万元，2015 年第一季度又升至 44.2 万元（见表 2）。从企业资产总量可以看出，当前毕业大学生创立企业的经营实力在逐步增强。

表 2　大学毕业生创业样本单位资产总计

单位：个，万元

时间	营业样本	资产总计	户均资产总计
2014 年第三季度	111	3382.4	30.5
2014 年第四季度	116	4192.3	36.1
2015 年第一季度	112	4951.4	44.2

（三）从业人员薪酬偏低

从调研情况来看，毕业大学生创立的企业存在经营规模较小、从业人员较少、薪酬普遍偏低的情况。在 2015 年第一季度 112 家正常经营的企业中，实现营业收入共计 1680.4 万元，平均每家企业 15.0 万元。从业人员期末人数共 547 人，平均每家企业 4.9 人，人均月薪 2719 元。

分行业来分析，住宿和餐饮业户均营业收入最高，达到 68.4 万元。其次是制造业，户均营业收入为 49.3 万元。从平均月薪酬来看，最高的是教育业，为 4000 元；其次是建筑业，为 3166 元。

值得注意的是，大学毕业生创办的批发和零售业企业虽然较多，但是户均从业人员仅有 3.6 人，从业人员薪酬也只有 2626 元，这两项指标均低于总体平均水平。可见，此行业单个企业吸收就业的能力并不高，薪酬也不具有竞争力（见表3）。

表3　大学毕业生创业样本单位经营情况

分类	企业数量（家）	营业收入（万元）	户均营业收入（万元）	从业人员期末人数（人）	户均从业人员数（人）	平均月薪酬（元）
总计	112	1680.4	15	547	4.9	2719
制造业	8	394.3	49.3	109	13.6	2526
建筑业	6	16.9	2.8	19	3.2	3166
批发和零售业	53	551.1	10.4	193	3.6	2626
交通运输、仓储和邮政业	3	14	4.7	8	2.7	2500
住宿和餐饮业	4	273.4	68.4	30	7.5	2250
信息传输、软件和信息技术服务业	10	96.8	9.7	49	4.9	3130
房地产业	1	0.7	0.7	3	3.0	1500
租赁和商务服务业	9	26.5	2.9	48	5.3	2883
科学研究和技术服务业	13	233.8	18	61	4.7	2862
居民服务、修理和其他服务业	3	70.1	23.4	17	5.7	2233
教育	1	1	1	6	6.0	4000
文化、体育和娱乐业	1	1.8	1.8	4	4.0	3000

（四）各项税费支出较少

当前政府给予大学毕业生创业诸多优惠政策，包括许多减免税费的政策。从调查情况来看，大学毕业生创立的企业需要缴纳的税金费用较少，在调查的112家企业中，2015年第一季度平均需要缴纳各种税金[1]20.26万元，

---

[1]　交纳各种税金指本季度企业缴纳的各种税金综合。包括产品销售税金及附加（城市维护建设税、消费税、资源税、营业税和教育费附加）、增值税、所得税，以及房产税、印花税、车船使用税和土地使用税等。

平均缴纳给政府的各种费用①30.65万元，平均各企业合计税费共需缴纳0.91万元。

三　当前大学毕业生创业的主要困难

（一）创业资金不足，融资较为困难

从调研情况来看，大部分毕业大学生在创业初期都是自筹经费或是从家庭、家族获得创业经费，根据广州市高校毕业生就业指导中心相关资料，大约只有10%的创业大学生能从商业渠道或者人际资本中获得资金支持。在以后的创业发展中，只有大约20%的创业企业能得到新资金的支持，包括风险投资、银行贷款、创业相关基金等。只有生物工程、能源环保的高新科技领域的项目受风险投资的青睐，而传统行业如传统制造业、批发和零售业则很少受到资本眷顾。鉴于大学生创业以小微型企业为主，此类企业具有轻资产的特点，获得银行贷款难度相对较大。创业资金不足、融资较为困难成为毕业大学生创业时一道难以逾越的门槛。

（二）创业孵化场地条件不理想

创业孵化场地的问题是当前阻碍大学生创业一个非常主要的因素。当前广州有大学生创业孵化基地15家，与科技企业共建的大学生创业孵化基地3家。但是多数创业孵化基地地理位置较偏、配套设施不完善，处于市中心的租金又较为昂贵。根据广州市高校毕业生就业指导中心相关资料，90%的创业大学生遇到了场地难题，租金贵、配套不完善、地理位置差成为他们选择创业场地时的"心病"。当前尽管不少创业基地都提出优秀项目免费入驻，但真正不设条件为创业者提供免费场地服务的平台很少。目前，创业服务平台的盈利模式大多靠租金，少部分通过入股孵化的项目日后获取分红盈利。创业基地现实的盈利问题直接增加了毕业大学生创业的成本。

---

① 缴纳各种费用指本季度企业缴纳政府的各种费用总和，包括绿化费、排污费、残疾人基金、技术服务费、管理费、工会经费等。

（三）缺乏实操性的创业指导

自 2002 年教育部确定了中国人民大学等 8 所高校率先进行创业教育试点以来，创业教育日益得到重视并在各类高校中得到了广泛开展。但是，教授创业课程的老师有理论没经验，这是当前大学创业教育面临的最突出问题，也是大学创业教育无法真正吸引大学生关注、无法提升大学生创业能力的问题所在。在走访的几位大学生创业者中，多数表示学校的创业教育指导的实际作用不大，创业过程中遇到的许多问题还需要自己摸索，或者请教有经验的同行创业者。

四　创业者对创业扶持政策的看法

（一）创业者希望继续加大财政支持力度

广州市政府为毕业大学生创业提供了许多财政补贴支持，如对毕业学年起 3 年内自主创业者，在广州领取营业执照或在其他法定机构注册登记并正常经营的创业企业，每户给予一次性创业扶持补贴 5000 元。对在穗创业的高校毕业生以及在创业企业就业的高校毕业生，给予最长不超过 3 年的工伤、养老、医疗和生育的社会保险补贴。同时，对毕业 2 年内在穗高校毕业生在广州自主创办的且吸纳毕业 2 年内在穗高校毕业生或广州城镇失业人员和农村劳动力，并与其签订 1 年以上劳动合同并稳定就业 1 年以上的创业企业，给予 1000 ~ 3000 元的一次性创业带动就业扶持补贴。在 126 家调查企业中，有 68 家企业表示希望政府继续加大对创业企业的财政金融支持力度，占比达到了 54.0%。走访的一家网络科技公司的负责人表示，现在政府层面提供的财政补贴政策已经比较齐全，但资助金额还相对较低，希望政府能加大财政政策补贴力度，给予毕业大学生创业者更大的财政支持。同时，该负责人还表示，希望政府能够帮助毕业大学生创业者获得成本较低的银行贷款。

（二）创业者希望加大对经营场所的支持力度

当前，广州对毕业大学生创业出台了一些关于经营场所的扶持政策。

支持政策主要包括两个方面：一是对进入创业孵化基地的场租补贴，补贴对象为 2010 年 1 月 1 日后在广州创立企业并毕业 2 年内或毕业当年度进入经本市认定的创业（孵化）基地自主创业的在穗高校毕业生。补贴标准为给予每年 1000～5000 元场地租用补贴，根据租赁合同的期限，补贴期限最长不超过 2 年。二是场地租用补贴，补贴对象为毕业学年起 3 年内租用经营场地或店铺（在各类创业孵化基地的除外），从事个体经营或创办小微企业的在穗高校毕业生。补贴标准为自工商注册登记之日起正常运营 6 个月以上并吸纳 3 人以上就业，办理了就业登记手续的，根据租赁合同期限，给予每户每年最多 3000 元场地租用补贴，租金每年低于 3000 元的按实际予以补贴，补贴期限最长不超过 2 年。在 126 家调查企业中，有 58 家企业表示希望政府加大对新创设单位经营场所的支持力度，占比达到了 46.0%。在走访一家从事婴儿看护产品研发的企业时，负责人表示，当前规定的场租补贴相较于全年的场租费用来说是杯水车薪，该企业租下了位于萝岗区一个工业园区的两层楼房，约 500 平方米，年场租约 20 万元，按照规定该企业能拿到 3000 元的场租补贴，仅占其全年场租费用的 1.5%，该企业负责人表示希望政府能进一步加大对毕业大学生创业场租的支持力度，以减少其创业负担。

（三）创业者希望减少审批和资质资格认证

商事制度改革以来，广州对企业登记前置审批事项进行全面清理，除金融、电信等 18 个行业保留"先证后照"外，从事其他 83 项许可审批经营活动的一律实行"先照后证"，前置许可审批事项精减 82%。同时整合登记环节，简化注册手续。对申请材料齐全又合法的申请企业，自受理之日起 3 个工作日内工商部门就予以登记或备案。相比此前规定的 15 个工作日，大大缩短了申请时间。广州还构建了工商和税务部门的一体化登记制度，减少商事主体的登记环节，实现社会资源的优化配置和行政效能的整体提升。但从调研情况来看，在 126 家调查企业中，有 50 家企业表示希望进一步减少审批和资质资格认证，占比达到了 39.7%。走访的多数毕业大学生创业者表示，由于在创业之初不了解企业的审批和资质资格认证问题，虽然咨询了创业指导，但在实际提交审批过程中还是遇到了不少麻烦。

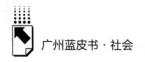

五 政策建议

（一）做好创业顶层设计

当前国家乃至各省、各市出台了多项鼓励创业、支持创业的政策措施。截至目前，各部门、各省（区、市）已陆续出台支持创业、创新、就业的政策措施共 1997 条。但总体看，不少创业政策不适应创业的实际需求，较难形成促进大学生创业的有效合力，造成政府出台的创业优惠政策落实不到位。因此，从政府层面应强化大学生创业的国家顶层设计：首先，各级政府要根据经济社会发展和自身地区经济发展的特点，制订中长期大学生创业教育发展战略。其次，进一步理顺各主管部门的职责，加强统筹，避免政策重复或冲突。再次，构建多层次的创业教育网络，纵向实施终身创业教育战略，各学校可根据自身办学特点确定不同的创业教育目标；横向加强各级政府、教育系统与企业之间的联系，构建良好的创业社会平台。

（二）继续加大资金扶持力度

当前广州已经制定了多项扶持大学毕业生创业的资金补贴政策措施，但创业基金的缺乏仍然是制约大学毕业生创业的一个主要瓶颈。大学毕业生更多依赖自身积累和家庭资助来获取创业资金，这说明大学毕业生在创业基金选择渠道上还比较狭窄，因此，政府在增加创业补贴的同时，应该从各方面加大资金扶持力度。一是广州有关职能部门和高校可以积极与银行系统沟通，为大学生获取创业贷款降低门槛。二是政府或高校可以为部分有发展前途的大学生创业项目提供一定的担保或是帮助推荐大学生创业项目，吸引风险投资的关注。三是有关政府职能部门可以和高校建立创业资金平台，借鉴风险投资的运行规则，对大学生创业项目进行选择和扶持。

（三）加强对创业孵化基地的建设

场地问题也是当前毕业大学生创业时面临的一个主要问题，政府要积极加强对创业孵化基地的建设，同时要不断完善创业孵化基地的服务功能。首先，政府要进一步加大投入力度，通过土地优惠、税收减免等政策，推动创业孵化基地的建设发展。其次，鼓励民营资本参与创业基地的建设，实现创业孵化基地投资的多元化，更好地推进创业孵化基地的发展壮大。再次，合理选择创业孵化基地地理位置，广州可以借鉴北京的经验，在大学密集、人口密集地带建立大学生创业园区，为大学生创业提供合理的创业孵化基地。最后，应结合大学生创业的需求和现实困难，整合工商、人社、税务、金融等部门资源，建立创新创业综合服务平台，为孵化基地入驻创业实体提供政策咨询、人力资源引进、项目推介、融资服务、开业指导、补贴发放等"一站式"创业服务，及时发布创业扶持政策、创业信息、办事流程、服务资源等公共信息。

（四）做好创业教育培训

大学毕业生创业通常缺乏市场经验、管理经验和技术经验，一方面在培训大学生创业的过程中，政府有关职能部门可以出面牵头高校与企业之间合作，邀请创业成功的企业家担任创业指导老师，对其进行"一对一"或"一对多"的创业指导，帮助大学毕业生缩短创业周期，减少创业弯路。另一方面，也可以让大学教师积极参与到企业经营中或参加创业实践，在企业经营和创业实践中不断领悟和运用有关理论，进而在课堂中将自己所学所悟教授给学生，切实提升当前大学创业教育水平。

（审稿：谭苑芳）

社会工作与社会服务篇

Social Work and Social Service

B.11

"医养结合"模式下医保支付
方式改革研究

——以广州黄埔区为例

摘　要：　本文从社会医疗保险服务管理的视角，以广州市原黄埔区民
　　　　　政部门、养老机构及其托养老人为调查对象，对"医养结合"
　　　　　发展现状进行了研究；重点分析了医疗卫生部门面向养老服
　　　　　务的基础医疗资源配置不足对"医养结合"发展的影响，最
　　　　　后提出相关对策与建议。

关键词：　医养结合　医疗保险　支付制度

* 课题组成员：周欣欣，广州市医保局黄埔分局科长，主要研究社会保险医疗费用审核、结算；
麦玉年，广州市医保局黄埔分局局长、会计师，主要研究社会医疗保险政策和基金管理；冯
刚，广州市医保局黄埔分局副局长，主要研究社会医疗保险政策和经办管理；吴芳，广州市
医保局黄埔分局，主要研究社会保险医疗监督稽核；巫翠芳，广州市医保局黄埔分局，主要
研究社会保险医疗经办服务和宣传管理。

一　研究背景

人口老龄化已成为我国面临的公共卫生问题和重大社会问题。目前，我国人口老龄化进入了快速发展时期，并呈现"未富先老"的特点，健康养老需求和社会供给矛盾日益突出。有数据显示，截至 2013 年底，我国 60 周岁及以上人口 20243 万人，占总人口的 14.9%；65 周岁及以上人口 13161 万人，占总人口的 9.7%①。而广州市自 1992 年进入老龄化社会以来，与全国平均水平比，显现人口老龄化速度快、程度深、规模大的特点。有限的医疗卫生和养老服务资源，以及彼此相对独立的服务体系，远远不能满足老年人的需要，迫切需要"医养结合"的发展趋势，为老年人提供医疗卫生与养老服务相结合的健康养老服务。

近年来，广州市医保和医疗卫生等部门协调联动，进行了以医保政策为引导，调节医疗资源配置的有益尝试，开展了家庭病床、床日限额等有利于服务老年人就医的医保结算支付方式，并开展了"老年护理医疗专区"结算支付试点，以及通过提高参保人在基层首诊和由基层转诊的医保支付比例，引导建立基层首诊和双向转诊的分级医疗体系，加快基层医疗机构建设，加快配套完善的管理体制。但是，面对广州市养老服务需求的巨大缺口，以及托养老人的特殊医疗需求，一方面应加快步伐研究适合广州市"医养结合"发展需要的医保结算支付方式，另一方面应完善社会保险体系，制定适应老龄化社会发展和健康养老需要的专项政策，支持广州市"医养结合"快速发展。课题组一行赴原黄埔区民政局开展现场座谈调研，了解民政部门的养老政策及发展规划；赴区养老机构和相关医疗机构开展现场调研，了解定点医疗机构和养老机构对发展"医养结合"的看法和遇到的问题。

---

① 民政部《2013 年社会服务发展统计公报》，2014 年 6 月。

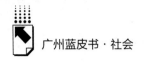

二 调研分析

（一）现场调研访谈交流情况分析

1. 与黄埔区民政局访谈交流情况

为了解广州市养老服务业发展情况，我们与黄埔区民政局进行了现场座谈交流。据黄埔区民政局介绍，广州市养老服务发展规划主要是根据国家、省、市的要求，至 2020 年实现 90% 老龄人口享有以家庭照顾为主的居家养老，6% 的老人以社区照顾为主，还有 4% 的老人依靠社会机构养老。按照这个发展目标，由区政府主导，民政部门管理，对养老服务业进一步优化养老资源配置，完成养老机构布局，着力解决"养"的问题。原黄埔区有黄埔区养老院、爱晚托老院和龙头山寿星院 3 家养老机构。待黄埔区养老院新大楼投入使用后，将可以实现黄埔区老年人"4% 机构养老"的发展目标。

虽然养老机构托养老人对医疗的需求大，但解决问题的主要思路还是要加强医疗卫生与养老结合，在养老机构内设医疗机构，或依靠政府对医疗卫生资源配置问题予以解决。民政部门希望辖区医疗机构能更积极主动地提供医疗服务资源"以医促养"，在为失能老人提供医疗服务的同时，整合一部分日常照料护理资源，减轻养老机构一部分"养"的压力；希望社会医疗健康服务机构能积极参与到社区养老和居家养老的服务中来，依托民政养老社区建设资源平台，帮助推进"医养结合"养老服务业全面发展；同时也希望发挥医保杠杆调节作用，促进养老服务业"医养结合"发展。

2. 与黄埔区养老机构访谈交流情况

为深入了解黄埔区的养老机构运行现状，此次调研选取了 2 所运行方式不同、有一定规模和代表性的养老机构。

（1）黄埔区公立养老机构是广州市重点民生工程之一，有政府投入大、硬件设施好、收费规范、入住成本较低、日常生活服务质量好的优势。托养对象以辖区内本市户籍的失能、半失能及政府优抚对象中的老年人为主，平均入住轮候时间为 3 年左右，属稀缺养老资源。作为一家公立的非营利性养老机构，在日常照护托养老人过程中，为了不增加托养老人及其家庭的经济负担、避免矛盾，对托养老人的日常医疗护理采取以基本维持为主的方式，缺乏满足其实际医疗需求的主动性。而且养老院本身自设医疗单位规模小、功能单一、专业技术力量不足，虽有利用自身地理优势与附近的医疗机构建立"定期查房"医疗合作关系，但托养老人外出就医时仍需家属亲临养老院，带领老人前往医疗机构办理相关手续并进行病期陪护，影响托养老人就医的及时性，给托养老人就医带来了不便。

（2）黄埔区民办公营养老机构。该机构属医院下设的二级机构，是一所依托公立医疗机构硬件资源和医疗力量开办的，属民办公营性质的养老机构。在实际运营中，养老院较好地整合了养老、卫生、医保三方资源，依靠医疗机构自身力量解决托养老人日常大部分医疗需求，为托养老人提供持续、专业、高质的健康管理服务，目前已初步实现"医""养"对接融合发展。但是由于公立机构人员编制相对固定，托养老人的日常生活护理均由医院临床医护人员承担，可谓"一份工资、双岗双责"，缺乏专门的政策支持和财政扶持，其经济效益主要来源于医疗收入，在一定程度上存在占用医疗资源的现象。医保基金支出方面，由于医、养同址，对此类机构的医疗服务缺乏有针对性的监管措施。

3. 与黄埔区定点医疗机构交流访谈情况

此次调研，选取为黄埔区养老院定向提供医疗服务的定点医疗机构，及设有养老院定点医疗机构等两家医保定点医疗机构作为调研对象，了解医保定点医疗机构对"医养结合"提供"医""养"对接的医疗服务相关建议。

（1）定向提供服务的定点医疗机构。毗邻黄埔区养老院，作为一家三级定点医疗机构，有较强的医疗技术和有利的地理条件，有意在民政部门支持下，在黄埔区养老院提供场地的情况下，为养老院托养老人提供医疗服务。但在广州市目前医保政策框架下，因地址不同，养老院病区需作为单独定点医疗单位开展医保医疗服务。由于服务群体数量有限，且多为失能、半失能的慢性病患病老人，因此医疗成本较高，现行的普通门诊限额结算标准无法满足他们的日常门诊就医需求。

住院业务方面，针对慢性病老人长期卧床就医设置的家庭病床和床日限额结算支付方式，以及老年人护理医疗专区试点结算方式目前均未向三级医院开放，且三级医疗机构诊疗项目定价、医保住院起付线等标准也相对较高，不利于减轻老人经济负担。所以现阶段要达成最后合作，还有很多政策瓶颈及实际

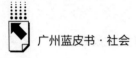

困难，需要民政、人社等部门的政策支持以及医疗机构和养老机构多方合力解决。

（2）内设养老机构的定点医疗机构。该医院作为一家二级公立行业医院，自设养老机构开展养老服务，"医""养"同址，场地自有，人事、财务均为统一调配管理，且已申请床日限额结算支付方式，成为老年护理医疗专区结算支付试点单位。在广州市现有医保政策下，实现同时对内、对外开展医疗服务，故可在保障医疗机构本身运营需要的基础上，通过减少托养老人就医的流动环节，提高医疗资源利用率，提升养老质量，实现了较好的经济效益和社会效益。但是，此种立足医疗、"以医促养"的专科发展模式对医疗机构本身的硬件投入和人力资源配备使用有较高要求，推广难度较大。

（二）养老机构托养老人调查问卷情况分析

此次调研，针对黄埔区养老机构托养老人进行了问卷调查。共发出问卷622份，剔除漏答、明显错答等，收回有效问卷577份，有效率92.77%，结果分析如下。

1.调查对象的基本情况

（1）养老机构托养老人参加医保情况。

表1　养老机构托养老人参加医保情况

单位：人，%

机构名称	参加医保人数					
	城职	占比	城乡	占比	合计	占比
养老机构1	138	58.97	47	20.09	185	79.06
养老机构2	138	91.39	3	1.99	141	93.38
养老机构3	35	12.77	216	78.83	251	91.60
合　计	311	47.19	266	40.36	577	87.55

从表1可看出，在广州市已基本实现医疗保险全覆盖的前提下，托养老人中属于广州市社会医疗保险的参保人比例接近9成。

（2）调查对象的年龄构成情况。

表2 调查对象的年龄构成

单位：%

机构名称	50~60岁占比	60~70岁占比	70~80岁占比	80岁及以上占比
养老机构1	1.62	3.78	26.49	68.11
养老机构2	1.42	15.60	29.79	53.19
养老机构3	0	24.70	52.19	23.11
合　计	0.87	15.77	38.47	44.89

从表2可看出，托养老人的年龄大部分都在70岁以上，合计占比达83.36%。

（3）调查对象的入托年限。

表3 调查对象的入托年限

单位：%

机构名称	1年以下占比	1~3年占比	3~5年占比	5年以上占比
养老机构1	1.08	42.70	24.32	31.89
养老机构2	0.71	36.17	31.91	31.21
养老机构3	0.40	3.19	17.13	79.28
合　计	0.69	23.92	23.05	52.34

从表3可看出，这三家养老机构的托养老人入住时间多在3年以上，5年以上占一半多，说明入住养老机构的老年人以长期托养为主。

2.调查对象的健康情况和医疗需求分析

（1）调查对象的失能情况。

表4 调查对象的失能情况

单位：%

机构名称	自理占比	失能			
		轻度失能占比	中度失能占比	重度失能占比	总失能占比
养老机构1	23.78	20.00	21.62	34.59	76.22
养老机构2	9.22	36.88	21.28	32.62	90.78
养老机构3	2.39	45.82	13.15	38.65	97.61
合　计	10.92	35.36	17.85	35.88	89.08

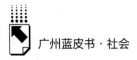

从表4可看出，托养老人以失能老人为主，占比达89.08%，其中又以重度失能老人为最多，占比达35.88%。

（2）调查对象的慢性病患病情况。

以广州市医疗保险16种门诊指定慢性病（以下简称"门慢"）为例，统计调查对象患多种慢性病的情况，结果如下。

表5　调查对象的慢性病患病情况

单位：%

同时患有门慢的数量	1种	2种	3种	4种	5种	6种	合计
占比	6.75	20.26	31.95	22.86	2.34	0.52	84.68

从表5可以看出，三家养老机构的托养老人患广州市医保门慢病种的比例高达84.68%，其中同时患3种及以上的老人占57.67%。

（3）调查对象因患慢性疾病需住院接受医疗护理的情况。

以广州市医疗保险家庭病床准入病种、情形为例，统计调查对象需住院医疗护理的常见情形的疾病分布及患病情况，结果如下。

表6　调查对象需住院医疗护理的常见情形的疾病分布

疾病名称及患病情形	人数
严重慢性肺部疾病	105
慢性心力衰竭	115
脑血管意外及其后遗症	260
肝硬化，伴腹水或有其他严重并发症	62
恶性肿瘤，需住院支持治疗	85
骨折后需卧床治疗、定期换药、长期进行康复或功能锻炼	99
瘫痪，伴有褥疮等并发症，需定期换药、长期护理	125
患慢性支气管炎合并肺气肿或肺心病，或高血压病伴有慢性并发症，或糖尿病伴有慢性并发症的	348
65岁及以上，患慢性疾病长期卧床不起需治疗的	74
因其他疾病需长期住院接受医疗护理	4

表7　患病情形占比

单位：%

同时具有表6情形的数量	1种	2种	3种	4种	5种	6种	合计
占比	31.72	28.60	20.80	10.75	5.20	0.17	97.24

从表6、表7可以看出，托养老人中因符合广州医保家庭病床准入标准的疾病和情形，曾经住院接受医疗护理的比例高达97.24%，其中又以"脑血管意外及其后遗症""患慢性支气管炎合并肺气肿或肺心病，或高血压病伴有慢性并发症，或糖尿病伴有慢性并发症的"两种情形人数为最多，分别为260人和348人。而因2种或以上准入疾病或情形，需要住院接受医疗护理的老人占65.52%。

3.调查对象的主要就医途径分析

根据现场访谈了解，三家养老机构托养老人就医方式，养老机构1的托养老人急诊可由养老院送往毗邻的医保定点医疗机构，其余情况需由家属接送至自选医疗机构就医；养老机构2老人就医主要在托养院的设立机构——医院就医；养老机构3托养老人除急诊可由养老院就近送往定点医疗机构就医外，其余大部分由家属接送至自选医疗机构就医。

（1）门诊就医主要途径及就医疾病类型。

表8　门诊就医主要途径

单位：%

机构名称	门诊就医主要途径			门诊就医疾病类型	
	社区门诊或医院占比	二、三级医院占比	养老院占比	普通疾病占比	慢性病占比
养老机构1	0	96.76	3.24	6.49	93.51
养老机构2	0	4.26	96.45	1.42	98.58
养老机构3	0.80	98.01	1.20	4.38	95.62
合　计	0.35	74.52	25.13	4.33	95.67

从表8可看出，三家养老机构托养老人主要选择在二、三级医院门诊就医，比例达74.52%，就医的疾病类型主要为慢性病，占95.67%。

（2）住院就医主要途径。

表9　住院就医主要途径

单位：%

机构名称	一、二级医院占比	三级大医院占比	养老院占比
养老机构1	19.46	50.27	30.27
养老机构2	3.55	0	96.45
养老机构3	4.38	95.22	0.40
合　计	9.01	57.54	33.45

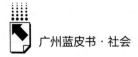

广州蓝皮书·社会

从表9可以看出，除养老机构2托养老人可以依托其设立单位（医疗机构）在养老院内就医外，其余两家养老机构托养老人一般由家人接送自行就医，且多数选择三级医院作为住院就医的主要途径，占比分别达50.27%和95.22%。

4. 调查对象的就医便利性及医保需求调查

（1）就医便利性。

表10　就医便利性

单位：%

机构名称	方便占比	不方便占比
养老机构1	6.49	93.51
养老机构2	100.00	0
养老机构3	56.97	43.03
合　计	51.30	48.70

从表10可以看出，由医疗机构设立的养老机构2托养老人就医便利程度是最高的，托养老人均感觉就医方便，而另外两家养老机构调查对象分别有93.51%和43.03%感觉就医不方便。这两家养老机构虽内设有医疗机构，但因医疗能力不足，且不是医保定点，托养老人无法使用医保记账享受医保待遇，大部分需要外出就医。

（2）对在养老机构内使用医保就医的看法。

表11　对在养老机构内使用医保就医的看法

单位：%

机构名称	非常必要占比	有必要占比	不必要占比	无所谓占比
养老机构1	53.51	43.24	0	3.24
养老机构2	99.29	0.71	0	0
养老机构3	53.78	25.90	19.52	0.80
合　计	64.82	25.30	8.49	1.39

从表11可以看出，64.82%的调查对象认为在养老院中直接使用医保就医是"非常必要"的，有25.30%的调查对象认为"有必要"，两者合计占调查对象的90.12%。而认为"不必要"的调查对象全部来自养老机构3，经向这部分托养老人进一步了解，这部分人主要是城乡居民参保人，日常门诊就医主

要途径为自身不能选点报销的二、三级医院，以为养老机构即使能使用医保卡，门诊也无法享受报销待遇，所以认为无必要。

5. 托养老人费用支出情况分析

表 12　托养老人费用支出情况

项目	费用水平(元)	养老机构1(家)	养老机构2(家)	养老机构3(家)	合计(家)	占比(%)
月托养费用	1000~2000	174	137	3	314	54.44
	2000~3000	11	4	197	212	36.81
	>3000	0	0	51	51	8.76
月护工费用	<1000	0	18	3	21	3.65
	1000~2000	185	123	2	310	53.69
	2000~3000	0	0	8	8	1.41
	>3000	0	0	238	238	41.24
月一般医疗支出	<500	185	0	202	387	67.09
	500~1000	0	131	47	178	30.83
	>1000	0	10	2	12	2.08

从表12可以看出，托养老人月托养费用和护工费用支出多数为1000~2000元，月医疗费用支出多数小于500元。可见，多数托养老人的养老护理费用支出是医疗费用支出的4~8倍，说明在医保解决了托养老人大部分医疗费用负担后，养老护理费用是托养老人的主要负担。

6. 调查问卷分析小结

（1）托养老人基本特点。黄埔区三家养老机构托养老人以广州医保参保人为主，具有年龄大、入住时间长、失能程度严重、患有多种慢性病、多数曾接受护理医疗入院治疗、日常门诊及住院就医需求大的特点。

（2）托养老人就医便利性。除已实现在机构内直接就医的托养老人感觉就医方便外，其余托养老人均存在就医不便的情况。城乡参保老人的日常医保门诊就医需求难以满足，参保人在养老院内虽可就医但无法使用医保。

（3）托养老人就医需求情况。此次调研的调查对象所患慢性病，多为广州市当前实行门诊指定慢性病种，而住院治疗的常见原因也大多囊括在广州市医保家庭病床准入疾病及情形当中。以这两种待遇为基础，进行改革和优化，当可满足大部分托养老人的就医需求。

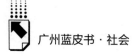

（4）托养老人费用支出情况。托养老人的养老护理费用支出是医疗费用支出的4~8倍，说明在医保全覆盖解决了托养老人大部分医疗费用负担后，养老护理费用是托养老人的主要负担，需要通过老年长期照护保险制度减轻托养老人的养老护理负担。

（三）医保相关数据分析

为进一步分析老年人的就医需求支出情况，我们以广州市职工医保为例，选择部分与老年人有关的相关医保数据进行分析。

1. 家庭病床业务开展情况

表13　家庭病床业务开展情况

险种	社保年度	有业务的医院数（家）	每年申报数（人次）	每年每家医院申报平均数（人次）	人均总费用（元）
职工	2012	37	3602	97	3781.57
	2013	45	4144	92	3975.95
	2014	43	4929	114	4052.09

广州市当前有资格开展"家庭病床"项目结算的定点医疗机构总数为155家，从表13可以看出，近三个社保年度以来实际开展业务数不足30%，其中每家医疗机构年平均申报业务数最高仅为114人次。据了解，家庭病床业务开展情况不理想的原因，主要受卫生诊疗规范及物价收费等相关限制，成本高、收益少，影响定点医疗机构开展家庭病床的积极性。

2. 床日限额业务数据分析

表14　床日限额业务数据

单位：元，%

	社保年度	类别	床日限额标准	结算床日	床日基本医疗费用	床日基本医疗费用与限额比（%）
床日限额结算项目	2012	职工		201557	163.68	102.30
		居民	160	35001	183.08	114.42
		合计		236558	166.55	104.09
	2013	职工		227611	165.39	103.37
		居民	160	40931	182.02	113.76
		合计		268542	167.93	104.95

从表14来看，广州市医保床日限额业务得到有效开展，能够为失能、半失能长期卧床参保病人提供基本护理医疗服务，还可以较好地控制医保基金支出，为"医养结合"医保结算支付方式提供了实践参考。

3. 职工医保退休人员就医费用数据分析

表15　职工医保退休人员数据

单位：万人，%

项目	2012年	2013年	2014年
参保总人数	508	538	572
其中退休人数	92	99	104
占比	18	18	18

表16　住院就医数据

单位：%

项目	人员类别/数据类型	2012年	2013年	2014年
住院就医总人次	退休占比	64.00	63.39	63.37
平均住院率	退休占比	36.22	37.65	40.75
住院就医总费用	退休占比	70.85	70.21	69.86

表17　门诊就医数据

单位：%

项目	人员类别/数据类型	2012年	2013年	2014年
门诊就医总人次	退休占比	46.73	46.51	46.03
门诊就诊率	退休占比	777.42	900.83	949.54
次均门诊费用	退休占比	84	81	81
门诊就医总费用	退休占比	50.77	52.02	52.89

从表15、表16、表17可以看出，无论是住院还是门诊业务，只占全市职工医保总参保人数18%的退休人员，其住院医疗费用却占了住院总医疗费用的近70%，门诊医疗费用占门诊总医疗费用的50%以上。

4. 分析小结

老年人是医疗消费的主要需求者，是医保基金支出的主要对象。借鉴参考广州市家庭病床、床日限额等医保结算支付制度实践，研究适合老年人医疗护

125

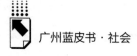

理需求的医保结算支付方式，着力通过医保政策引导，在基层社区医疗机构或符合条件的养老机构开展适合"医养结合"就医需要的结算支付方式，满足参保老人健康养老就医需要，降低参保老人就医医疗费用，将有利于医保基金健康运行。

三　研究结论

通过上述对广州市原黄埔区民政部门、养老机构及其入住老人开展的现场调研、问卷调查、数据统计等分析，本研究得出以下结论。

（一）医疗卫生部门对基层医疗卫生资源配置不足，影响"医""养"结合对接发展

通过调研发现，医疗与养老服务的结合对接不尽如人意，不能满足托养老人的正常就医需求。受调查的养老机构，除1家养老机构依托设立单位（医院）可以在养老院内就医外，其余两家养老机构托养老人主要是外出到其他二、三级医疗机构就医。养老机构自设内部医疗单位规模小、起点低、功能单一、专业技术力量弱、软件（医护人员）和硬件（医疗设备）条件不足，无法满足托养老人常见病、多发病、慢性病的治疗需求，及失能、半失能老年人长期医疗需求。部分医疗机构（尤其是行业医院）虽有意愿与养老机构通过合作获取各自发展的资源，但由于医疗技术水平支撑不足，或享受不到基层医疗机构政策扶持，影响了医疗机构与养老机构合作的积极性。需要通过加强卫生和民政等多部门的协作，特别是加大医疗机构管理改革力度，调动中、小型医疗机构和行业医院参与运营养老护理医疗产业的积极性；或通过引导行业性医院转型提供养老服务的方式，处理好"医养结合"的关键环节，解决"医养结合"发展的社会公共服务资源配置难题。这其中，也需要医保支付政策作为衔接和引导，合力促进医疗与养老服务业的结合。

（二）现有医保制度难以完全解决老人医疗需求

本次面向托养老人基本情况、健康情况、就医需求的调研结果显示，托养老人具有年龄大、托养年限长、身患多种疾病、失能程度高等特点，生活不能

自理，居家养老有困难。在就医需求方面，这部分老人往往患有多种慢性疾病，因病失能的情况较为普遍，且大多有因各种慢性病及并发症需住院治疗的经历，对长期医疗护理有较大的需求。托养老人在医疗和护理方面较普通疾病医疗需求有很大差别。在医疗目标上，其主要是维持和改善托养老人机体功能、提高生活质量、维护生命尊严，与其他医疗机构以救急、治病目的不同；在服务内容上，失能和半失能老人对照护的需求重于疾病治疗；在费用构成上，以护理费用为主，医疗费用为辅，养老护理费用多数是医疗费用的 4 ~ 8 倍。虽然在医保费用支付上，现行医保政策对退休老人医疗费报销记账实行了倾斜政策支持，但托养老人的养老护理费用完全需要个人负担。因此，除适当调整医保结算支付方式保障失能半失能托养老人的医疗护理需求外，更重要的是进一步探索建立老年长期医疗护理保险制度减轻托养老人护理费用支出的负担。

（三）需要调整医保结算支付政策，对"医养结合"发展进行合理引导

虽然广州市定点医疗机构管理办法明确了符合条件的养老机构内设医疗机构优先给予医保定点，但是从调研的养老机构来看，无一家有医保定点的内设医疗机构。这除了养老机构的软硬件设施未能符合申请医保定点医疗机构资格外，还与相关医疗机构担心费用超标有关。

（四）需要理性引导托养老人合理释放就医需求

从调查对象的问卷结果分析可以看出，在养老机构内能较好地满足医疗需求和医保待遇的情况下，托养老人大多首选机构内就医。在养老机构不具备较好的医疗功能和医保待遇条件的情况下，托养老人由家属负责接送外出就医时，即使是长期慢性病门诊就医，也还是倾向于选择二、三级医疗机构，而不是报销比例更高的社区基层医疗机构；住院业务方面，即使所患疾病为符合家庭病床准入条件，需长期医疗护理的慢性疾病及并发症，在就医上老人和家属仍然首选三级大型医院的还是占多数。结合近年来广州市医保家庭病床业务、床日限额业务、普通住院费用水平及退休老人医疗费支出水平，这种个人就医选择上的不理智行为，增加了过度医疗行为的发生概率，造成一定医疗资源和

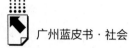

医保基金的浪费，也增加了老人本身及所在家庭的经济负担，迫切需要结合医保结算支付制度实践，完善"医养结合"模式下的医保结算支付方式，合理有效引导托养老人在基层社区医疗机构或养老机构内就医，有效控制医保基金支出。

参考文献

吴珊珊：《参保人员老龄化对医保基金的压力与对策研究》，《理论前沿》2003 年第 8 期。

朱吉：《上海市医养结合面临的问题及对策建议》，《中国卫生资源》2015 年第 3 期。

鲍捷：《社会医疗保险助推医养结合服务的政策探讨》，《医保天地》2015 年第 8 期。

黄佳豪：《医养结合养老模式的必要性困境与对策》，《中国卫生政策研究》2014 年第 6 期。

黄佳豪：《关于医养结合养老模式的几点思考》，《国际社会科学杂志》2014 年第 1 期。

沈婉婉、鲍勇：《上海市养老机构医养结合优化模式及对策研究》，《中华全科医学》2015 年第 6 期。

孙劢：《失能老人的医疗养老服务成本分析——基于医养结合式养老机构的调查》，《西南金融》2014 年第 12 期。

周毅：《医疗体制改革比较研究》，博士学位论文，浙江大学，2014。

高海珍：《社区综合服务体系下医养结合养老方式初探》，硕士学位论文，中国社会科学院研究生院，2014。

杨贞贞：《医养结合的社会养老服务筹资模式构建与实证研究》，博士学位论文，浙江大学，2014。

（审稿：文军）

B.12
关于构建广州市职业女性生殖健康
现代科普体系的对策建议

林春晓　岳红燕　李志彬*

摘　要： 本文首先对广州市职业女性生殖健康科普的主要现状开展
分析，在此基础上分析目前存在的问题等，最后提出关于
构建广州市职业女性生殖健康现代科普体系的对策与建议。

关键词： 生殖健康　科普体系　广州市

当前，随着医改的不断推进与深化，全国范围内基本公共卫生服务均等化工作取得较大进展。实现基本公共卫生服务均等化，目标是保障城市居民获得最基本、最有效的公共卫生服务，缩小城乡居民基本公共卫生服务的差距，使大家都能享受到基本公共卫生服务，最终使老百姓不得病、少得病、晚得病、不得大病。女性的生殖健康很大程度上与妇科疾病存在关联，许多妇科疾病如果能早发现、早治疗，其愈后生活质量将大大提高。妇科疾病不仅危害女性本人，还会累及家人或另一半。研究发现，许多疾病很大程度上是生活方式造成的，对职业女性而言，坚持健康的生活方式可以预防或减少妇科疾病的发生。因此，妇科疾病和生殖健康教育知识的普及显得尤为重要。提高妇科疾病及生殖健康知识在全社会的传播速度和覆盖广度，构建职业女性生殖健康现代科普体系，不治已病，治未病，预防为主，防患于未然等尤显必要。健康科普教育

* 林春晓，广州市第十二人民医院副主任医师、硕士，主要从事妇产科学的临床工作；岳红燕，广州市第十二人民医院主治医师、学士，主要从事妇产科学的临床工作；李志彬，广州市第十二人民医院主治医师、学士，主要从事妇产科学的临床工作。

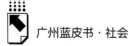

也是基层医疗卫生机构的重要一环。健康教育的核心是教育人们树立健康意识。通过科普教育，促使女性改变不健康的行为与生活方式，养成良好的行为与生活方式，以降低或消除影响健康的危险因素，使妇女真正获得生殖健康，从而提高生活质量以及生活的幸福感。广州市第十二人民医院课题组基于2009～2013年妇科体检普查结果，面向广州市职业女性进行调查，参与调查的职业女性来自广州中精汽车部件有限公司、广汽商贸集团等69个单位，调查内容主要针对广州市职业女性目前对生殖健康的态度、健康知识知晓程度、获得途径、对现有科普状况的意见及将来生殖健康科普的需求，面向广州市职业女性进行调查，从中找出存在的主要问题和解决办法。研究共计发放调查问卷600份，收回调查问卷572份，样本总数572份。其中，纸质版296份，占51.75%；电子版276份，占48.25%。

一　调查问卷结果汇总

根据收回来的调查问卷，做了归纳统计，每一项的统计结果如图1至图19所示。

共收集到有代表性的建议147条，具体如表1所示。

1. 您认为目前的生殖健康知识科普是否足够

A. 是（81）　　　B. 否（491）

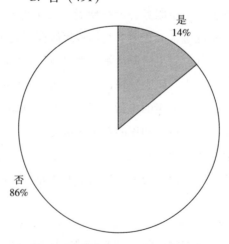

图1　生殖健康知识科普是否足够

2. 您是否觉得有必要加强生殖健康知识的科普

A. 是（509）　　　　B. 否（63）

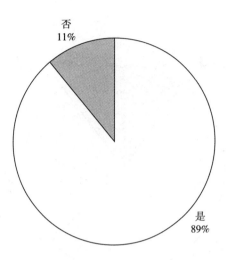

图2　加强生殖健康知识科普的必要性

3. 您的年龄

A. 20 岁以下（28）　　B. 20～30 岁（73）　　C. 30～40 岁（187）　　D. 40～50
岁（165）　　F. 50 岁以上（119）

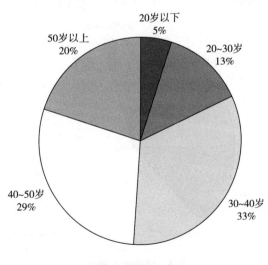

图3　年龄分布

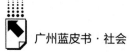

4. 您的文化程度

    A. 初中（5）   B. 高中（57）   C. 大专（154）   D. 本科（303）
E. 本科以上（53）

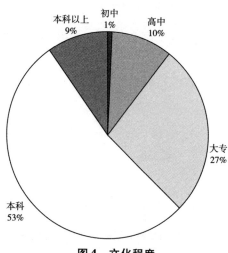

图 4　文化程度

5. 您的月收入水平

    A. 2000 元以下（29）   B. 2000～4999 元（137）   C. 5000～7999 元
（188）   D. 8000～9999 元（74）   E. 10000 元及以上（144）

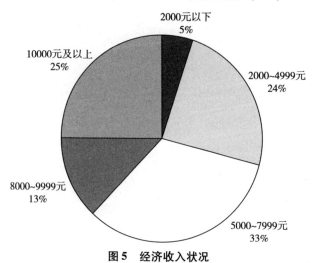

图 5　经济收入状况

6. 您通常多久进行一次妇科检查

A. 半年（34） B. 1 年（332） C. 2 年（29） D. 不定时，身体不适的时候（126） E. 从不（51）

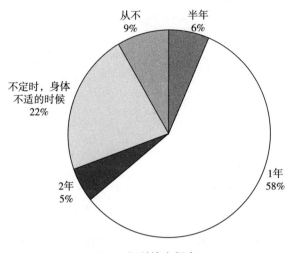

图 6　妇科检查频率

7. 您觉得妇科疾病是预防重要还是治疗重要

A. 预防重要（378） B. 治疗重要（2） C. 同等重要（186） D. 没想过（6）

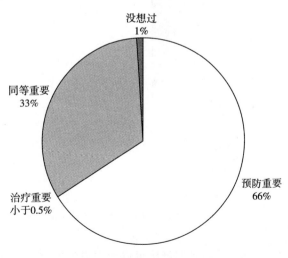

图 7　对妇科疾病的态度

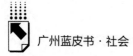

8. 您觉得有没有必要每年进行常规的妇科检查

A. 没有必要（12）　　B. 有必要（543）　　C. 不知道（17）

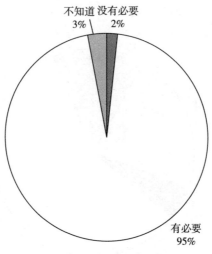

图8　对妇科体检的态度

9. 您认为定期的妇科检查可不可以减少患严重妇科疾病的风险

A. 可以（521）　　B. 不可以（28）　　C. 不知道（23）

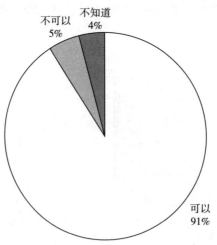

图9　对妇科体检作用的了解

10. 出现妇科方面不适后及时就医可以减少患严重妇科疾病的风险，那今后如果出现妇科方面的不适，您能不能做到尽早去正规医院检查和治疗

A. 完全能做到（315）　B. 应该能做到（206）　C. 可能会做到（40）

D. 有一定困难（11）　E. 很困难（0）　F. 完全做不到（0）

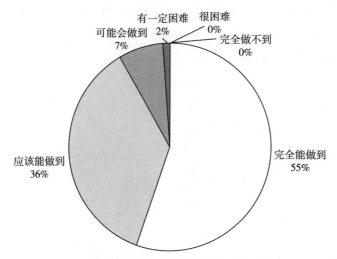

图 10　妇科检查对疾病的影响科普后态度

11. 宫颈癌与以下哪种病毒有关

A. 乙肝病毒（0）　B. EB 病毒（23）　C. 人乳头病毒（532）　D. 艾滋病毒（6）　E. 风疹病毒（9）

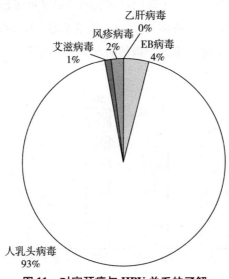

图 11　对宫颈癌与 HPV 关系的了解

12. 几乎所有（99.7%）的宫颈癌都是人乳头病毒（HPV）感染所引起，性生活是 HPV 感染主要途径，但不是唯一途径。HPV 疫苗可以预防 HPV 感染。宫颈癌是一种可预防、可治愈的疾病，系统有效的筛查可以显著降低宫颈癌的发病率和死亡率。这条信息对您有用吗

　　A. 有用（554）　　B. 无用（18）

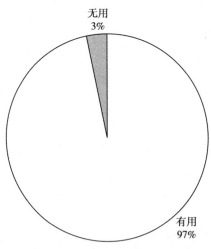

图 12　对宫颈癌科普知识的态度

13. 通常您是以什么途径了解妇科疾病的知识（可多选）

　　A. 广播电视　B. 医院咨询门诊　C. 报纸杂志　D. 网络　E. 亲戚朋友
F. 宣传小册子　G. 其他（书籍、微信朋友圈、微博等）

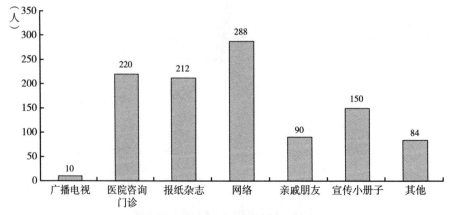

图 13　了解妇科疾病知识的途径

14. 您比较喜欢了解哪方面的女性健康知识（可多选）

A. 心理健康　　B. 生理知识　　C. 肿瘤防治　　D. 生育、避孕　E. 育婴知识　F. 其他（月经不调、痛经、炎症等）

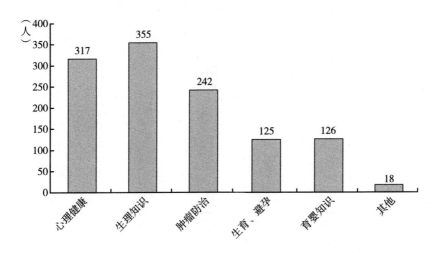

图 14　女性健康知识的需求

15. 您觉得妇科知识最可靠的来源是（可多选）

A. 医生　B. 报纸　C. 杂志　D. 电视　E. 网络　F. 亲戚朋友　　G. 其他（百度知道赞同率高的答案、权威人士、护士等）

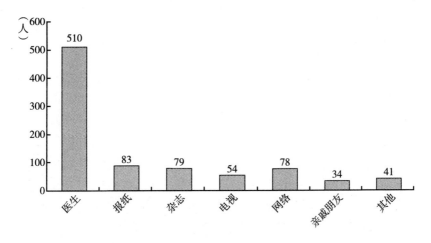

图 15　健康知识的可信程度

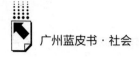

16. 您希望通过什么途径了解妇科相关知识（可多选）

A. 电话咨询　B. 报纸杂志　C. 参与健康讲座　D. 网络　E. 电视
F. 手机　G. 其他（朋友介绍，相关网站，相关微信，微博，APP 等自媒体，相关培训课程，百度官方贴吧，论坛，BBS 网络社区等）

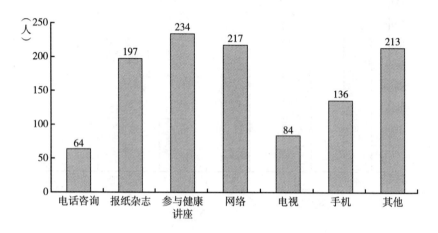

图16　希望获得妇科相关知识的途径

17. 您了解或使用以下移动医疗 APP 吗（可多选）

A. 春雨医生　B. 快速问医生　C. 问药　D. 掌上药店　E. 用药助手
F. 丁香医生　G. 丁香客　H. 好大夫在线　I. 不了解　J. 其他

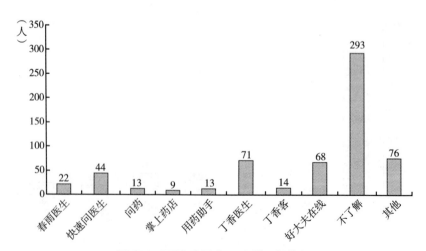

图17　对于移动医疗 APP 的了解情况

18. 如果有妇科科普知识传授，您希望是

A. 免费的（509）　　B. 付费的（6）　　C. 无所谓（57）

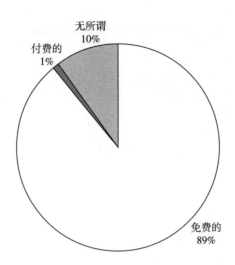

图18　对于获取妇科科普知识付费的态度

19. 如果有妇科疾病和女性健康知识的传授，您希望地点是（可多选）

A. 医院　B. 政府机构　C. 学校　D. 居委会　E. 网络或手机　F. 其他（相关培训机构、单位、居住地附近等）

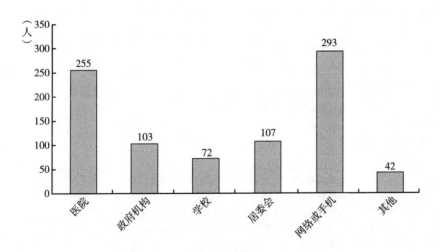

图19　妇科疾病和女性健康知识传授地点选择

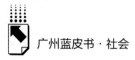

20. 您对女性健康科普知识的其他建议

共收集到 147 份建议, 现将建议内容归纳如表 1 所示。

表 1　对女性健康科普知识的其他建议

建议内容	备注(同类建议)
①以具有权威性的机构建立的公共平台宣传知识 ②医院的网上平台,专业医生做的专业网站 ③专业医生或者医院开展可信度高 ④希望不是伪科学	6
建议发行多些自查方式途径,根据自己的需求了解自己需要的知识	3
①科普深入居委基层才是王道 ②多一点到基层普及 ③多一点到社区宣传服务 ④能深入社区人群,到社区、单位进行教育 ⑤现在物质生活越来越好,但患各种病的人越来越多。我希望女性健康科普知识讲座能进入社区	14
社会多关注,传播多渠道,政府多宣传,知识多普及,媒体多传播,机构多讲座	52
要方便快捷,比如手机网络传播,开设微信公众号,建立手机 APP	6
定期短信,正规医院发出的、定期发短信或电子邮件提醒常规检查时间	4
建议科普内容(一般疾病的防治;女性常见肿瘤的防治;心理健康;良好生活习惯和饮食运动;加强育龄女性的生育知识;多介绍更年期的知识)	4
政府支持,免费举行科普活动	19
希望早知道有关预防妇科病的新知识 及时散播各种健康知识	5
①电视宣传,报纸、手机、网络都可以看到,做到科普 ②电视专栏节目多些科普知识 ③科学正规的电视讲座 ④公益电影	9
希望社会各界能给予女性特殊的关怀,特别是关于健康疾病的体制。另外自愿生育上环更能体验人权自由,有很多女性都是因为生育之后上环导致妇科病。现在很多人还缺乏女性预防宫颈癌等知识,需要普。再有就是看病难的问题以及对医生不完全信任的问题。希望女性健康能引起大家重视关怀	
应注意保护隐私	2

建议内容	备注（同类建议）
①不要卖太多没必要的广告 ②专家讲座,不要商家参与	2
体检后按结果给予有效的改善建议和治疗	2
①通过社区服务结合网络推送女性健康知识 ②通过讲座或者是主题学习的方式,现场传授新的医学知识	2
①可以开设一个专门的软件用于网络普及 ②多在网络上宣传 ③网络途径可以减少因尴尬而延误的知识获取	7
①关注青少年的健康知识科普,从初中开始设置健康课 ②预防未成年早孕从小普及,及时预防 ③提高学生的健康科普知识,对月经生理知识、生育及性生活进行宣教 ④在校教育很少	5
①在公众区域多发些宣传小册子或举办讲座 ②希望卫计委能通过街道居委会,把相关健康讲座的通知和宣传册发放到各小区。以使广大妇女受惠	6

二 广州市职业女性生殖健康科普的主要现状

从综合调研结果来看，广州市职业女性生殖健康科普现状存在"社会重视不足、对象素质较高、科普内容缺乏、时代特点明显"的现象，具体包括如下几种。

1. 以社会为舞台——重视不足

调查发现目前广州市职业女性普遍认为女性健康方面的科普知识宣传不够，这与社会普遍重视程度不足不无关系。

2. 以人为主角——素质较高

在调查中发现，本市的职业女性年龄在20～50岁的占75%，受过高等教育的达89%，收入在5000元及以上的达71%，只有不到10%的被访者从不体检，95%的职业女性认为体检有必要，认同定期体检可以降低患严重妇科疾病的风险。调查说明本市职业女性有相当高的学习能力和良好的经济收入，但没有足够的科普知识学习途径，经过科普知识的学习后能确立更好的健康意识。

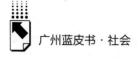

3. 以科技为内容——资源缺乏

在调查中，生理知识、心理健康和肿瘤防治是比较受欢迎的女性健康知识普及内容。在文字性建议内容当中，需求知识的覆盖更广，包括"一般疾病的防治、女性常见肿瘤的防治、心理健康、良好的生活习惯和饮食运动、加强育龄女性的生育知识"。结合2009~2013年职业女性妇科疾病检出的实际情况，发生率超过10%的疾病包括：乳腺疾病、宫颈疾病和阴道炎。遗憾的是，目前并未发现有系统的类似的相关的科普知识内容。所以，科普的科技内容可以适当侧重这三大类。调查说明本市职业女性对于健康的观念非常贴近WHO提出的健康概念：健康不仅是没有病和不虚弱，而是身体、心理、社会功能三方面的完满状态。普及的科普内容除了是生理、病理的医学知识外，更应该注意心理健康的内容普及。

4. 以时代为背景——特点明显

在调查中，以网络、医院咨询门诊、报纸杂志和宣传小册子为了解妇科疾病知识的主要方式。而广州市职业女性最希望通过参与健康讲座、网络、报纸杂志和手机，其他包括朋友介绍，相关网站，相关微信、微博、APP等自媒体，相关培训课程，百度官方贴吧，论坛，BBS网络社区等途径获取相关科普知识。调查说明在网络信息时代，特别是随着互联网及手机使用的普及，科普的传播途径有了更多的选择。更方便、更快捷、更隐私也是职业女性获取生殖健康知识的基本要求。

三 构建广州职业女性生殖健康现代科普体系的主要障碍

1. 科普知识的渴求与社会重视不足之间的矛盾

随着人民生活水平的不断提高，对健康的要求也越来越高，健康不仅仅是身体没有疾病而且要求个体身体、心理和社会适应能力均处于良好状态。新中国成立以来，科普一直被作为公益事业，政府、社会的不重视严重影响科普人员的积极性，尤其是具体到女性生殖健康领域的科普。目前，女性健康的科普工作非常缺乏，接近九成的职业女性认为目前的生殖健康知识科普不足。这主要是因为没有将科普工作纳入科普机构的绩效考核指标体系，尚未建立完善的科普成果的奖励机制，科普合作的主观能动性不强。

2. 对生殖健康正确观念的树立与现有伪科学之间的矛盾

树立正确的生殖健康观念是对职业女性进行相关生殖健康知识的科普目标，也是健康生活的最佳指引。但是并非所有广为流传的观点都是真正的科学，其中存在不少伪科学。这些伪科学信息的发布者，有些纯粹是因为他们对科学或科学方法的本质有所误解，造成错误；但亦有人是蓄意去杜撰、散布虚假的知识去欺骗大众，以得到金钱或其他的利益。目前处于一个信息化大时代，资讯的获得是公开而且自由的，大量信息扑面而来，需要个体有高度的判别能力，去伪存真。此次调查对象一致认为医生是科普知识最可靠的来源，并且希望能有具有权威性的机构建立的公共平台宣传知识，或者医院的网上平台，专业医生做的专业网站，她们觉得这样的宣传可信度高，获得的是真正的科学科普知识。

3. 科普人员的专业性与专职性之间的矛盾

科普内容是科普宣传过程中重要的一个环节，女性生殖健康科普知识的编写，需要具备专业技术的人员完成。无可否认医师队伍最具权威性，因为医生是掌握医药卫生知识、从事疾病预防和治疗的专业人员。但是，由于目前国内紧张的医疗从业人员，医生除本职临床工作外根本无暇兼顾其他事务。如何将专业的医学知识以浅显的、让公众易于理解的方式转化成科普内容，是科普各个环节中重要的一环。负责生殖健康的科普人员不但要掌握全面的基础和临床医学的基本知识，还要了解社会学、心理学、政治、法律、社会经济学甚至宗教学等相关知识，才能更好地掌握解决各种身心疾患，充当解决群体健康卫生问题的"翻译官"。

4. 科普的社会性、群众性与个人隐私之间的矛盾

从本质上说，科学普及是一种社会教育，其基本特点是社会性、群众性和持续性。科学普及的特点使科普工作必须运用社会化、群众化和经常化的方式，让大家在参与各项社会活动的同时获得知识科普。但是女性的生殖健康往往牵涉性的问题，这与中华民族传统观念相违背，虽然目前人们的观念在不断转变，但是有关生殖健康的问题，许多人还是觉得是隐私问题。这也是女性生殖健康科普难以在社会中让全民持续参与的一个重要阻碍。如何做到既对社会群众进行持续性的生殖健康科普又避免尴尬，这是很多女性提出的问题。

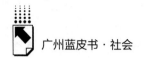

四 关于构建广州职业女性生殖健康现代科普体系的建议

1. 政府多投入，社会多关注，媒体多宣传

构建广州市职业女性生殖健康现代科普体系涉及卫生行政部门、科普管理和协调机构、宣传媒体和政府等不同的实体，各方条块分割明显，在管理体制上缺乏管理合作能力，所以建立一套合理的组织制度，既可以提高各合作方的紧密互动，又可以加快工作的开展进度。目前，由于有关生殖健康科普的政府投入和社会重视程度总体比较弱，媒体的宣传也不充分，要构建职业女性生殖健康的科普体系，使相关工作开展并产生良性的发展，需要政府在相关政策上建立激励措施，并借助媒体加大宣传力度，比如由政府牵头，组织并充分发挥卫生部门的主要职责，对积极参与的团体和个人给予一定的奖励或补贴，政府成立面向职业女性生殖健康科普的专项引导基金等。对于医疗机构的医护人员参与科普项目合作的，主要是在科普内容的筛选、新技术的推广方面，给予继续教育学分鼓励，以区别于其他机构科研人员。

2. 充实科普内容的制定，加强对科普人员的培养

有效的科普推广合作，需要充实的科普内容作为基础。可以着重从两个方面入手：首先，结合本课题关于2009～2013年职业女性妇科疾病检出汇总情况，从检出率最高的前三位疾病包括乳腺疾病、宫颈疾病和阴道炎症方面的知识入手，这也与国家卫计委建议的两癌防治内容相吻合；其次，根据调查中职业女性提出的最渴望获得有关的生理知识和心理健康知识入手。科普内容的编写，可由政府牵头，联合卫计委和各级医疗机构，组织相关专业人员对科普内容选定和编写。科普文章通常是由"特殊翻译人员"对材料进一步整理，他们需将专业性强的语句变成通俗易懂的真正科普文章。因此，对于从事科普内容编写的相关工作人员，需要进行定期培训，建议制定合理的利益保障制度，使其能在科普文章编写过程中得到自己的利益，并通过制度的规范来保障原创科技人员的利益。

3. 知识内容全面化，推广形式多样化

调查中发现广州职业女性对生殖健康知识的需求内容覆盖面广，所以丰富

的科普知识不但可满足群众的需要，对科普工作常态化的宣传方式也有好处，使科普宣传的内容不至于单调重复。对于科普内容的推广，则应充分利用现代社会的多种流通渠道和信息传播媒体，如电视媒体、报纸媒体、广播宣传、平面媒体宣传（海报、节目单、入场券）、网络媒体宣传互动（网络社区发帖、微博网友、微信、Q群互动）等，形成以社区为点、政府科普机构为线、全社会为面的社会化的大科普格局。多样化的形式和丰富的内容唤起大众的思想共鸣，这样的科普会受到广泛的欢迎。

4. 传统科普方法和新科技、新手段有机结合

传统的科普方法为大家所熟悉，也容易为大家所接受，如出版科普书刊给读者阅读，放映科普影像片给观众观看，举办科普讲座、报告会，发放宣传小册子及组织参观科普展览等。但是随着网络信息时代的到来，互联网对人民的生活产生着巨大的影响，也为科普工作的推广提供了新的方法和途径。比如电脑、手机，方便快捷，随时随地，又能很好地保护隐私。还有一些移动终端的APP，政府可以组织相关机构研发一些专门用于科普的APP。建立相关公共技术平台和服务平台，可以让信息交流更加顺畅，让职业女性在享受现代科技带来的便利的同时学习相关生殖健康科普知识。

（审稿：丁艳华）

B.13
广州村卫生站和乡村医生
队伍建设调研报告

陈 贝*

摘　要： 广州调查队走访调查了增城、花都、白云等6个区的14家村
　　　　 卫生站，调查显示：村卫生站在农村的医疗卫生服务方面起
　　　　 到了重要作用，但当前村卫生站在管理模式、医疗设备以及
　　　　 乡村医生的综合能力素质、收入和养老待遇方面仍存在不少
　　　　 问题，在基层卫生机构改革中，村卫生站建设特别是乡村医
　　　　 生队伍建设需要引起重视。

关键词： 村卫生站运营模式　乡村医生素质　乡村医生待遇

一　村卫生站运营情况

（一）村卫生站有效保障了村民享受基本医疗卫生服务

截至2014年底，广州共有村卫生站1091个，基本实现一村一站。当前广州各村卫生站的运营受镇卫生院监督，承担着便捷医疗、建立健康档案、健康教育等基础公共卫生服务。在走访中了解到，从2007年起，广州实行村卫生站医生补贴制度，村卫生站如果在每年的各项考核中合格，可以领取一万元的补助。同时，广州各村卫生站正在积极推进新型农村合作医疗保障以及乡村医生与村民签约式服务的改革。在用药方面，村卫生站严格实行基本药物制度，

---

* 陈贝，国家统计局广州调查队主任科员、统计师，主要研究方向：专项统计调查。

配备、使用国家基本药物目录和广东省增补品种目录内的药物，超出目录范围的药物不予使用。总体来看，村卫生站为村民预防保健、公共卫生以及常见病诊治提供了有力的保障。

（二）村卫生站工作任务重，设施条件差距大

当前村卫生站医生工作任务比较重，从每位村医覆盖村民数量看，在走访的 14 个村卫生站中，平均每位村医覆盖村民的数量为 1591 位（见表 1），其中萝岗区埔心村卫生站每位村医平均承担 3220 位村民，增城区大田村卫生站和九陂村卫生站承担 2200 位村民，白云区头陂村卫生站承担 2000 位村民，从总体来看，广州村卫生站特别是部分覆盖村民数量较多的村卫生站，乡村医生工作任务较为繁重，直接影响了农村基层卫生工作质量的进一步提高。

表 1　村卫生站乡村医生与村民数量对比

单位：位

编号	村卫生站名称	村民数量	乡村医生数量	平均每位村医覆盖村民数量
1	增城区大田村卫生站	2200	1	2200
2	增城区岳湖村卫生站	4500	3	1500
3	增城区九陂村卫生站	2200	1	2200
4	花都区石角村卫生站	2000	3	667
5	花都区横沙村卫生站	750	1	750
6	白云区头陂村卫生站	4000	2	2000
7	白云区鸦湖村卫生站	6500	4	1625
8	萝岗区迳下村卫生站	950	1	950
9	萝岗区埔心村卫生站	3220	1	3220
10	番禺区北约村卫生站	1160	1	1160
11	番禺区沙北村卫生站	7839	4	1960
12	南沙区岭东村卫生站	1530	1	1530
13	南沙区大稳村卫生站	4564	3	1521
14	南沙区沙尾一村卫生站	4723	3	1574
	合　计	46136	29	1591

从走访的 14 家村卫生站的硬件设施来看，村卫生站都有统一挂牌，挂有公共卫生宣传资料、村卫生站基本公共卫生服务项目、业务流程等规范化资

料，均能做到业务用房和生活用房分开。当前村卫生站的设施设备大部分由镇卫生院提供，均配有药品柜、血压计、听诊器、诊断床、体重秤等常规医药设施设备。由于各镇卫生院对村卫生站的投入程度不同，只有部分村卫生站有心电监护仪、吸痰机、血糖仪等医疗设备。还有部分村卫生站由于乡村医生年龄较大，不懂操作电脑，没有配备电脑、打印机等设备（见表2）。

表2　村卫生站设施设备一览

编号	村卫生站名称	设施设备
1	增城市大田村卫生站	药品柜、血压计、听诊器、诊断床、体重秤、电脑、打印机、红外线理疗仪、拔火罐
2	增城市岳湖村卫生站	药品柜、血压计、听诊器、诊断床、体重秤、电脑、打印机、拔火罐
3	增城市九陂村卫生站	药品柜、血压计、听诊器、诊断床、体重秤、红外线治疗仪
4	花都区石角村卫生站	药品柜、血压计、听诊器、诊断床、体重秤
5	花都区横沙村卫生站	药品柜、血压计、听诊器、诊断床、体重秤、电脑
6	白云区头陂村卫生站	药品柜、血压计、听诊器、诊断床、体重秤
7	白云区鸦湖村卫生站	药品柜、血压计、听诊器、诊断床、体重秤
8	萝岗区迳下村卫生站	药品柜、血压计、听诊器、诊断床、体重秤、电脑、血糖仪
9	萝岗区埔心村卫生站	药品柜、血压计、听诊器、诊断床、体重秤、电脑、血糖仪
10	番禺区北约村卫生站	药品柜、血压计、听诊器、诊断床、体重秤
11	番禺区沙北村卫生站	药品柜、血压计、听诊器、诊断床、体重秤、电脑
12	南沙区岭东村卫生站	药品柜、血压计、听诊器、诊断床、体重秤、心电监护仪、洗胃机、吸痰机、电脑
13	南沙区大稳村卫生站	药品柜、血压计、听诊器、诊断床、体重秤、心电监护仪、洗胃机、吸痰机、电脑
14	南沙区沙尾一村卫生站	药品柜、血压计、听诊器、诊断床、体重秤、心电监护仪、洗胃机、吸痰机、电脑

（三）村卫生站运营模式不统一

从走访的14家村卫生站看，各区的村卫生站虽然都受镇卫生院监督，但由于历史原因，各村卫生站运营呈现几种不同的模式，主要有以下三种模式。

1. 村卫生站由乡村医生个人承办，自负盈亏

在走访中了解到，当前村卫生站由乡村医生个人承办，自负盈亏的经营模式仍广泛存在。在走访的14家村卫生站中，有6家由乡村医生个人承办。这

种运营模式在基层卫生机构医改之前普遍存在，从业的乡村医生主要是本村人，并已从事多年基层卫生工作，有较为丰富的从医经验。在这种运营模式下，村卫生站主要位于自建住房、租赁房或者村委会提供的场所。村卫生站的水、电等日常开支由乡村医生自己承担。乡村医生的收入主要包括诊金、药物收入以及政府对村卫生站考核的一万元补贴。如白云区鸦湖村卫生站，成立于1968年，由本村一位曹医生（赤脚医生）在村委会的帮助下建成，村卫生站的场所由村委会负责，设施设备由镇卫生院提供。当前有四名乡村医生（曹医生、曹医生儿子及另外两名本村医生）轮班为鸦湖6500位村民服务，曹医生统筹鸦湖村卫生站的日常运营，四位医生在值班期间看病的诊金、药物收入等收益归个人，而政府的考核补贴扣除日常水、电等运营费用后分摊给四位医生。

2. 村卫生站由镇卫生院管理，乡村医生为聘用人员

经过多年的基层卫生机构医改后，广州部分地区由镇卫生院承担起了村卫生站的运营管理工作。村卫生站主要位于村委会提供的场所或镇卫生院选定的场所，如需场地租赁费用，则该费用由镇卫生院承担，村卫生站的水、电等日常开支由镇卫生院承担。医生是原村卫生站赤脚医生通过考试收编为镇卫生院聘用医生（编制外）或者是镇卫生院直接通过招考建立劳动关系的聘用制医生（编制外）。乡村医生的收入主要包括诊金、区卫生局提供的财政工资以及绩效津贴（包括村卫生站考核合格的补助）。在走访的14家村卫生站中，有6家采取这种运营模式。如萝岗区埔心村卫生站，2000年由九佛医院（埔心村所在的九龙镇卫生院）接收管理，村卫生站场所由村委会提供，村卫生站的日常运营费用由九佛医院提供。埔心村卫生站的汤医生是本村人，南方医科大学本科学历，在2000年通过考试被九佛医院录取为聘用制医生并在村卫生站工作至今。

3. 村卫生站由镇卫生院管理，乡村医生为编内人员

当前，广州较少部分地区的基层医疗机构实现了较为完整的医改，除了村卫生站的建设装修由镇卫生院招标，费用由区政府财政负责，日常运营费用由镇卫生院支出外，医生等工作人员也通过严格的招聘录取程序，成为镇卫生院的编制内医生派驻到村卫生站工作。如南沙区在2014年公开招聘了一批派驻到村卫生站的工作人员，其中医生应聘要求学历为大学本科及以上、35岁以

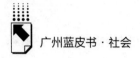

下、广州户口并有三年工作经验，护士要求学历为大专及以上、35岁以下、广州户口并有两年工作经验。村卫生站医生和护士等工作人员薪酬由区财政统一负责（包括村卫生站考核合格的补助）。

二 乡村医生队伍情况

（一）乡村医生以本村人为主

从走访的14家村卫生站看，在村卫生站从事乡村医生工作的以本村人为主。他们普遍认为在村卫生站虽然待遇并不高，但由于离家较近，生活成本较低，生活较为安逸。由于从事的是基层医疗卫生工作，乡村医生工作虽然较为烦琐，但是相比大医院，需要承担的医疗风险责任较小。在走访的14家村卫生站中，2014年共有29位医生，2013年和2012年共有27位医生，变化不大。增加的两名乡村医生均是由于原来村卫生站医生年龄较大，招了新的医生以利于逐步交接工作。

（二）乡村医生年龄差距较大

从走访的14家村卫生站看，在2014年的29位乡村医生中，26~35岁的有8位，占比为27.6%；36~45岁的有10位，占比为34.5%；46~55岁的有1位，占比3.4%；56岁及以上的有10位，占比34.5%；没有25岁以下的医生（见表3）。

从运营模式上可以清楚地看出，通过个人承办的村卫生站普遍存在乡村医生年龄较大的问题，在15位从事于个人承办村卫生站的乡村医生中，56岁及以上的有9位，占到了60.0%；46~55岁的1位，占6.7%；36~45岁的4位，占26.7%；26~35岁的仅1位，占6.7%。

而通过招聘成为镇卫生院聘用制或编制内的医生均较为年轻。在8位村卫生站工作的聘用制医生中，有2位在26~35岁之间，占25.0%；5位在36~45岁之间，占62.5%；只有1位是56岁及以上，占12.5%。在6名村卫生站工作的编制内医生中，有5位在26~35岁之间，占83.3%；有1位在36~45岁之间，占16.7%，年轻化程度较高。

表3 村卫生站乡村医生年龄分布情况

单位：位

模式	医生人数	25岁及以下	26~35岁	36~45岁	46~55岁	56岁及以上
1	15	0	1	4	1	9
2	8	0	2	5	0	1
3	6	0	5	1	0	0
合 计	29	0	8	10	1	10

（三）乡村医生学历差距较大，部分乡村医生没有执业资格证

从走访的14家村卫生站看，在2014年的29位乡村医生中，具有执业资格证的有24位，5位不具备执业资格的乡村医生均集中在个人承办的村卫生站中。

在29位村医生中，本科及以上学历的有6位，占20.7%；大专学历的有5位，占17.2%；中专学历的有16位，占55.2%；中专以下学历的有2位，占6.9%（见表4）。

表4 村卫生站乡村医生学历情况及执业资格情况

单位：位

模式	医生人数	中专以下	中专学历	大专学历	本科及以上	执业资格
1	15	2	11	1	1	10
2	8	0	5	2	1	8
3	6	0	0	2	4	6
合 计	29	2	16	5	6	24

从运营模式上看，具有镇卫生院编制的医生普遍学历较高，在6位有编制的乡村医生中，其中4位具有本科以上学历，2位具有大专学历。而在个人承办的村卫生站中，乡村医生学历普遍较低，主要集中在中专学历，在15位医生有11位是中专学历，占73.3%，还有2位是中专学历以下，而分别只有1位是大专学历和本科以上学历。

（四）乡村医生收入及养老待遇不一

从走访的14家村卫生站看，个人承办的村卫生站乡村医生的收入由村卫

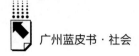

生站的经营情况而定，收入主要包括诊金、药物收入以及政府对卫生站考核的补贴。乡村医生没有养老、失业等"五险一金"的社会保障。从6家个人承办的村卫生站来看，2014年每位乡村医生年收入大致在2.5万~6万元之间。在此类村卫生站工作的乡村医生普遍表示，当前卫生部门要求村卫生站必须严格实行基本药物制度，加上现在交通较为方便，许多病人直接去镇卫生院看病，在村卫生站看病的人有减少的趋势，直接影响了其收入。

在村卫生站工作的聘用医生，其收入主要包括诊金、区卫生局提供的财政工资以及绩效津贴。2014年每位乡村医生的年收入大致在3万~6万元之间，相比前两年有5%左右的收入增幅，并享有养老、失业等社会保障。

而通过考试具有镇卫生院编制的村卫生站医生和护士，收入由区财政拨款，相对较高，并享有"五险一金"的社会保障。如南沙区在编的医生2014年平均收入14.33万元、护士10万元，相比前两年有10%左右的收入增幅。

三　当前村卫生站和乡村医生队伍建设的主要问题

（一）村卫生站管理模式有待改进

目前，广州正在对农村基层卫生机构进行医改，对部分村卫生站开展了标准化建设，实现了紧密型镇村卫生服务管理一体化模式，运营较为规范。但从走访调研看，由于广州对农村基层卫生机构的医疗改革尚不彻底，当前村卫生站仍存在着上述三种运营模式，在这三种运营模式中，个人承办的村卫生站存在较大的管理问题。

从个人承办的村卫生站来看，镇卫生院的管理主要体现在年末对村卫生站的考核评审上，如果考核通过，会补贴村卫生站一万元，考核如不通过，则不能或只能领取部分补贴。村卫生站的负责人会在考核评审期间突击准备，形成应付上级检查的做法习惯。如在走访一家村卫生站时发现，该村卫生站设有中药柜，但该卫生站的医生明确表示不会中医，设有中药柜纯粹是为了应付镇卫生院的评审，以期通过考核。虽然村卫生站从业人员的执业资格等条件也为考核评审的指标，但由于占评审考核的分数有限，使部分没有执业资格的乡村医生也被允许在村卫生站工作。

（二）村卫生站医疗设备和乡村医生配备有待完善

从走访调研来看，除了南沙区三个村卫生站医疗设备较为齐全外，其他村卫生站的医疗设备都较为短缺，且部分医疗设备较为老旧。在村卫生站工作的多数乡村医生表示希望增加医疗设备如心电监护仪、吸痰机、氧气瓶等，以利于进一步提高医疗服务水平。据某村卫生站一位乡村医生反映，现在村卫生站的医疗设备由镇卫生院统一购买和提供，所以经常需要经过一段较长的等待时间镇卫生院才能提供，影响了村民的日常医疗需求。

乡村医生承担着常见病、多发病的一般诊治，协助专业公共卫生机构落实重大公共卫生服务项目和传染病防控，填写统计报表，建立统一规范的居民健康档案系统，开展健康教育和协助城乡居民医保筹资等工作，任务非常繁重。从走访调研看，多数乡村医生表示当前除了日常的看病治疗，需要承担的公共卫生服务以及其他工作日益增多。加上村卫生站配备的从业人员较少，工作有些自顾不暇。如增城市九陂村卫生站的关医生表示，由于九陂村卫生站只有一位乡村医生，工作的安排只能实行上午开门就诊，下午到患有高血压、糖尿病等慢性病的患者家里跟踪走访，或者开展村部分地区消毒防疫、健康教育等其他工作。关医生表示村卫生站工作人员太少，自己很少请假休息，怕耽误村民看病。但由于工作较多，只能上午看病，下午做其他工作，直接影响了村民就医的时间。在走访的 14 家村卫生站有 7 家只有一名乡村医生，随着基层医疗工作的日益加重，各村卫生站普遍存在乡村医生等从业人员配备数量较少的问题。

（三）乡村医生综合能力素质有待加强

当前在村卫生站工作的乡村医生主要包括两种：原来在农村给农民看病的赤脚医生以及通过镇卫生院招聘录取的乡村医生。从走访调研看，在这两种乡村医生中，问题较为突出的是赤脚医生。赤脚医生虽然从医时间较长，经验较为丰富，医术也受到村民的认可，但是存在的问题也不容忽视。一是有部分赤脚医生没有执业资格，不符合当前法律规定从医的基本条件，二是工作中普遍存在不会操作电脑的问题，在推进基层医疗机构建立统一规范的居民电子健康档案系统和医疗费用结算系统时困难较大。而通过镇卫生院招聘录取的乡村医

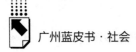

生，学历和综合素质较高，普遍能胜任该村卫生站的日常工作要求，但从走访调研看，专业的中医乡村医生仍然较少，由于多数村民在日常看病时喜欢选择中医，而村卫生站缺乏专业的中医医生，看病时主要开西药或中成药，村民想看中医的需求难以满足。

（四）乡村医生的收入和养老等待遇有待提高

随着交通的日益便利以及镇卫生院的医疗设施更加齐备，许多村民看病更倾向于去镇卫生院，直接导致在村卫生站就医的人数减少。与此同时，在个人承办的村卫生站中，由于医疗收费标准降低，药品基本实行零差价销售，加上进入城乡合作医疗保险系统使用费用等成本支出，村卫生站存在盈利下降的问题。从走访调研看，多数个人承办的村卫生站乡村医生表示近两年的收入有减少的趋势。此外，镇卫生院招聘录取的乡村医生存在着收入差距较大的问题，虽然都是通过招考录取，但纳入镇卫生院编制管理的乡村医生工资待遇较高，而与镇卫生院建立劳动关系的乡村医生（编制外）工资待遇与编制内的乡村医生存在较明显的差距，同工不同酬的问题较为突出。

在退休养老方面，问题较突出的是个人承办的卫生站乡村医生，此类乡村医生没有财政的补贴和养老保障，多数乡村医生退休后每个月只能领到200多元的农村养老金，过低的养老金使超过退休年龄的乡村医生生活难以保证，部分乡村医生只能继续行医获得收入。

四 政策建议

（一）加强村卫生站的运营管理

随着农村基层卫生机构医疗改革的推进，村卫生站的运营模式由以前的个人承办逐步向镇卫生院管理转变，但从走访调研来看，村卫生站个人承办的这种运营方式仍广泛存在。个人承办的村卫生站虽然在之前较长的一段时间内保障了农村基层卫生工作，但由于存在医疗设备不足、医生队伍综合素质不高以及营利性等问题，不利于村卫生站的统一管理和进一步推进基层医疗改革。

政府应当加强村卫生站的运营管理，明确村卫生站社会公益事业的性质。

第一，将各村卫生站纳入镇卫生院整体管理，镇卫生院对村卫生站实施紧密型镇村卫生服务一体化管理，主要包括村卫生站的日常运营、医疗设备、采购药品和人员调配，逐步取消村卫生站个人承办的运营模式。第二，明确村卫生站提供基本公共卫生服务具体内容，合理核定任务量，镇卫生院对村卫生站实行定期绩效考核，考核结果作为财政补助、资金发放、人员奖惩和乡村医生执业再注册的依据。第三，将村卫生站纳入实施基本药物制度和城乡居民医保门诊统筹定点医疗机构。第四，将村卫生站纳入基层医疗卫生机构信息化建设和管理范围，实行镇卫生院和村卫生站统一的电子票据和处方笺，充分利用信息技术加强业务管理和绩效考核，提高村卫生站的服务能力和管理水平。

（二）加强乡村医生队伍管理和建设

政府有关部门应当把乡村医生纳入医疗卫生队伍统一管理，区卫生行政部门应依照相关法规负责组织行政区域内乡村医生的招聘、注册和管理工作，由镇卫生院聘用乡村医生并派驻村卫生站为村民服务。

针对当前乡村医生人数较少、工作任务较重的问题，政府应当在确保每个村卫生站至少有一名乡村医生的前提下，通过吸引、培养具有一定医学专业知识的本地村民充实乡村卫生从业人员队伍，争取达到服务人口在 1500～3000人的村卫生站，按两名乡村卫生从业人员配备，服务人口在 3000 人以上的村卫生站，按三名及以上乡村卫生从业人员配备。

针对乡村医生素质参差不齐的问题，政府有关部门应当建立和完善乡村医生进入和退出机制，严格按照《执业医师法》和《乡村医生从业管理条例》等法律法规，从事护理、保健、医疗和公共卫生等服务人员应具备相应的执业资格，严禁不具备执业资格的人员非法行医。同时，新招聘的乡村医生应具有全日制大专及以上学历并具备执业医师资格。此外，需加强常见病、多发病中医技术培训，使中医药技术能够满足村民日常的看病需求。

（三）完善乡村医生收入和养老待遇

为进一步稳定乡村医生队伍，政府应当进一步完善乡村医生收入和养老待遇。

在完善乡村医生收入方面，首先，政府有关部门应当把现行的村卫生站补

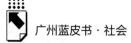

助、看病减免收费补助、基本药物制度专项补助、一般诊疗费补助和一定比例的基本公共卫生服务补助等专项经费整合，调整为乡村医生薪酬的主要财政投入。其次，规范乡村医生收入，招聘入镇卫生院编制管理的乡村医生薪酬按事业单位在编人员管理。与镇卫生院建立劳动关系聘用的乡村医生实行年度工资核算方式，年工资收入由月工资和年度考核工资构成。最后，在确保镇卫生院编制管理的乡村医生具有稳定收入和适当涨幅的情况下，合理增加与镇卫生院建立劳动关系聘用的乡村医生的收入待遇，确保乡村医生的收入与当地农村地区的经济发展相适应。

乡村医生养老待遇方面，一方面纳入镇卫生院编制管理的乡村医生在村卫生站工作至退休年龄，应按照政府有关规定享受事业单位人员退休待遇；与镇卫生院建立劳动关系聘用的乡村医生参加城镇职工社会保险，在村卫生站工作至退休年龄，按规定享受相应的社会保险待遇。另一方面，对于部分已到退休年龄的赤脚医生，除了按规定享有社会保险待遇之外，政府有关部门还应当依据《关于解决广州市乡村医生待遇历史遗留问题的意见》，按照实际工作时间计算补助，支付乡村医生岗位补助。使乡村医生能够安心地立足当前，放眼长远，没有后顾之忧，全心全意地投入到基层卫生事业当中。

（审稿：谢俊贵）

B.14
广州市越秀区残疾人康复
服务需求情况调研报告

越秀区残疾人联合会课题组 *

摘　要：　为推进残疾人"人人享有康复服务"，课题组以广州市越秀区
为例，对越秀区 18~65 岁残疾人康复服务的需求情况进行调
查，并分析影响残疾人康复服务需求的因素，为进一步做好
残疾人康复服务工作提供依据。

关键词：　残疾人　需求　康复服务

一　研究背景

我国改革开放的巨大成就，惠及残疾人康复事业并促进其蓬勃发展。20
世纪 80 年代，我国开始有组织、有计划、大规模地开展残疾人康复工作。随
着我国改革开放的深入和经济社会事业的发展，国家对残疾人康复事业的投入逐
年增加，连续实施了"八五""九五""十五""十一五"几个残疾人事业五年
计划，形成了门类齐全、体系完整的康复事业格局，残疾人康复服务受益面不断
扩大。2002 年国务院办公厅转发卫生部等部门的《关于进一步加强残疾人康复
工作的意见》中提出，到 2015 年实现残疾人"人人享有康复服务"。十多年来，
残疾人康复事业得到长足发展，但随着社会环境的日益变化，残疾人的康复需求

＊　课题组成员：胡道明，越秀区残联理事长；郝元涛，中山大学公共卫生学院院长、全球卫生
研究中心主任，教授；郝春，中山大学公共卫生学院、全球卫生研究中心副教授；顾菁，中
山大学公共卫生学院院长助理、全球卫生研究中心副主任，副教授；赵艳霞，中山大学公共
卫生学院硕士研究生；何沙，越秀区残联办公室主任。

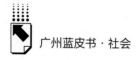

仍然尚待深入阐明。为推进残疾人"人人享有康复服务",本报告以广州市越秀区为例,调查越秀区 18 ~ 65 岁残疾人康复服务的需求情况,并分析影响残疾人康复服务需求的因素,为进一步做好残疾人康复服务工作提供科学依据。

二 残疾人口群体基本情况

本次调研共调查年龄 18 ~ 65 岁的残疾人 10407 人,其中男性 6129 人,占 58.9%;女性 4278 人,占 41.1%。男女比例为 1.43∶1,男性比女性多。残疾人口平均年龄为 53 岁。民族构成方面,大多数残疾人为汉族,比重为 99.3%。教育水平方面,学历以初中和高中(职高/技校)为主,比重分别为 34.7% 和 32.8%。其次为小学,为 14.8%。文盲以及大专及以上学历比重最低,分别为 5.0% 和 9.2%。婚姻状况方面,已婚者比重最高,为 48.4%,其次为未婚者,比重为 36.5%,离异和丧偶者比重最低,分别为 7.4% 和 1.8%。家庭常住人口平均为 3 人。

残疾类别方面,以肢体残疾和精神残疾为主,比重分别为 36.2% 和 28.0%。其次为智力残疾,比重为 16.4%,视力、听力、多重、言语残疾的比重均小于 10%。残疾等级方面,各个等级的比重相当,位于 23.9% ~ 27.2% 之间。生活自理程度方面,61.8% 的残疾人可以完全自理,只有 5.8% 的残疾人完全依赖他人帮忙,29.0% 的残疾人需他人部分帮忙。残疾时间平均为 41 年。残疾原因方面,因疾病致残者比重最高,为 43.1%,其次为先天、创伤或意外损失致残,比重分别为 19.3% 和 13.5%。监护人与残疾人关系方面,以父母或夫妻为监护人者居多,比重分别为 42.9% 和 37.0%。

残疾人人均年收入平均水平为 12000 元,家庭年总收入平均水平为 39360 元,家庭中平均支出水平为 32400 元。主要生活来源方面,以个人所得为主,比重为 56.0%,其次为家庭供养和享受最低生活保障,比重分别为 24.6% 和 13.7%。社会保障方面,超过一半的残疾人拥有医疗保险和养老保险,比重分别为 89.0% 和 65.3%。33.1% 的残疾人拥有意外伤害保险,16.0% 的残疾人拥有失业保险,只有少部分人拥有工伤保险、其他保险、生育保险和商业保险。4.3% 的残疾人任何保险都没有。现住房面积平均水平为 48 平方米。97.4% 的残疾人现住房不是危房。

三 残疾人口康复服务需求情况

本次调研中涉及的康复服务包括康复医疗、功能训练、辅助器具、心理服务、知识普及、转介服务以及其他服务等类别。其中，康复医疗包括医疗诊断、残疾评定、白内障复明手术、人工耳蜗植入、肢体矫治手术、理疗、传统医疗、医疗康复护理、精神病服药、家庭病床、住院和转诊服务等。功能训练包括视力功能训练、听力功能训练、肢体功能训练、智力功能训练和精神功能训练等。辅助器具包括视力辅助器具、听力辅助器具、肢体辅助器具、智力辅助器具、精神辅助器具和其他等。心理服务包括心理咨询、心理治疗、家庭成员心理支持和其他等。知识普及包括培训残疾人、培训亲友、家长学校、普及读物、知识讲座、公益活动、社会宣传和其他等。转介服务包括康复医疗、功能训练、辅助器具、心理服务、信息服务、知识普及、文化教育、职业培训、劳动就业、生活保障、家庭无障碍改造、参与社会生活和其他等。

数据分析表明，只有四名残疾人对康复服务无需求，绝大多数残疾人对康复服务存在需求。其中，残疾人在心理服务方面的需求最高，其次为知识普及方面，相应比重分别为98.0%和97.1%。而其余项目的需求比重均小于50%，依次为辅助器具、转介服务、康复医疗、功能训练、其他服务，相应比重分别为37.4%、32.2%、26.0%、11.0%和1.5%。

四 影响残疾人口康复服务需求的相关因素分析

通过对残疾人的人口学特征、残疾状况和社会经济学特征等因素进行分析，课题组发现对于不同种类的康复服务，不同特征的残疾人的需求各有差异。

分析结果显示，对于康复医疗服务，教育水平较低者需求较高；相较于肢体残疾者，精神残疾者需求更高。

对于功能训练服务，女性需求高于男性；先天残疾和生活自理能力越高者对功能训练需求越高；较于主要生活来源为个人所得者，生活来源是家庭和社会的残疾者对功能训练需求更高；相较于肢体残疾者，精神残疾者对功能训练

159

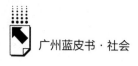

需求更高。

对于辅助器具服务，年龄大、教育水平高和已婚者需求更高；残疾程度低和先天残疾者，对辅助器具服务的需求更小；相较于父母作为监护人，夫妻作为监护人的残疾者辅助器具需求更高；精神残疾者对辅助器具的需求很低。

对于心理服务，女性对心理服务的需求更高；相较于父母作为监护人，夫妻作为监护人的残疾者心理服务需求更高。

对于知识普及服务，相较于肢体残疾者，精神残疾者对知识普及需求更高；相较于父母作为监护人，夫妻作为监护人的残疾者知识普及需求更低。

对于转介服务，男性、年龄小、未婚、残疾程度较高、教育水平较高者需求更高；相较于肢体残疾，精神残疾者对转介服务需求更高；相较于父母作为监护人，夫妻作为监护人的残疾者转介服务需求更低；相较于主要生活来源为个人所得者，生活来源是家庭和社会的残疾者对转介服务的需求更低。

五 优化残疾人口康复服务的路径与对策

（一）加强残疾人心理服务、知识普及服务，全面推动残疾人康复事业的发展

从残疾人康复服务需求情况可知，绝大部分残疾人对心理服务以及知识普及服务有需求。虽然在某种程度上残疾特征，如残疾类别与康复服务需求之间的联系更为紧密；但残疾人生理上的残疾或多或少对其心理产生影响，而心理服务以及知识普及服务则有助于残疾人更好地处理因生理上的残疾对心理造成的不良影响。康复服务应包括两方面的工作，一是个人功能的调整和恢复，即通过康复计划和训练，使身体机能尽可能康复到接近正常状况；二是心理调适，即帮助残疾人认可身体受限的事实。为残疾人提供充分的心理服务以及相关的知识普及服务有助于帮助残疾人解决心理方面的问题，促进残疾人身心全面康复。

（二）关注高需求人群，有针对性地满足其对康复服务的需求

从残疾人口康复服务需求的相关因素分析可见，对于不同种类的康复服

务，不同特征的残疾人需求各有差异。应该有针对性地对高需求人群开展特定的康复服务，以满足不同特征残疾人对康复服务的不同需求。

对于康复医疗服务，应更加关注教育水平较低者以及精神残疾者的需求。教育水平较低者因对残疾本身以及残疾康复认识不足，更加需要康复医疗服务中包括医疗诊断、残疾评定等服务。精神残疾者则对康复医疗服务中的精神病服药、住院和转诊服务需求更高。

对于功能训练服务，应该优先考虑女性、先天残疾、生活自理能力更高、生活来源为家庭和社会的残疾者以及精神残疾者等更愿意接受功能训练服务的人群，提高服务的效率。

对于辅助器具服务，应该重点关注肢体残疾、教育水平较高等对辅助器具需求更高者。肢体残疾者因受本身肢体残疾限制，必须借助肢体辅助器具来更好地完成日常生活。教育水平较高者因对生活质量有更高的要求，而且能更好地利用各种辅助器具，所以对辅助器具服务需求更高。因此，应优先考虑需要辅助器具，而且能更高地利用辅助器具的残疾人。

对于转介服务，应该重点关注男性、年龄小、未婚、教育水平较高、主要生活来源为个人等对转介服务需求更高者。男性、年龄小、未婚以及主要生活来源为个人者是社会上的劳动者，是家庭主要经济来源。为了能正常地融入社会工作，其对自身功能的康复有更高的要求，特别是在职业培训、劳动就业、参与社会生活等转介服务上需求更高。

（三）重视精神残疾者，亟待深入了解其康复服务需求

与肢体残疾者相比，精神残疾者对康复服务的需求更高。由于精神问题的存在，精神残疾者在与人正常交流、参加社会劳动、实现社会融入上面临更多困难，包括社会污名化、被认为缺乏自主决策能力而被忽视等。因此，各类残疾类型中，精神残疾者处于相对劣势地位，属于残疾人这一弱势群体中的弱势群体。由于精神残疾者不同于其他残疾，亟须深入了解精神残疾者及其家庭个性化的康复服务需求，在满足精神残疾者需求过程中，不断积极探索精神残疾者社会参与的形式，形成良性循环。

（审稿：谢俊贵）

B.15
推动越秀区"银发经济"
发展的几点思考

杨 华*

摘 要： 发展"银发经济"应成为解决社会老年人问题的主要手段。作为广州市的老城区，越秀区面临严峻的老龄化形势，同时在发展"银发经济"上也有得天独厚的优势，作者对"银发经济"的有利条件、发展现状和应关注的问题进行了深入的研究，提出了初步的探索思路。

关键词： "银发经济" 养老 服务保障 经济发展

"银发经济"是指政府和非政府单位根据老年人文化、物质需要进行的社会经济活动。它与社会养老工作既有联系又有区别。联系在于"银发经济"与社会养老工作的服务对象或服务主体都是老年人，都是围绕老年人衣、食、住、行以及精神生活开展的社会活动。区别在于社会养老一般是政府或社会团体的公益性、福利性工作，突出社会效益，对老年人的关怀起到示范性作用；而"银发经济"则以社会需求为牵引，按照市场经济规律，为老年人提供各种有偿服务，既有发挥社会效益的功能，又可取得经济效益。在社会主义初级阶段，发展"银发经济"应成为解决社会老年人问题的主要手段，"银发经济"的蓬勃发展，可逐步满足老年人不断增长的物质文化需求，为社会经济建设服务，为构建和谐社会服务，为最终彻底解决老年人问题提供思路。越秀区发展"银发经济"有得天独厚的优势，应该在广州市"银发经济"发展中发挥"领头羊"的作用。

---

* 杨华，中共广州市越秀区委老干部局副局长，硕士学位，研究方向：国民经济管理。

一　越秀区"银发经济"发展的有利条件

关注"银发社会"的服务领域是社会经济发展的必然趋势。按经济学规律，每一种社会需求的出现，都意味着潜在效益的存在。随着经济水平发展到一定阶段，"社会子女"照顾老人的观念必然会产生和扩大。

（一）越秀区老年人口密集，发展"银发经济"前景广阔

越秀区是广州市的中心城区，也是人口大区，现有户籍人口117万人，全区60岁以上的老年人口有25.35万人，占全区总人口的21.7%，约占全市老年人口总数的1/5，是广州市社会人口老龄化问题相对突出的区。越秀区还是一个长寿大区，全区百岁以上老人有149人，最长寿的已114岁。区内老年人口结构主要分为四个类型：一是党政军机关离退休老同志，约4.5万人；二是各企事业单位离退休老同志，约5.9万人；三是城市自然居民老年人，约9.5万人；四是外来人口老年人，约1.5万人。这种人口分布和结构为越秀区"银发经济"的发展提供了较大的空间和市场潜力。

（二）越秀区老年人消费能力强，发展"银发经济"潜力较大

根据调研，越秀区老年人经济收入高于广州市平均水平。广州60岁以上老年人平均经济收入为15261元、越秀区为19875元。这说明，由于改革开放几十年经济发展的财富积累，加之广州市实行较高福利的社会保障制度，以及退休金和社会保障金，越秀区老年人的消费潜力与年轻人相比，有比较明显的优势，"银发族"同时也是"金钱罐"。只要正确引导消费，充分挖掘适合老年人的消费市场，我们完全有理由相信，"银发经济"发展的前景一片光明。

（三）越秀区委、区政府高度重视老年工作，是发展"银发经济"的有力保障

近十年来，越秀区委、区政府遵循"富民优先、民生为重"的工作思路，把养老服务工作作为保障民生、改善民生、建设和谐社会的一项重点工作常抓

不懈，紧紧围绕"六个老有"的工作目标，努力建设和完善社会化养老服务网络，深入开展维护老年人合法权益活动，为老年人办好事、办实事、解难事，不断提升老龄服务工作整体水平。全区辖内18条街道共222个社区，1997年率先启动区福利院新院建设，实现机构养老示范化；2001年率先启动社区"星光老年之家"建设，实现老年福利设施社区化；2004年3月，率先启动居家养老服务试点工作，实现养老服务人性化；2004年5月率先成立"星光长者联谊会"，实现"老人设施老人管"；2004年12月率先启动星光平安钟呼援服务试点工作，实现养老服务信息化，2005年6月被民政部确定为全国首批养老服务社会化示范活动试点单位。针对日益严峻的人口老龄化形势，区政府把养老事业纳入全区经济社会发展总体规划，将"逐步健全养老服务体系"明确纳入《广州市越秀区国民经济和社会发展第十二个五年规划纲要》中，并将"建设越秀特色的综合养老服务体系"作为推动民生工作的重要举措，列入区政府重点工作事项进行督办落实。制定《越秀区"十二五"时期和2013年社会养老服务体系建设实施方案》《2012～2015年越秀区社会养老服务体系建设行动计划表》等，明确"积极开展社区养老服务，2013年全区三分之一的街道建成长者日托中心，2015年所有街道均建有长者日托中心；大力发展居家养老服务，拓展居家养老服务网络，逐步建立街道级的居家养老服务示范中心"的工作目标，不断加大财政投入力度，2011～2015年，越秀区老龄事业经费投入分别为4157万元、9200万元、1.02亿元、1.07亿元和1.13亿元，充分体现了政府大力发展老龄事业的决心和力度。

这些卓有成效的工作和取得的成果，为适应人口老龄化的严峻形势，满足人民群众日益增长的养老服务需求，为"银发经济"的发展提供了思路，奠定了基础。

二 越秀区"银发经济"发展的现状

"银发经济"在越秀区的发展已初现端倪，特别是养老服务社会化示范活动的开展，在产生的社会效益和经营模式上为"银发经济"的发展树立了好的样板。

（一）取得的主要业绩

一是大力推进养老机构和养老床位建设。以养老机构集中养老床位建设为基础，以社区分散养老床位建设为补充，努力提升全区养老床位比例，全区共有 3333 张床位。目前，全区有公办养老机构一家（东山福利院）、民办养老机构 16 家，以老年人为主要服务对象的机构 30 余家，以老年人为主要消费群体的经济实体 20 余家，180 多个星光老年之家。二是重点发展社区养老载体。结合老城区长者群体的生活习惯和养老需求，就近提供便利的养老服务，建成全省首家养老服务示范平台——越秀长者综合服务中心，引入香港专业社工机构背景的社会组织运营服务，提升社区养老服务水平。这些服务机构和经济实体受到全区广大老年人的好评，为许多老年人带来了学习、生活、娱乐等方面的方便，部分满足了老年人晚年生活的需要，取得了良好的社会效益和经济效益。全区 85% 以上的老年人参加过老年人服务机构组织的活动，生活较困难的老年人 100% 享受社会福利保险；2013 年 1 月至 2014 年 8 月，全区用于老年人生活补贴 96 万元，投入老年人公益设施建设 118 万元；老年人人均消费 3657 元，产生经济效益 679 万元。

（二）存在的突出问题

把为老年人服务作为一种经济和社会发展模式，在越秀区尚处于萌芽状态，不可避免地存在一些问题。一是养老机构总量相对不足。2013 年，越秀区养老床位数量占老年人口的 1.6%，比 2014 年增加 0.1 个百分点，而同期老年人口增长率为 0.3%，养老床位增长滞后于老年人口增长。二是养老机构配置不均衡。郊区养老机构虽然收入低，但由于交通和医疗不便，老年人入住率低，市中心的一些养老机构软硬件设施并不好，但交通、就医方便，入住率高，颇受老人欢迎。三是居家养老服务水平尚待提高。居家养老服务人员少、流动性大、素质参差不齐、服务项目不健全，在为老人提供用餐、护理、就医等方面与老年人的期待有较大差距。四是老年用品和服务市场紧缺。缺乏有规模、有影响力和示范作用明显的老年用品和服务市场（专业街）。

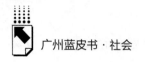

三 越秀区"银发经济"发展应关注的问题

全面启动"银发经济"模式，使之充分发挥社会效益，要做的工作还有很多，以下几个问题值得高度关注。

（一）老年人服务领域

每一种社会需求的出现都蕴含着潜在效益。社会经济发展到一定水平，"社会子女"照顾老人的观念必然会产生和扩大。因此，政府应把"陪老业"作为一门新兴产业来培植，围绕老龄人学习、生活、娱乐、保健等方方面面逐一研发。比如"老年公寓"，近年来频繁见诸报端及多种媒体，对传统养老观念和方式的冲击日益为人们所接受。社会老龄人口数量增多，对房地产业需求也会带来一定影响，必然导致公寓化管理养老模式的出现，老年公寓作为潜力巨大的夕阳消费市场，政府和商家应密切关注这一充满商机和活力的需求市场，提供其发展壮大的必要条件。

（二）老年人的消费倾向

马克思曾经说过：首先确定一切人类生存的第一个前提也就是一切历史的第一个前提，这个前提就是人们为了能够"创造历史"，必须能够生活。但是为了生活，首先需要衣、食、住、行以及其他东西。因此第一个历史活动就是生产满足这些需要的资料，即生产物质本身。衣、食、住、行自然是老年人的首要需求，特别是随着时代发展，老年人的层次结构也在发生变化，其素质、思想观念和意识也在与时俱进。商品经济必然带动老年人活跃消费市场。这种变化体现在老年人的饮食起居、衣着服饰、精神愉悦等各个方面，老年人不再过"三饱一倒"的简单生活，而是更加注重有品位、有个性、有情调的晚年生活，于是老年大学、老年保健、老年旅游、老年购物等必将应运而生。

（三）"银发就业"群体效应

要把老年人当成时代变革的参与者和推动者，改变老年人仅仅是依靠者的陈旧观念。从经营策略上来看，老人自身就是宝贵的生命资源集合体，拥有着丰富的社会知识和经验，是社会文化的承载者和传递者，依然发挥着社会稳定"压仓石"的作用，年轻人固然可以胜任很多工作岗位，并且可以做到最佳，但那种一味强调年龄的用工标准，未必适应丰富多彩的社会需求，也未必符合多种岗位的工作要求。拿服务行业来说，年轻人的青春可人能吸引顾客，但老年人的和蔼稳重同样会受到青睐。在经济效益上，不少老人对工作待遇并不十分期待，他们享有退休金、养老保险金，再就业只是锦上添花；他们追求精神的寄托胜于物质上的需求，他们工作的敬业精神对年轻人、对企业、对社会都是一个表率。

四 越秀区"银发经济"发展的对策

（一）全面纳入政府国民经济和社会发展规划

区委、区政府在年度规划制定时，将养老保障事业纳入政府经济和社会发展规划中。在秉承社会公益为主，经济效益为辅的基础上，牢固建立"以家庭服务保障为基础，社区照顾为依托，机构供养为补充"的养老保障模式，并以此作为政府工作业绩的长期考核内容。同时，要降低开门筹办社会养老机构的门槛，在用人用地方面给予优扶政策，大力发展社区医疗机构，积极、多渠道扶持社会养老机构的发展。免费加强对社区医疗机构的医疗培训，就近就地为老年人群开展义诊服务。

（二）不断完善政府对养老福利事业的财政投入机制

对不同形式的养老机构给予不同程度、不同方式的财政补贴，必要时可发行养老保障债券，增加福利彩票收益中用于养老事业的比例等。对生活在贫困线边缘的老人，根据居民最基本的生活需求和经济发展水平确定社会保障标准，完善老年人的救灾救济和紧急救助机制，对遭遇特殊不幸的老人及时给予救助。

（三）积极鼓励发展社会养老产业

广州老年产业发展与广州老龄化社会的现状不相适应，也与广州社会经济

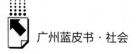

发展的大趋势不相适应。因此，应对社会化的养老机构在用地、贷款和税收等方面给予政策倾斜。可采取政府扶持的办法对社会养老机构进行相关的业务指导和专业培训，激发和鼓励社会力量一同投入养老事业的热情。

（四）注重加大养老设施建设的执法力度

按照广州市建委颁布的《广州城市居住区公共服务设施设置标准》规定，开发居住区必须同时建设一定面积的养老机构和老年服务设施。但这一规定在实际操作中往往落实不够，需加强相关法规的监督执行。

打造全方位立体式现代化养老服务体系，实现居家养老优质服务是越秀区认真落实"富民优先、民生为重"的重要措施。老年人群体的生活状况，关系到的不仅是一个家庭、一个社区，更是整个社会未来经济的发展水平。切实解决好老年人养老问题，探索符合越秀区区情的社会化养老新模式，为构建起平安和谐新越秀作出新的贡献，发展优质高效、便利可行的"银发经济"，应该作为敬老爱老的一种新的补偿。

（审稿：丁艳华）

B.16

广州市医疗服务对外开放战略分析

洪亦卿　张卫华*

摘　要： 广州市医疗服务对外开放既有机遇，也面临挑战。为了更好
地推进医疗服务开放，广州市应积极打造"广州医疗"品
牌，构筑"广州医疗服务信息平台"，对外资继续开放高端
医疗服务，大力拓展国际医疗旅游服务，适度推进优势医疗
服务和中医服务"走出去"战略，研究试行境外人士就医免
签政策。

关键词： 医疗服务　服务贸易　对外开放　战略措施

医疗服务是 WTO《服务贸易总协定》（GATS）所指专业服务领域之一。
它是医疗服务机构利用有关人员、技术和设备等资源，为治疗疾病、预防疾
病、保护人们的身体健康而进行的各项活动的总称，包括医疗行为的服务和医
疗辅助行为的服务。自 GATS 对我国生效以来，我国医疗服务对外开放经历了
重大变革，在对外国开放服务业的同时，内地对港澳台地区医疗服务开放的力
度也不断加大。2003 年《内地与香港关于建立更紧密经贸关系的安排》《内地
与澳门关于建立更紧密经贸关系的安排》（合称 CEPA）先后签署，之后每年
的补充协议不断扩大开放领域。2015 年 CEPA 服务贸易协议签署并将"基本
实现服务贸易自由化"作为主要目标。2010 年《海峡两岸经济合作框架协议》
（ECFA）签署并于同年生效，从而为加强祖国大陆与台湾地区的经济、贸易

---

* 洪亦卿，南方医科大学人文与管理学院副教授、广州海事法院研究室副主任，研究方向：国
际经济法、国际贸易；张卫华，广东省农业科学院会计师、经济师，研究方向：经济法、会
计学。

和投资合作，促进服务贸易进一步自由化奠定了基础。2013 年签署的《海峡两岸服务贸易协议》尽管尚未生效，但一定程度上昭示了两岸服务业开放的潜在趋势。作为开放前哨广东的省会，广州市很早就开展了涉外医疗服务，拥有一定技术优势和良性医疗人才培养体系，其医疗服务开放的实践和需求尤其值得研究。

一　广州的优势与机遇

（一）长期稳定的外国客流

近年来，每年几百万人次外国人从广州各口岸入境、出境和过境，这为广州的医疗机构提供了长期稳定的客源。据统计，2014 年全年广州接待过夜入境旅游者 783.30 万人次。[①] 定居或长期居住在广州的外国人也是涉外医疗机构的重要客源。截至 2014 年 10 月 25 日共有 11.8 万外国人在广州居住，其中居住 6 个月以上的常住外国人口为 4.7 万，包括近万名留学生。[②] 此外，不少境外患者经熟人介绍专程来广州求医问药，南方医科大学附属南方医院的绝大部分外籍病患即属于这种情况。每年广交会期间，也会有许多家属随同外商来穗享受医疗服务。

（二）我国对外开放和先行先试的政策

为了促进内地与港澳台经济的共同繁荣，在 GATS 基础上，两岸四地不断推出富有成效的经济一体化政策。与我国在 GATS 中的具体承诺相比，CEPA 及其补充协议（特别是《关于内地在广东与香港基本实现服务贸易自由化的协议》和《关于内地在广东与澳门基本实现服务贸易自由化的协议》）、ECFA 和《海峡两岸服务贸易协议》确立了更为开放的包括医疗服务在内的服务贸易政策。从性质上看，这种更为开放的"超 GATS"（GATS Plus）承诺是对

---

① 广州市统计局、国家统计局广州调查队：《2014 年广州市国民经济和社会发展统计公报》，http://www.gzstats.gov.cn/tjgb/（2015 年 12 月 26 日访问）。
② 罗仕、刘操等：《在广州居住外国人达 11.8 万日本人最多韩国居次》，《新快报》2014 年 12 月 1 日。

WTO 其他成员在内地所享受待遇的突破。在医疗服务贸易中采取"超 GATS"承诺，不仅能促进相互间的服务贸易，且有利于培育内地服务市场，提高其国际竞争力，为进一步向其他国家开放奠定基础。不仅如此，CEPA 补充协议和 ECFA 早期收获计划还针对港澳台医疗服务提供者推出了一系列先行先试措施——除了部分措施在上海市、福建省、海南省、重庆市或江苏省内同样施行之外，其他措施只限于广东省内。这就为广东医疗服务对外开放创造了内地其他省市所不具备的政策优势。

（三）较低廉的医疗服务价格

在美国、英国和澳大利亚等发达国家，医疗保险法的规定比较严格，许可的服务项目却比较有限，[①] 其患者有出国就医的一定需求。而我国的医疗服务价格明显低于发达国家，即使与亚洲其他较多开展国际医疗服务的国家相比，我国也具有较强的竞争力。近年来，美英等发达国家的患者越来越多地到广州接受医疗服务，来自东南亚、中东、非洲、拉丁美洲等发展中国家的患者也逐年增加。

（四）广州医疗卫生设施的规划建设

2013 年出台的《广州市医疗卫生设施布局规划（2011—2020 年）》对广州市近年医疗卫生设施的建设和发展作了全面规划，这为广州市引入境外资本、技术、管理经验和人才参与医疗服务市场竞争提供了契机。根据该规划，广州健康医疗中心将落户越秀区，其重点是支持建设一批现代化综合医院和特色专科医院。港澳台医学中心则立足于广州国际金融城起步区。国际健康产业城将建在白云区，以中医药为核心，重点打造健康产业集群。广州健康医学中心和高端医学城将建于南沙区，其中高端医学城将发展涉外的高端医疗服务行业。

二 广州的劣势与挑战

（一）医疗资源的部分短缺且分布不均

虽然从总体上看，广州市具有较好的医疗服务资源和基础设施，但其不足

---

① 李志刚、王雷：《天津发展国际医疗旅游的战略思考》，《天津商业大学学报》2011 年第 2 期。

也十分明显，这不仅涉及医疗资源的公平配置问题，而且必然限制广州医疗服务业的深入发展，不利于提升其服务水平和国际竞争力。具体而言，广州市中医医疗机构的基础仍然薄弱，专科医院数量少、规模小，且大多床位和用地面积不足，儿科、精神、康复、老年病、护理等社会急需的医疗专业发展缓慢，全市仅一家市级儿童医院，而花都区、从化区和增城区尚没有精神科病床。[1] 在广州，中心城区、非中心城区及郊区所具有的医疗卫生资源很不均衡，其中全市约80%的大型医疗机构位于越秀区、海珠区、荔湾区北部、天河区和白云区南部等区域，仅越秀区就集中了50%的省部属或市属医疗机构。[2]

（二）国际公认医疗服务品牌的欠缺

截至2014年末，广州拥有各类卫生机构（不含村卫生室）共计3749个。其中，医院224个、妇幼保健机构16个、专科疾病防治机构8个、疾病预防控制机构18个、卫生监督机构15个。[3] 然而，目前的广州还缺乏国际公认的医疗服务品牌。尽管中山大学附属医院、南方医科大学附属医院、广东省人民医院等在省内属于佼佼者，在国内也具有一定名气，但在国际医疗服务市场上的影响力不大，缺乏足够的国际知名度。

（三）产业协同意识和实践的不足

发展医疗服务业必须具备"大医疗、大服务、大贸易、大旅游"的思维，不能仅囿于医疗行业本身。因为国际医疗服务的发展必然伴随着人员、资本、技术或信息的国际或区际流动，而人员问题涉及各国移民和就业政策，投资资本关涉国际收支、外汇管理等国家金融安全，技术信息交流事关互联网等通信服务和知识产权等法律政策。[4] 但是，同我国内地其他省市一样，广州缺乏产业协同意识，没有致力于消除部门隔阂和部门界限。各政府部门仍坚守传统的管

---

① 广州市人民政府办公厅：《广州市医疗卫生设施布局规划（2011—2020年）（穗府办〔2013〕30号）》，2013年6月25日。

② 广州市人民政府办公厅：《广州市医疗卫生设施布局规划（2011—2020年）（穗府办〔2013〕30号）》，2013年6月25日。

③ 广州市统计局、国家统计局广州调查队：《2014年广州市国民经济和社会发展统计公报》，http：//www.gzstats.gov.cn/tjgb/（2015年12月26日访问）。

④ 洪亦卿：《医疗服务对外开放的意义和谋略》，《开放导报》2015年第3期。

辖领域，各自为战，没能围绕"医疗服务"这一主题展开跨部门的政策协调与合作，比如将医疗服务与旅游业的发展相联结，打造"医疗旅游服务"的概念与品牌。个别医疗机构在这方面的有益尝试尚未引起足够的重视。在制定中国（广东）自由贸易试验区南沙新区片区发展规划时，广州医疗服务的深厚积淀没有受到决策层的关注，而这恰巧是广州不同于省内其他两个自贸片区的优势之一，是广州实现错位发展的一个切入点。

（四）我国医疗服务政策与现实的制约

医疗服务提供方式有四种，分别是跨境提供、境外消费、商业存在和自然人流动。对于其中的商业存在和自然人流动方式，我国的准入制度较为严格。对于从业人员的入境和居留，我国的限制措施同样比较严格。上述情形无疑会限制境外资本和技术的进入，也不利于在竞争中增强我国医疗服务业的实力。据统计，从2012年11月22日到2013年11月8日，仅42人在广州办理了1年期的外国医师来华短期行医证。[1] 从2013年12月25日到2014年11月4日，这个数字是46人。[2] 此外，"医闹"事件和某些媒体的歪曲报道会加深境外投资者、服务提供者的顾虑，甚至迫使他们不得不放弃广州这片市场。

（五）外国医疗服务政策与现实的限制

外国医疗服务政策一般都倾向于保护本国的服务提供者，对医疗服务市场的对外开放持谨慎态度，有的国家如美国则规定医疗保险只适用于本国的医疗机构。此外，部分发展中国家的卫生法制不完善，非法行医现象普遍存在，各国间对医疗专业资格互认等问题长期存在分歧。这些都是广州市对外开放医疗服务必须面对的政策限制和现实问题。倘若应对不当，将阻碍广州市医疗服务"走出去"。

（六）医疗服务市场的全球竞争

广州医疗服务开放不仅会面对来自内地其他省市的市场竞争，而且必须参

---

① 广州市卫生局：《外国医师来华短期行医政务公开（2013年11月20日）》，http：//www. gzmed. gov. cn/adminroot/site/site/portal/gzmed/showcontent. jsp？contentId = 9367&categoryId = 3408&siteName = gzmed&categoryCode = 001003003007（2015年12月10日访问）。

② 广州市卫生和计划生育委员会：《外国医师来华短期行医政务公开2014年11月27日》，http：//www. gzmed. gov. cn/rhin_ gzmed/bmdt/yzgl/tzgg/1553. html（2015年12月10日访问）。

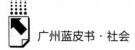

与国际医疗服务市场的角逐。在国内市场上，原来仅限于广东等少数地区的先行先试政策将不断扩展，向其他省市延伸。例如，自2014年1月起，港澳台资本已被允许在全国地级以上城市设立独资医院。根据2014年7月国家卫生计生委、商务部联合发布的《关于开展设立外资独资医院试点工作的通知》，北京、天津、上海、江苏、福建、广东、海南7省市已经被允许设立外资独资医院。在国际市场上，一些境外城市的医疗服务业基础较好，服务意识和人文关怀到位，其良好的国际声誉与较大的国际市场影响力将对广州的医疗服务对外开放构成巨大压力。

三　广州进一步开放的战略措施

上文立足现实，分析了广州市医疗服务对外开放所面临的优势与机遇、劣势与挑战。为了更好地展示广州市医疗服务开放的内在优势（S）和劣势（W）、外来机遇（O）和威胁（T），这里运用SWOT战略分析方法，将广州市医疗服务对外开放的整体战略采取SWOT矩阵（见表1）。这一矩阵也基本适用于我国医疗服务对外开放总体格局和各省市（特别是大城市）具体开放态势的分析，具有一定的普遍意义。

表1　广州市医疗服务对外开放的整体战略汇总

	S ①较早的涉外医疗服务与学术交流 ②某些领域的技术优势 ③较低廉的服务价格 ④良性医疗人才培养体系	W ①医疗资源的部分短缺且分布不均 ②国际公认品牌的缺乏 ③产业协同意识和实践的不足 ④我国政策与现实的制约
O ①长期稳定的外国客流 ②对外开放与先行先试政策 ③广州医疗卫生设施的规划建设	SO 战略 ①推广优质服务，打造"广州医疗"品牌 ②适度推进优势医疗服务和中医服务"走出去"战略 ③抓住改革机遇，吸引优质人才来穗、留穗，完善人才梯队	WO 战略 ①对外资继续开放高端医疗服务，适当鼓励进入相对薄弱的地区和领域 ②改革服务体制，均衡地区差异，推进服务标准化，提升服务水平 ③大力拓展国际医疗旅游服务，促进产业联动

续表

	ST 战略	WT 战略
T ①外国政策与现实的限制 ②医疗服务市场的全球竞争	①强化优势服务领域,打造特色医疗服务品牌 ②积极开展专业资格互认问题的对外谈判	①完善行政审批,强化医疗服务行业管理,净化行业环境 ②构筑"广州医疗服务信息平台",设置"国际病患中心" ③研究和试行境外人士来穗就医一定期限内免签政策

广州市应采取以下战略措施以便进一步扩大医疗服务对外开放。

(一)打造"广州医疗"品牌,推动专业资格互认谈判及医疗服务与监管体制改革

为发挥产业集群效应和优质品牌效应,广州市应明确提出并着力打造"广州医疗"概念,努力提高"广州医疗"品牌的竞争力和市场影响力。为此,广州应从"大医疗、大卫生、大健康"观念出发,合理定位自身优势,积极提炼特色服务理念,并以医疗为领军产业,利用广州健康医疗中心、国际健康产业城和健康医学中心及高端医学城的规划建设,带动上下游产业,提高综合配套能力,扩大与周边地市及港澳台的合作,形成产业体系。

在"广州医疗"这个总品牌下,由广州市卫生和计划生育委员会、教育局等部门主导,三甲医院和各医学院校应协同创新,加强研究,并发挥各自的技术优势与价格优势,提高服务质量和水平,凝练几个特色服务子品牌。此外,应联合攻关与集中宣传,加强子品牌的国际认证,并与国内外传媒合作开展品牌营销,将其推向国际,做强做大。广州市政府应积极引导和支持医疗机构的子品牌推广活动,还应在倡导医疗纠纷调解解决的同时,确保法院和仲裁机构的独立地位,培育良好的行业声誉和投资环境。

为了减少外国医疗服务贸易壁垒,广州市政府应积极推动国家相关部门就医疗专业资格互认问题开展对外谈判,并就医院品牌认证问题开展国际合作,包括与港澳台方面的合作与资格互认;应加强医疗服务行业管理,强化透明

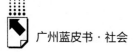

度，简化并规范境外资本办医的审批流程；应改革医疗服务体制，均衡地区差异，推进服务标准化，提升服务水平。①

（二）构筑"广州医疗服务信息平台"，设置"国际病患中心"

21世纪是信息经济、知识经济时代。广州市医疗服务要"引进来""走出去"，必须发挥互联网和新媒体的优势，打破国内外的时空限制，为国际病患、国际投资者以及我国欲前往海外的投资者提供便捷、可及、全面的信息服务。为此，广州应构筑统一的"广州医疗服务信息平台"。通过该平台，用户能够检索到广州市涉外医疗资源的提供情况、医疗旅游产品信息、各种医疗服务政策，也能够查询到外国和其他地区医疗服务市场信息和政策指引。该平台应设置"国际病患中心"，协助医疗机构建立国际病患服务标准模式，交流服务经验，并为外国病患来广州就诊提供便利，如协助拟定医疗康复计划，选择医护人员，办理食宿等。②

广州市应积极推动国家相关职能部门建设统一的"国际医疗服务信息平台"，前述"广州医疗服务信息平台"则从属于国际医疗服务信息平台。这项工作可以由商务部服务贸易和商贸服务业司牵头，会同国家卫生和计划生育委员会、国家食品药品监督管理总局、国家中医药管理局等部门，在地方政府相关职能部门和各医疗机构、医学院校的参与下，分地区、分阶段地逐步展开。

（三）对外资继续开放高端医疗服务，适当鼓励进入相对薄弱的专业和地区

在既有开放政策的基础上，在医疗资源分布相对薄弱的地区和服务领域，可以大力引入国内民营资本和港澳台资本以填补空白。对于外国资本则优先鼓励其进入技术薄弱和高端医疗服务领域，并分阶段逐步扩大对外开放的地区。外资医疗机构可以是营利性或非营利性的。主管机关应做好立项审批、运营监管，并强化对我国传统医药知识产权的保护。如果创办非营利性医疗机构，则应允许出资人从办医结余中分取适当回报。

---

① 洪亦卿：《医疗服务对外开放的意义和谋略》，《开放导报》2015年第3期。
② 洪亦卿：《医疗服务对外开放的意义和谋略》，《开放导报》2015年第3期。

广州的地理区位和国内外竞争形势决定了广州必然要发展高端医疗服务，其高端医疗服务应由民营医疗机构来承担，而境外优质资本因其资本实力、技术和管理优势，必然参与其中。广东已规定新建公立医院不得设 VIP 病房，公立医院提供高端医疗服务的现象势必消失，进而形成公益医疗服务优先强调"公平"，高端医疗服务优先强调"效益"的格局。广州应积极利用我国对外开放和先行先试政策，继续引进包括港澳台在内的境外资本和先进的医疗技术、服务与管理模式，并将医疗资源相对薄弱的专业和地区确定为外资的优先投资方向。因此，在中医、康复、护理、肿瘤、儿童、精神卫生、老年病和慢性病等专业领域，鼓励外资依法兴建合资、合作或独资专科医疗机构，鼓励在花都区、增城区和从化区等医疗资源相对薄弱的区域创办二级以上规模的大型医疗机构。①

（四）大力拓展国际医疗旅游服务，确立产业协调合作机制

本着以旅游促医疗、以医疗促旅游的目的，广州市应借鉴台湾地区的成功经验，将医疗与旅游服务相结合，深度挖掘和开发"广州医疗"旅游品牌，形成旅游、医疗卫生等产业联动机制，并将医疗旅游服务提高到地方旅游发展战略的高度。因此，由发改委牵头，卫生局、旅游局、新闻办、外事办等多部门既分工又合作，积极做好国际医疗旅游服务规划，待条件成熟时再推动将其列入国家旅游发展战略。为了更好地承担这一品牌的推广协调工作，旅游局可以下设一个统筹协调机构——"广州医疗旅游（协调）办公室"。此外，广州市应利用南沙新区和广东自贸试验区南沙新区片区建设的良机，将发展医疗旅游服务纳入相关建设目标，从而推动广州市优质医疗服务资源与旅游服务产业的成功对接。

（五）适度推进优势医疗服务和中医服务"走出去"战略

广州市开放医疗服务不仅要吸引境外人士前来就医疗养，吸引外资前来创办各类医疗机构，而且要利用自身技术优势和较低廉的医疗成本，在充分调研的基础上，推动优势医疗服务和中医服务"走出去"，在其他国家通过商业存在和自然人流动的方式提供医疗服务，发展中国家和周边国家优先。国际护理人员的培训和输出政策则继续推进。广州凭借其独特的地缘优势和长久的技

---

① 洪亦卿：《医疗服务对外开放的意义和谋略》，《开放导报》2015 年第 3 期。

术、人才积淀，在医疗服务"走出去"方面可以先行一步，取得先机。此外，广州市还应积极推动国家相关部门出台更多的法律政策，以便保护海外资本和人员的安全及其相关利益。

（六）吸引优秀人才来穗留穗，研究并申请试行境外人士就医免签政策

医疗服务水平的提升和医疗服务的开放都离不开优秀人才。除了自身培养之外，引进优秀人才不失为一条可行的途径，这不仅可以迅速带来先进的技术和管理经验，提升本地区和本国的医疗技术实力，改善医疗服务质量，而且有助于本地区既有人才的培养和带动，为人才再生产注入活力。广州市应及时制定政策，在人才来穗留穗方面先行先试，出台更多的优惠措施，大力引进优秀医疗人才和管理人才，并积极协助医疗机构和院校完善自身的人才梯队，提升技术实力。对于港澳台居民及外国人来广州就医，有关部门和学者在现有移民政策的基础上，应着手研究进一步放宽入境限制的可行性，包括简化签证程序和实行就医免签政策。[①] 在此基础上，广州市应向国家主管部门积极申请试行一定期限内的就医免签政策。只有这样，广州医疗服务发展才可持续，广州才能真正实现医疗强市、打造健康城市的目标。

广州市医疗服务对外开放具备自身特点，既有机遇，也面临挑战。北京、上海等大城市均存在类似的问题。这就需要当地政府迎难而上，开拓思路，协同创新。西安、长沙、昆明等其他城市也面临着医疗服务质量提升与对外开放市场的压力，亟须调整发展战略，发挥后发优势，着力克服自身劣势。为了更好地推进医疗服务对外开放，引进先进的医疗技术和医院管理经验以及优势资本，提高我国医疗服务行业的服务水平和市场竞争力，推动我国优势医疗服务产业"走出去"，我国各省市必须立足自身特点，做好战略规划，充分调动积极因素，克服消极因素，扬长避短。广州市医疗服务对外开放方面的战略对策具有重要的启示作用，可推而广之，为其他省市借鉴和采纳。

（审稿：文军）

---

① 洪亦卿：《医疗服务对外开放的意义和谋略》，《开放导报》2015 年第 3 期。

社会治理篇

Social Governance

B.17

"十三五"时期广州社区社会组织
发展的对策建议

敖带芽*

摘　要：　社区社会组织的成长与发展有利于促进社会和谐发展、缓冲政府与社会的矛盾、弥补政府供给的不足，社区社会组织在"十三五"时期将引来快速发展的趋势。本文首先对广州社区社会组织发展现状进行分析，进而提出广州社区社会组织发展存在的主要问题，最后作者就广州"十三五"时期社区社会组织发展提出若干建议。

关键词：　广州市　社会组织

---

*　敖带芽，广州市委党校政法教研部主任、教授，研究方向：政治文化与政治参与。

社区社会组织的成长与发展有利于促进社会和谐发展、缓冲政府与社会的矛盾、弥补政府供给的不足，为社区居民日益增长的服务需求提供一种可能的解决出路。发展社区社会组织是社会成长的必然趋势，这一点已经成为各界的共识。广州社区社会组织发展无论是从数量上还是质量上与特大城市的要求都不相适应，其协调社会关系、化解社会矛盾、润滑社会运行的功能还没有完全发挥出来。过去几年内发生在广州市的新塘大敦村事件、大型楼盘（如丽江花园、翡翠绿洲）业主维权事件、花都市民反垃圾焚烧站选址事件，由于社区社会组织的阙如，导致激烈的参与和过度的表达，政府面对分散在如汪洋大海里的零散个体，无从入手，增加了维稳工作的难度和成本。

"十三五"时期，广州应从广大市民群众的迫切需求和社会发展的客观需要出发，大力发展各种类型的社区社会组织，特别是积极促进以志愿服务、慈善公益、生态保护、社会融入、矛盾协调、老龄工作等为主要内容的联合性、专业性社团组织发展，以适应特大城市建设、服务和管理的需要。

一 广州社区社会组织发展现状

广州市按照"有序放开、有力扶持、有效监管"的工作思路，不断深化社会组织登记管理改革，明确了培育社会组织的相关制度，重视了对社区组织的综合监管，全市社会组织发展态势良好，在全市经济社会建设中发挥着越来越明显的作用。广州市制定了发展和规范社会组织工作联席会议工作规则，进一步明确成员单位工作职责，规范联席会议制度，发挥联席会议作用，加强成员单位沟通联系，完善协同联动工作机制，强化部门工作合力，共同推动解决社会组织发展过程中遇到的问题。成立广州市社会组织联合会和广州社会组织研究院。广州市社会组织联合会主要作为政府和社会组织之间的桥梁纽带以及全市社会组织合作发展的公共服务平台，广州社会组织研究院为国内首个由政府指导、高校合作、社会参与的社会组织研究院。

近年来，广州市在探索社区社会组织参与社区管理与创新服务方式方面取得了一些新成就，一大批自发的或政府有关部门倡导的社区社会组织得到了迅速发展，丰富了社区服务的组织网络体系，充实了社区服务内容。广州市社区社会组织目前涉及社区福利、社区救助、社区教育等多个领域。按照其活动功能大致可以分为四类：一是活动类，其特点是以休闲或文化娱乐为主；二是服务类，主要开展面向社区老年人、儿童、残疾人、社会困难户、优抚对象的社会福利服务，面向社区失业人员的再就业服务，面向社区居民的便民利民服务及环保、治安等公益性服务；三是维权类，其特点是以居民合法权益的表达和维护为主；四是慈善类，主要开展慈善捐助、送温暖活动。

至2014年12月底，全市社会组织共6773个，比上年同期增加806个，其中社会团体3079个（市一级823个，区、县级2256个）、民办非企业单位3682个（市一级153个，区、县级3529个）、非公募基金会12个。

二 广州社区社会组织发展存在的问题

"十二五"时期，广州市社区社会组织发展存在以下五个方面的问题。

（一）社区社会组织数量少，社区服务项目产出不足

广州市社区社会组织总体数量偏少，与特大城市规模不相适应，所能提供的服务项目也不多，服务覆盖的人群有限，无法满足不断增长的各类社区服务需求，制约了其主导功能的发挥。

（二）社区社会组织专业化程度低，社会服务徘徊不前

目前，社会工作在整体行业工种处于中游偏下水平，社会形象上升缓慢，导致该行业流动性大。社会工作待遇低，前景不明，吸纳专业人才能力偏低。统计显示，广东省通过考证获得专业社工师和社工师助理资格的仅约8000人，截至2014年底，全市共有持证社会工作者8542人，广州社工人数仅为2000人左右。广州有华农、中大、广大等6所院校开设社会工作专业，每年的毕业生约有800人，但在社工领域就业的毕业生不到三成。总体而言，工作人员的专业化程度有待提高，社区服务项目有待丰富，社会组织提供服务的模式有待升级。

（三）社区社会组织发展不平衡，服务模式更新的动力不足

社会组织地区间发展的不平衡与城市基础设施和经济发展程度有关，中心城区与郊区、城市社区与农村的资源占有情况不一致，先天禀赋不同导致其

对经济要素的凝聚能力不一致，对不同素质居民群体的吸引力迥异。在一些以较低层次就业形式为基础的社会关系中无法形成推动社区社会组织升级发展的足够动力，影响了社区服务和供给的衍生。从社区分布领域上看，存在某些类型数量相对不足和某些类型数量相对过剩并存的现象，与社区居民的需要不相适应，社区社会组织在内部功能拓展与外部结构布局上均存在滞后发展现象。

（四）社区社会组织形象识别度不高，影响力有限

对社区社会组织宣传的力度不大，社会各界对社区社会组织的内涵性质和业务范围普遍不太了解，因此，对社区社会组织与社区建设的关系以及社区社会组织在构建和谐社会中的作用认识不足。同时，社区社会组织没有与政府组织之间形成常态稳定的沟通机制，社区社会组织发展时冷时热现象、一阵风现象还没有破解。社区社会组织没有与其他社会团体间形成联动协作的平台与环境，社区社会组织获得社会信任的程度提升缓慢，制约了其服务功能的发挥。

（五）社区社会组织服务供给短期化

从社区志愿者资源的开发和管理上看，在全国志愿者服务蓬勃发展的大背景下，广州市的社区志愿者服务仍在原地徘徊，没能有效地将志愿者工作的热情转化为志愿服务平台的巩固与志愿服务品质的提升。由于社区社会组织在对社区志愿者的凝聚、维系和管理上，缺乏有效的评价、激励、培训和服务保障机制，导致社区志愿者流失率高，表现乏力，持续性的动员才能维持社区服务。对期望落户广州的异地务工人员志愿服务50小时换取2分积分的奖励政策实是无奈之举。为什么没有人能将志愿服务持续下去，改善志愿形象，提升志愿体验，不把志愿作为临时的一个城市应急品牌是当务之急。

从资金筹措方面看，社区社会组织资源动员能力明显不足，相当一部分社区社会组织没有稳定的经费来源是共性问题，仅靠自筹资金很难自给自足。而政府对社区社会组织所提供的财力支持非常有限，扶持优惠政策缺失，没有专门针对社区社会组织的资金补助项目。对主要通过会费、募捐、企业资助的方式自筹经费的社区社会组织来说，自筹经费难以维持其工作的正常开展，有时只能提供短期的甚至是一次性的服务。

三 广州"十三五"时期社区社会组织发展的建议

培育和扶持社区社会组织发展有助于满足社区居民需求，提高社区居民生活质量，实现基层社区和谐运转。因此，正视并有效解决当前社区社会组织发展中存在的问题，是"十三五"时期培育和发展社区社会组织的关键。

（一）大力促进社区社会组织朝多元化方向发展

1. 为社区社会组织发展创造宽松环境

社区社会组织既要建设，也要管理，要坚持培育与监督管理并举的方针。备案登记政策要落到实处。对那些能够提供社区公共服务，已经在社区服务和建设中发挥着积极作用的社区社会组织，在条件具备的情况下，可适当降低门槛进行备案登记管理，在注册资金和政策上开辟绿色通道，简化登记程序，确保其能够"出生"。

2. 对社区居民生活密切相关的公益性、互助性社区社会组织予以政策倾斜扶持

尽快建立对社区社会组织的资助机制，将部分公共财政用于支持公共服务和管理，并通过减免税务鼓励私人、公民慈善和志愿组织捐赠，通过补贴、税收返还等对慈善和志愿组织提供间接支持。通过政策优惠鼓励专业人才去非政府组织就业，鼓励志愿者行为，为社会组织吸纳更多、更好的人才创造条件。

3. 敏锐把握"互联网＋"发展趋势下产生的新型业态对社区社会组织发展的需求，提前介入、规范引导，促进新型业态发展与社会和谐运转相互促进

"互联网＋"发展迅速，产生了很多新型业态，如淘宝、物流、滴滴专车、优步（Uber）等等。据业内保守估计，滴滴专车在广州已有12万辆，且以平均每天500辆的速度增加。对新业态进行堵不是办法，这些灵活的就业方式以原子化的形态分散在社会中，严重缺少组织，一旦政策有波动，将酿成较大的社会危机。2015年6月10日交管部门在水荫路进行查车执法时，短时间内引发大量滴滴专车车主集聚抗议，队伍蔓延到广州大道中，场面一度失控。因此，要保持对社区居民需求变化的敏感，积极开拓新的社区服务项目，在新

的行业队伍中积极引导成立新的社区组织，丰富社区服务内容，以细致的社区服务满足社区居民个性化的社区服务需求。

（二）规范和完善社区社会组织的管理、监督和运行制度

"十三五"时期，要重点建立社区社会组织的自律诚信机制，完善对社区社会组织的监督评估机制。一是建立科学的行政监督体系，建立公开公正的社区社会组织评估机制和与之匹配的信息披露制度、会计制度，严格执行重大活动报告制度。二是建立完善的社会监督体系。建立组织内部评估与第三方评估相结合的评估机制，重在外部评估。三是健全组织自律和行业自律机制。完善组织内部治理结构，对董事、执行人员的行为能够进行全面的监督，健全规章制度，减少违规行为。诚信自律和规范管理是社区社会组织在"十三五"时期必须解决的问题，也是社区社会组织自身把握机遇成长壮大的关键。可以预见，"十三五"时期，社区社会组织将完成洗牌，一些违规和诚信度不高的社区社会组织将被淘汰。

（三）完善社区社会组织中的党组织建设，确保社区社会组织发展的方向

基层党组织在社会管理中仍然是最可靠、最有效的力量，在服务群众、表达诉求、凝聚人心、排忧解难等方面有着无可替代的地位和作用。党的十七届四中全会《决定》指出，全面推进各领域党的基层组织建设，加大在中介机构、协会、学会以及各类新社会组织中建立党组织的力度。党组织在社区社会组织当中运行势在必行，社会组织管理部门和统战部门要做好宣传和引导工作。要创新新形势下社会组织党建工作，使党组织和社会组织相互协调，党的管理与社会组织发展相互协调，保证社会组织沿着正确方向发展。

广州市要按照《广东省社会组织党建工作指引（试行）》的要求，指导各类型社会组织党组织根据相应指引"对号入座"、开展工作，结合实际制定本单位党建工作细则，切实提升全市社会组织党建工作制度化、规范化水平。按照"领导班子好、业务发展好、发挥作用好、工作保障好、展示效果好"的标准，确立社会组织党建工作示范点，大力推进党建品牌创建工作，积极推进市社会组织党委委员联系点制度。要指导成立全市性社会组织工青妇组织，建

立市社会组织党群活动服务中心工作制度，定期开展交流活动，为社会组织、社会组织党员、社会组织党组织与政府之间增进沟通理解，促进资源共享，提高信息传递效率搭设平台，为社会组织党组织党员教育和组织生活提供资源。

（四）以岗位成才为抓手提高从业人员素质

社会工作管理人才要着眼于岗位成长和岗位成才，让社会组织管理岗位有荣誉感、成就感，这样才能吸引和留住社区人才，为社区社会组织行业发展创造好的职业期待。从提高社区社会组织从业人员的应有待遇入手，使从事社区社会组织相关工作人员能够全身心地投入工作。对社区社会组织中的专业技术人员可以申报职称，按规定程序办理职称晋升。

（五）通过加强宣传营造社会组织发展的良好氛围

社区社会组织发展需要社会各界的共同参与，政府要保证志愿服务和其他社会公益文化建设的宣传资源配合到位；媒体要积极报道社区社会组织的积极作用；社区社会组织自身要注重品牌塑造，完善自身形象更新，再造社会公信力。加大力度宣传志愿登记注册制度和服务制度，善于挖掘榜样的作用，如策动领导人带头尝试志愿工作，有效地改善志愿工作的形象，促使更多的人参与志愿服务，并终身留在志愿服务领域。

（审稿：郭炳发）

B.18
住宅小区业主委员会自治的启示
——以"金盈居小区"为例

黄志勇*

摘　要：　本文以广州市荔湾区彩虹街金盈居小区为例，深入分析了该
　　　　　小区成立业主委员会前后的状况变化，重点分析了小区实施
　　　　　自治的若干经验和启示。

关键词：　自治　业主委员会　金盈居小区

广州市荔湾区彩虹街金盈居小区在 2008 年 2 月以来实行由小区业主组建的业主委员会（以下简称业委会）管理小区物业。通过七年多的努力，业委会把小区建成一个和谐平安的幸福小区，使业主具有"关门一小家，开门一大家"的归属感和幸福感，探索出"以人为本，服务业主；民主决策，业主监督；开源节流，管理有序"这一自治、自管、自律的模式，达到了"三个得到、三个减少"（管理水平得到提升，刑事和治安案件大幅减少；服务水平得到提高，业主投诉大幅减少；邻里关系得到加强，邻里矛盾大幅减少）的效果。

一　彩虹街金盈居小区自我管理前后的基本状况

金盈居小区位处荔湾区彩虹街荔溪社区，于 2004 年建成，是老城区中的一个高层封闭式住宅小区，共有 2 幢楼，每幢楼高 20 层，每幢每层有 7～9

＊　黄志勇，广州市荔湾区社会工作委员会。

户，一层为架空层和小区配套用房，负一层是产权清晰并已全部出售的车库，现居住有业主 301 户，共 1100 人。

（一）小区自治前的状况

金盈居小区自 2004 年建成后，就由该小区的房地产开发商下属的锦纶物业管理公司进行管理。由于锦纶物业公司管理不善，存在以下主要问题：一是小区保安形同虚设，入屋盗窃和单车失窃案件常有发生，并出现物业公司保安偷窃业主财物的现象。二是绿化差，小区枯草遍地，绿化带呈光秃状。三是保洁工作不到位，楼层垃圾处理不及时，公共场所卫生差，导致小区污水横流。四是公共设施维护不及时，电梯故障、下水道堵塞现象时有发生。五是管理不到位，车辆随便停放，占用消防通道。上述问题导致业主对物业公司怨声载道。然而物业公司对业主怨言不予理睬，也不改进管理，却在 2006 年底至 2007 年初，公布了当年亏损 10 万多元的账目，假借物价部门名义，自行决定将管理费在每平方米 1.2 元的基础上，加收 0.30 元，业主们不同意。至 2007 年底，业主们对物管失去信心，为了维权，召开了小区的业主大会，成立了金盈居小区业委会，业委会经过 2/3 的业主同意，终止了锦纶物业公司管理小区合同。当年，业委会引进了新的物业公司，新的物业管理公司入场不够十天就首先提出物管费升价的要求，遭到业委会的拒绝，并要求新物业公司撤场。后来，业委会与业主经过商议，决定从业委会推荐人员组成物业管理小组，对小区的物业管理工作进行自管。

（二）小区自管后的状况

2008 年 2 月，金盈居业委会走上小区自我治理、自我管理之路。金盈居小区业委会在业主和业委会委员中通过选举，选出 3 名富有奉献精神、热心为公众办事且有时间专职管理小区的业主（业委会委员）组成小区物业管理小组。物业管理小组聘请管理人员，组建了物业管理的保安队伍、保洁队伍和公用设施保障队伍，开展小区物业管理工作，物业管理小组具体对小区的物业管理进行指导、监督和管理。业委会在保持管理费每平方米 1.2 元不变的基础上，认真听取了业主的意见，对小区物业管理的治安、保洁、绿化、公共秩序和公共服务等工作进行细化，先后制定出《金盈居小区物业管理工作章程》和小区综治维稳、消防安全、保安服务、清洁卫生、设备维修、绿化管理等十四项物业管理规章制度。在六个方面加强管理：一是加强小区的安保工作。实行24小时封闭式管理，来访登记，车辆凭证出入和定时定人巡查，实现7年来小区可防性案件零发案，刑事案件仅发1宗。二是加大公共场所保洁和楼层垃圾处理的力度。安排专人清扫公共场所和处理生活垃圾，保持公共场所的整洁。三是加大对小区绿化保养力度。定期清除残枝落叶，翻松泥土，补种花卉。四是增加小区公共场所休闲设施并定期保养。五是定期对公共设施进行维护或更换，特别是涉及业主日常生活的电梯、供水、供电、供气、排水管道和建筑外立面的维护。六是加强小区的停车管理，保持消防通道通畅。

（三）小区实行业委会自治效果

业委会充分发挥服务自家人的奉献精神，"接百家人、进百家门、听百家言、记百家事、解百家难"，切实做好服务管理工作，努力当好小区的家。在业委会管理下，小区可防性案件零发案，道路通畅，楼道干净，大堂整洁，绿树成荫，设施完备，处处欢歌笑语。正如业主郭伯所说："金盈居小区东有翠竹寓虚心，南有白兰示清雅，西有桂花散柔香，北有龙珠显生机，犹如一个小小的世外桃源。"由于管理有方，在这些年来的业主代表会议中，业主代表对小区保安、绿化、维修服务满意度为100%，对环境清洁卫生满意度为99.5%，在原标准收费的基础上，还为业主节省管理费549700元，并支付了水泵维护、新装闭路电视、消防监控等公共设施费用113000多元，合计660000多元，最小单元受益1642元，最大单元受益3000多元，让业主得到了实惠。自2009年开始，小区连续三年被评为街道综治维稳先进单位；2011年1月，华南和谐社区发展中心观摩会在金盈居小区举办；2011年8月《信息时报》"广州寻找最幸福社区"栏目对彩虹街荔溪社区金盈居和谐建设作了长篇报道；2012年2月，广州电视台对金盈居业委会自治进行了专题报道；2012年4月，小区关工小组被荔湾区关工委评为"2009~2011年荔湾区关心下一代工作先进集体"。

二 实行自治、自管的经验

金盈居小区业委会在对小区物业进行管理以来，为了更好地服务业主，使业委会的自治、自管工作得到可持续发展，在服务业主、业委会自身建设和争取街道支持这三方面下功夫，他们的主要经验如下所述。

（一）坚持"一条主线"（为业主服务这条主线）是业委会自我管理的生命线

业委会自成立到走向自治、自管，十分清晰地认识到：管理好与坏，取决于业主的满意度。而小区管理质量如何，关键是为业主提供什么样的服务。因此，他们始终坚持为业主服务这条主线，把它视为物管生存的生命线。正是这样，他们在日常管理中，首先，加强保安员、保洁员、消防员的培训，加强指导、检查、监督物管员的岗位工作，并以制度管队伍，同时经常听取业主的意见和建议，不断提升服务质量；其次，经常在小区组织各类型的文体活动和主题活动，丰富业主生活；最后，成立便民服务队，为小区业主提供有偿或无偿的便民服务，如家居水电维修、更换等，随叫随到随服务。

（二）"两个民主""两个公开""两个监督"是业委会自我管理可持续发展的关键

服务至上是生命线，业委会做到了，有了生存的可能。但物管的生命是否能长期生存下去且可持续发展，那是不少小区物业管理中都会遇到的也是需要解决的问题——管理是否民主、账目是否公开和工作是否接受监督，这个问题解决不好，就成为业主与物管方面矛盾的症结所在，因为收费和支出、服务与管理都是业主最为关注的敏感话题。金盈居小区业委会接管物业管理后，清楚地意识到这一点，他们认为：物业管理只有在"阳光"下运作，才能让业主看到公平、公正、公开，因此，他们以自己的行动取得了业主的信任。他们的行动就是："两个民主"（民主选举和民主协商）。业委会成员、物业管理小组成员、各楼层层长都是经业主选举出代表，并由代表再选举产生的。在此基础上，由业委会定期召集各层层长，听取业主意见建议，对一些业主提出的问题或业主间的一些意见（如物业费用大项目支出，邻里间、楼层间的一些意见），业委会成员与层长以及相关业主开展民主协商，多次、多方、多渠道对话，使意见达到相对统一。"两个公开"（物管费收入公开、支出公开）。业委会每两个月通过张贴和派发至每户的简报资料形式，对小区的收支明细账目公开，且每项账目收支情况有3人签名核实，保存单据。"两个监督"（业主对"两个公开"予以监督、业委会定期聘请专业审计公司进行审计监督）。民主、公开、监督，虽然是现代社会管理的趋势，却是我们众多小区物业管理不想做、不敢做的事，然而，金盈居小区业委会自觉做到了，一直坚持这样做，这就给予了业委会自我管理的可持续发展空间。反之，前两任物业管理公司引起业主不满，除了管理费升价这一原因外，主要还是凡事不民主、账目不公开、监督不接受。

（三）"三方支持"是业委会自我管理的坚强支柱

以人为本、服务业主的质量观，使业委会自我管理得以生存；自觉、自律地推行民主、公开、监督，取信业主，为自我管理提供了可持续发展的空间；街道、派出所、社区居委会三方的支持，是自我管理的坚强支柱。实行业委会自治、自管初期，街道、派出所和社区居委会从先是观察，到摸着石头过河让业委会自治在管理工作中创新，再到近年来，街道、派出所和社区居委会给予了大力支持。首先，在成立小区综治维稳工作站、小区业委会党支部，组织各项文体活动，开展业务培训等方面都给予指导意见或现场指导，有关领导还参与到活动中；其次，街道每年还为业委会赠送报刊、电脑、影视资料等；最后，对业委会给予政策和法律、法规上的支持。三方支持而不干预自治、自管，使业委会体会到"三方支持"的坚强支柱是他们服务管理中的力量源泉。

三　实行自治、自管的启示

现在，有部分的住宅小区都成立了业委会，但这些业委会在自治、自管的工作中，有的还处在探索中，有的名存实亡，有的业主对业委会失去信心以至对抗，重新筹备或选举业委会委员，这又谈何自治，更别说自管了。金盈居小区业委会自治、自管的经验给了我们这样的启示：要想自治、自管，形成"小政府，大社会"的管理格局，业委会、业主、街道都必须做到四个"还需"。

（一）业委会要做到"打铁还需自身硬"

业委会作为代表业主行使权小区管理权力的自治组织，是执行业主代表大会意志的执行机构，本身就需要有过硬的工作作风和自律精神，并将过硬自律精神发扬下去，这样，才能取信于业主。金盈居小区业委会成员是一支人数少、力量强、管理精、敢负责的团队。他们虽然人数不多，但管理有序，制度完善，敢于民主、敢于公开、敢于接受监督，在经费运作上精打细算，在服务质量上不断提高，以严于自律，管理在"阳光"下运作，与前两任物管相对比，业主们都对业委会自身过硬投了信任票。

（二）自治、自管还需取得各方的大力支持

在业委会筹备之时，由于业主互不熟悉，难以很快形成利益共同体，而通常小区业委会都是在业主与物管发生矛盾时才筹备成立的，政府的职能部门如街道、派出所、社区居委会，在业委会筹备之时，从维稳的角度考虑，都会持观察的态度，当业委会成立并走上自治、自管的轨道时，业委会本身除了要有了"打铁还需自身硬"自律精神外，还需要有一个生存的空间，这个生存空间还需要街道等各有关部门支持。一方面，街道和有关部门对业委会开展工作提供法律、政策支持，拨出一些经费扶持，指导其协同善治，以党建、关爱、文体活动、专题活动等营造氛围，促进自治、自管工作，使之发挥作用，真正形成"小政府，大社会"的格局。另一方面，业委会要摆正自己位置，支持街道开展各项工作，做到到位而不越位，配合而不越界，这尤为重要。金盈居小区业委会自治、自管实践证明了这一点的重要性。

（三）自治、自管还需业主的自觉参与

业委会是代表业主开展自治、自管工作，是维护业主权益的体现。业委会自治、自管要取得成效，还需要业主的参与。业主的参与取决于业主的素质，特别是他们来自不同的阶层、不同的地方，这就涉及他们的思想、文化、道德、修养、法律观念和能力等因素。业委会自治、自管工作如果没有广大业主

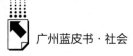

的支持和参与，就是一句空话。金盈居小区业委会在加大自治的宣传力度，开展自治教育的同时，多年来坚持不懈地开展各项文体活动、宣传教育活动和关爱活动，使不同层次的业主参与、融入活动中，在活动中提高公民意识，在生活中起到"小手拉大手""大手拉小手"的辐射作用。如近年来，金盈居小区一直坚持开展讲故事、讲传统、讲道德的"三讲"活动，评选"两小"（小志愿者、小少年）活动；组织了合唱队、舞蹈队、太极扇表演队活动；根据不同时期开展主题宣传活动，实现了"带好一个孩子，牵动一个家庭，影响一批邻里，促进一个小区"的目的，他们的实践证明：自治、自管离不开业主的自觉参与，业委会的组织发动给业主自觉参与搭建了良好的平台。

（四）现行的法律法规还需对业委会的定位更加明细

业委会法律地位的问题是指业委会作为业主大会的"执行机构"，其对内管理权、对外代表权的问题。在物业管理中，业委会能否具有独立的民事主体资格或法人资格，能否为业主的公共利益而成为诉讼主体？业委会如何监管才能发挥自治、自管的作用？业委会或业委会委员侵犯业主的权益，业主如何维权？这三方面的问题，还需要有关部门在法律、法规上对业委会的定位进一步明晰。

（审稿：李江涛）

B.19
广州市越秀区劳资纠纷处置
情况调研报告

刘惠娴 苏建明 陈 静*

摘 要： 受经济社会转型影响，越秀区劳资关系矛盾进入凸显期和多
发期，劳动争议案件居高不下，劳动关系的主体及其利益诉
求越来越多元化。本文在总体分析劳资纠纷处置基本情况基
础上，重点分析了劳资纠纷处置执法困境，最后对突破执法
困境提出合理性建议。

关键词： 劳资纠纷 执法困境 建议

近年来，越秀区全方位加强和谐企业创建、劳动仲裁受理、社会保障全覆
盖，特别是不断加大劳动保障监察力度，在预防和查处违反劳动保障法律、法规
或者规章的行为，维护劳动者合法权益方面取得了一定成效，总体保持了全区劳
动关系和谐稳定。但是，我国正处于经济社会转型时期，劳动关系的主体及其利
益诉求越来越多元化，劳资关系矛盾已进入凸显期和多发期，劳动争议案件居高
不下，劳动保障监察未能充分地发挥预期作用，在执法过程中陷入种种困境。

一 劳资纠纷处置基本情况

（一）劳动监察整体情况

2015 年 1~9 月，区劳动保障监察大队主动检查用人单位 6906 户，涉及人

---

* 刘惠娴，越秀区人力资源和社会保障局局长；苏建明，越秀区人力资源和社会保障局副局长；
陈静，越秀区人力资源和社会保障局科员。

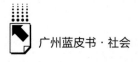

数 105405 人；处置劳资纠纷案件 643 件，为 1668 名劳动者追回工资 1844 万元；处置劳资纠纷群体性事件 38 宗，涉及人数 1573 人，涉及金额 2752.8 万元（含工程款）；责令 490 户用人单位为 875 名劳动者补签劳动合同；责令 299 户用人单位为 454 名劳动者补买社会保险；对 25 户严重违反劳动保障法律、法规的用人单位实施行政处罚，收缴罚金 48.87 万元。另有各街道劳动保障监察协管员通过诉前联调解决纠纷 630 宗，涉及人数 1466 人，涉及金额 1837.37 万元。

（二）劳动仲裁整体情况

2015 年 1～9 月，区劳动人事争议仲裁院共立案处理劳动人事争议 2099 件（同比上升 20.49%），涉及金额 27300.31 万元。其中，组成仲裁庭处理的 1507 件（同比上升 11.3%），另通过其他方式（含告知补全材料、转往异地管辖、转往法院管辖）处理 592 件（同比上升 52.58%）。

（三）劳动监察案件类型分析

2015 年 1～9 月，区劳动保障监察大队共处置劳资纠纷案件 643 件。按案情分类统计（个别案件涉及多项诉求），因工资、加班工资引发的纠纷 570 件；因未签合同或解除劳动关系引发的纠纷 70 件；因社保问题引发的纠纷 43 件；因休息休假引发的纠纷有 43 件；因违反其他劳动保障法律法规引发的纠纷 18 件。

（四）劳动仲裁案件类型分析

2015 年 1～9 月，区劳动人事争议仲裁院组成仲裁庭处理的 1507 件劳动人事争议案件中，工资争议 486 件，经济补偿争议 351 件，未订立劳动合同的二倍工资争议 269 件，赔偿金争议 125 件，加班费争议 66 件。

（五）劳动监察群体性事件行业类型分析

2015 年 1～9 月，区劳动保障监察大队共处置劳资纠纷群体性事件 38 宗。按行业类型统计，发生在建筑施工领域的有 25 件，发生在餐饮服务业的有 11 件，发生在其他行业的有 2 件。劳资纠纷群体性事件中，30 人以上有 15 宗；其中建筑施工领域9宗、餐饮服务业6宗。建筑施工领域的群体性案件中，工程款捆绑工资的有23件。

（六）劳动仲裁群体性事件行业类型分析

2015年1~9月，区劳动人事争议仲裁院组成仲裁庭处理集体劳动争议案件20宗。按行业类型统计，发生在餐饮服务类行业9宗，发生在贸易投资类行业6宗，发生在物管服务类行业4宗，发生在科技服务类行业1宗。集体劳动争议案件中，涉及劳动者30人以上的有5宗，其余为涉及劳动者10人以上30人以下的案件。

此外，需引起注意的是，越秀区内事业单位面临的劳动人事争议纠纷隐患有加大迹象。目前，越秀区部分事业单位与其在编工作人员订立了劳动合同，而同时又有相当数量的事业单位与其编外工作人员订立了聘用合同。前者如原某公园与其编内工勤人员订立劳动合同，后者如某街道社区卫生服务中心与其编外工作人员订立聘用合同。由此导致的主要问题在于后者，包括双方法律关系定性问题，以及纠纷发生时的适用法律问题。比如某街道社区卫生服务中心与其编外职工订立聘用合同一事，所面临的首要问题就是双方是依据聘用合同建立了人事法律关系，还是本着该职工的编外人员身份而建立了劳动法律关系。若是后者，则意味着应当适用劳动法律法规调处双方发生纠纷，进而也可能导致此前该单位适用人事政策法规对职工进行用工管理的行为违法，甚至导致聘用合同被认定无效，最终将冲击此类单位管人用人的现有模式。

二 劳资纠纷处置执法困境

（一）经济下行纠纷增多，特殊疑难案件频出

越秀区辖区内有用人单位118000余户，其中商贸、金融、餐饮、服务、信息服务等行业占据重要地位；有劳动者70余万，人员构成较为复杂，外来务工人员多，劳动关系复杂。经济形势下行势必影响企业效益，越来越多的餐饮、服务、商贸企业因经营不善、资金链断裂等原因埋下欠薪的隐患，甚至引

发群体性劳资纠纷。三年来，越秀区劳资纠纷数量呈明显上升趋势：越秀区
2013 年 1～9 月，处理的投诉举报案件和群体性事件共 309 宗；2014 年同期为
475 宗，2015 年同期为 681 宗。不仅案件数量大幅上升，案情上也更加复杂
化、多元化，新型案件（如无实业支撑的信息服务企业欠薪案件等）、特殊案
件（如工程款捆绑工资，以追讨工资为名追讨工程款的案件）、疑难案件（如
经营者钻法律空子，六个月诉讼期内不履行处理决定等）频出，处理难度较
大。但现行政策法律稍有滞后，劳动保障监察手段单一，威慑力不足，简单的
处理手段已经不适应日趋复杂的劳资纠纷处置工作，越秀区劳动保障监察工作
遇到了瓶颈，一些案件中仅依靠目前的劳动保障监察手段无法解决劳动者的诉
求。

（二）处理程序旷日持久，强制执行效果不佳

根据《劳动保障监察条例》的规定，劳动保障监察部门对用人单位的违
法行为，主要的处罚措施是责令限期改正、行政处理处罚等，但是没有赋予劳
动保障监察部门采取强制措施的权力。因此，在面对用人单位对劳动保障监察
部门作出的处罚决定、责令支付劳动者工资报酬、赔偿金或者征缴社会保险费
等行政处理决定逾期不履行的，只有申请法院的强制措施这一条途径。但是，
根据《行政强制法》和《行政诉讼法》，劳动监察部门在作出处理处罚决定之
日起六个月内用人单位没有申请行政复议或者提起行政诉讼，又不履行行政决
定的，劳动保障监察部门才可以申请法院强制执行。六个月的时间，对用人单
位来说，可能为转移财产、经营者逃匿、注销营业执照等行为提供了时间，待
强制执行开始，已无财产可执行。对劳动者来说，是延长了风险期，不仅维权
时间成本上升，而且权益更加得不到保障，更容易激发劳动者的情绪。尤其在
群体性事件中，劳动者因维权途径艰辛漫长，极易采取聚众上访、跳楼等极端
的维权方式以引起政府和社会的关注。

（三）处理欠薪筹钱困难，组织垫付屡遭推诿

目前，我国正处于经济转型升级的特殊时期，经济形势较为严峻，区内餐饮
娱乐、建筑工地等劳动力密集型行业和网络科技等新兴行业聚集，一旦企业经营
不善，资金链断裂，极易引发欠薪事件，且通常涉及人数多、金额大。2011～

2015 年上半年，区人社局共处置劳资纠纷案件 1951 件。其中，因追讨工资、加班工资为主因引发的纠纷有 1267 件，处置劳资纠纷群体性事件 279 宗，全部因欠薪或以"欠薪"为名追讨工程款引发。由此可见，长期以来，"钱"一直是劳动者的首要诉求。但是，或由于强制执行无财产可执行，或由于经营者逃避责任拒不支付，或确实因经营困难无力支付，劳动保障监察部门按规定完成全部监察程序后，用人单位仍没有支付拖欠的工资。组织垫付时不仅程序复杂，而且业主单位，不论是国企或是私人业主，推搪责任，拒绝垫付。劳动保障监察部门"筹钱"无门，无法解决劳动者关于"钱"的诉求。

（四）恶意欠薪威慑不足，入罪衔接不够顺畅

拒不支付劳动报酬罪入刑已有四年多，区人社局成功向公安部门移交 3 单涉嫌拒不支付劳动报酬罪的案件，并取得了良好的效果。但是，实际工作中发现拒不支付劳动报酬罪的刑法威慑力没有完全发挥，三年来，关于欠薪的投诉举报案件总数仍有所上升。一些经营者熟悉了入刑标准后，开始钻法律的空子，当企业有欠薪行为的时候，经营者不再逃匿，但拒不支付劳动报酬，以致形成"未逃匿"不构成入罪要件的情况。同时，在移交案件条件、立案标准方面有待明确标准。《最高人民法院关于审理拒不支付劳动报酬刑事案件适用法律若干问题的解释》已对"数额巨大"、"经政府有关部门责令支付仍不支付"等要件作出了具体解释，但对证明存在"以转移财产等方法逃避支付劳动者的劳动报酬、有能力支付而拒不支付"的情况的责任主体没有明确说明。由于权力有限，劳动保障监察部门无权对用人单位的银行账户、资金流动、财产数额进行认定，除了偶尔有投诉者是财务人员的特殊情况外，劳动保障监察部门难以取得用人单位转移财产、有能力支付而拒不支付的有效证据。但该证据恰是公安部门的立案要件，公安部门要求劳动保障监察部门掌握拒不支付劳动报酬罪的全部证据后，才能立案受理。因此，很多欠薪案件无法通过拒不支付劳动报酬罪这个极具威慑力的、快速有效的方式来解决。

（五）工地纠纷处理棘手，违规开建监管混乱

建筑工地一直是劳资纠纷群体性事件的高危地带，2011～2015 年上半年，区人社局共处置劳资纠纷群体性事件 279 宗，其中建筑工地群体性事件 163

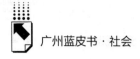

宗。2015 年 1 ~ 9 月，发生在建筑工地的突发事件占总数的比率更高达 66%；30 人以上的群体性事件中，建筑施工领域占总数的 60%。

通过调研发现，发生劳资纠纷的建筑工地通常为以下两种：一是有违法分包、层层转包行为的。由于经手层次太多，实际投入施工的款项减少，资金链断裂或因工程质量下降导致扣减工程款的现象时有发生。二是没有办理施工许可证违法开建的，尤其是没有办理施工许可证的较为隐蔽的室内装修等工程，管理混乱、监管不力，极易引起恶性连锁反应。工地纠纷难处理，主要原因有以下几个方面：第一，工程款争议是工地纠纷的焦点问题，大部分建筑工人讨薪案的背后，是代表承包商或包工头讨要建设业主、承包商、开发商拖欠的工程款。2011 ~ 2015 年上半年，区人社局处理的建筑工地群体性事件中，97% 的事件涉嫌以追讨工资为名讨要工程款。第二，工程款与工资捆绑，难以核查实际工资数额。大多数涉及分包转包的工程，都是采取包工包料的计款方式，工人工资是与包工头口头约定，如出现工程款捆绑工资的纠纷，由于没有明确的工资数额，员工又不同意估算，始终坚持工程款和工资一起支付，难以核算出工资数额。第三，人社部门非建筑施工单位的主管部门，对施工单位的威慑力不够，且缺乏认定工程款数额的专业知识。

三　对工作的建议

（一）修改完善跨部门的处理劳资纠纷的联席会议制度

人社部门是保障劳动关系和谐、维护社会稳定的重要力量，但不是唯一力量。当前许多难以解决的劳资纠纷，如欠薪逃匿、工地纠纷等，需要充分重视和发挥人社部门与公安、司法、地税、建设、市场监管、食药监、信访维稳等职能部门和法院、检察院的积极作用，形成构建和谐稳定劳动关系的社会合力。

以西湖天地案为例，西湖天地餐饮管理有限公司共拖欠 104 名员工 69.3442 万元的工资款，法定代表人刘献国失联，确认欠薪逃匿。区人社局根据《劳动保障监察条例》先后向西湖天地餐饮管理有限公司出具《限期改正指令书》《行政处理告知书》《行政处理决定书》，并引导员工申请劳动仲裁，并凭仲裁受理通知书向法院申请财产保全。经过三个月诉讼期（2015 年 5 月 1 日后诉讼期改为六个月），区人社局申请法院强制执行。至此，该案件已历经半年，员工要求拿回工资的诉求依然未得到解决，情绪激动。虽然人社部门严格按程序做好各环节工作，但案件遭遇瓶颈，无法继续处置。后来，员工得知业主私自搬离被查封的财物并将该营业场所转租后，多次到区信访局、市信访局信访，由此，事情得到转机：区政府相关领导高度重视，由信访局牵头，组织人社、市场监管、法院、公安、属地街道等多部门先后召开两次会议，研讨如何解决西湖天地员工的诉求。按照会议要求，各单位各司其职、协调合作，最终使业主方广州强盛房地产实业有限公司将 71 万元转入法院指定账户（其中 48 万元属于原西湖天地公司承租场地的两个月押金，23 万元属于业主方申请使用西湖天地公司被查封物品而先行支付的保证金，在拍卖时享有优先受让原西湖天地公司被查封物品的权利），员工诉求得以解决。

由上述案件可以看出，劳资纠纷靠人社部门这种"单打一"的状况已经不适合现在复杂多变的劳动关系和特殊疑难的案件。因此，区人社局建议进一步修改完善跨部门的处理劳资纠纷的联席会议制度，由分管副区长担任会议召集人，区维稳办、人社、信访、公安、司法、建设、市场监管、食药监、工会、属地街道等与劳动关系密切相关的行政管理部门参与其中，凡发生 30 人以上的劳资纠纷且有可能引发上访等群体性事件的，应马上启动联席会议制度，商讨处置措施，严密编织社会矛盾、纠纷排查调处网络，形成多方联动、齐抓共管局面。

（二）理顺联合打击拒不支付劳动报酬罪的长效机制

"拒不支付劳动报酬罪"入刑四年来，越秀区向公安机关移送成功的案件只有 3 宗。造成这一问题的原因在于人社部门不具有强制手段，无权对用人单位的银行账户、资金流动、财产数额进行认定，对公安部门提出的立案要件难以取证，导致部分涉嫌拒不支付劳动报酬犯罪案件止步于行政处理，无法移送公安机关立案侦查，影响了依据刑法打击欠薪犯罪的效果。

对此，区人社局提出以下两点建议：第一，建议公安部门降低提前介入的门槛。按照《最高人民法院等四部门关于加强涉嫌拒不支付劳动报酬罪案件查处衔接工作的通知》（穗人社发〔2015〕53 号）的要求，对涉案人员较多、金额较大、社会影响恶劣，容易引发群体性事件，或者公安机关不提前介入可能导致证据灭失等案件，人社部门可依照省公安厅等21部门《关于公安机关提前介入行政执法机关办理的案件移交联合办案制度的规定》（粤公通字〔2014〕165号）的相关规定，商请公安机关提前介入调查，由公安部门对经营者是否转移财产或有能力支付而拒不支付进行取证，人社部门配合公安部门开展工作并提供相关材料。第二，建议修订《广州市越秀区关于拒不支付劳动报酬案件处理操作规程（试行）》。随着《最高人民法院关于审理拒不支付劳动报酬刑事案件适用法律若干问题的解释》（法释〔2013〕3号）、《关于加强涉嫌拒不支付劳动报酬犯罪案件查处衔接工作的通知》（人社部发〔2014〕100号）、《最高人民法院等四部门关于加强涉嫌拒不支付劳动报酬罪案件查处衔接工作的通知》（穗人社发〔2015〕53号）等文件的颁布及以往工作中出现的一些问题，现行的《广州市越秀区关于拒不支付劳动报酬案件处理操作规程（试行）》出现了滞后的情况。应进一步理顺政府部门和司法机关打击恶意欠薪、欠薪逃匿等行为的职能和流程，各部门之间统一移交、立案标准，明确每个衔接点对应的责任部门，明确案件移交的方式和受理、办结时限等。确保劳动保障监察执法与刑事司法事前、事中、事后工作的全程有效衔接，更加及时、准确、有效、严厉地打击拒不支付劳动报酬犯罪行为。

（三）探索建立工资应急周转金制度

化解劳资纠纷群体事件的主要困难在于筹措资金难度大与劳动者追回欠薪迫切的矛盾。现实中经常出现企业因经营不善、经营者逃匿等情形而不能及时给付欠薪甚至根本没有能力给付欠薪的情况，但劳动监察部门在协调相关利益各方筹措资金时具有耗时长、难度大，筹措资金量不足，员工认可度低的问题，员工诉求得不到满足，易采取上访、拦路等极端方式讨薪。对此，区人社局建议区政府建立金额在300万~500万元的欠薪应急周转金专户。由公安机关核实用人单位确实无力支付工资或经营者欠薪逃匿后，由人社部门核定出垫付工资或生活费的数额，由专户予以支付。该款项在应急情况下用于垫付员工工资后，所动用的应急周转金本息由有关职能部门依法向欠薪企业和个人追缴，最大限度地保护劳动者的合法权益。

（四）建立工地工资分账管理制度，推行工资支付四表制度

根据《关于印发〈广东省建设领域工人工资支付分账管理暂行办法〉的通知》（粤人社〔2015〕3号）的要求，建设领域工人工资与其他工程款项实行分开银行账户管理。因此，建议建设部门要求施工单位办理施工许可证时，需先建立专门的工资账户，并在用工之日起15日内为每个工人办理工资个人账户。开工后，按工程进度定期在项目工资专户中划拨工资款，再按月将工资支付给工人本人，禁止将工人工资交由非法包工负责人和他人代领代发。户内的资金除发放工人工资外，不得用于其他用途，不得开通网上银行等电子支付渠道，不得提取现金。同时，在建筑施工领域广泛推广"四表"制度，即督促企业按时如实填写工人工资发放情况表、考勤表、进退场表和退场工人工资支付确认书，用以记录工人名册、劳动合同、劳务合同、工程进度、工时、工人工资支付情况等信息，避免把拖欠工程款的经营风险转嫁给劳动者。

（五）针对餐饮、工地等劳资纠纷易发行业成立常设工作组

从2015年的工作数据分析，餐饮、工地领域发生的群体性事件占总数的95%（2011～2015年的平均数据为80%），30人以上的群体性事件全部发生在这两个领域，因此，餐饮、工地是越秀区劳资纠纷处置的重中之重。为更有针对性地开展劳资纠纷防治工作，区人社局有以下两点建议：第一，建议建设部门按照《中共广东省委办公厅 广东省人民政府办公厅印发〈关于做好预防化解我省劳资纠纷工作的意见〉的通知》（粤办发〔2013〕21号）"对工程建设领域因欠薪发生的劳资纠纷，住房和城乡建设部门要联合人力资源和社会保障、公安等部门共同到现场稳控事态"的要求，发挥牵头作用，联合人社部门成立常设工作组，在建筑工地信息共享和处理因工资纠纷引发的突发事件上形成合力，化解矛盾。第二，建议食药监、市场监管及人社部门成立常设工作组，对辖区内的大型餐饮企业实施动态立体化监管，相互配合，做好劳资纠纷排查预警、化解处置工作。

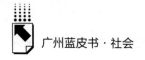

（六）进一步强化劳动保障监察两网化工作密度

动态掌握用人单位信息、排查劳资纠纷隐患、把劳资纠纷及时化解在基层是两网化管理工作的落脚点。为了主动将执法关口和服务重心转移到劳动用工的第一线，及时掌握劳资纠纷源头，为发现劳资纠纷发生规律、科学研判形势提供真实客观的依据，区人社局建议各街道高度重视劳动保障监察两网化工作，加大劳动保障监察两网化工作力度。加大日常巡查和用人单位信息采集的密度，坚持对重点企业开展调查摸底工作、及时研判，及早发现不稳定因素并跟踪监控。对不同时期可能影响劳动关系稳定的因素做到心中有数，尤其对可能引发职工群体性事件的隐患苗头高度重视，制定切实可行的解决措施，一旦群体性事件发生，网络员将第一时间介入处理，第一时间上报信息。

（七）大力宣传建立和谐劳动关系的重要性

建议区有关职能部门通过多种渠道、多种方式大力宣传规范劳动用工行为，构建和谐劳动关系，营造良好用工环境的重要性。宣传应围绕构建"幸福越秀"展开，重点引导经营者遵纪守法、劳动者依法理性维权。一方面，强化劳动保障法律、法规的宣传，使用人单位确立自觉守法、尊重劳动的平等法律观念；充分利用各种媒体和舆论工具进行正面的法制宣传和舆论引导，弘扬以人为本的企业文化价值取向，树立尊重、合作等企业现代人力资源管理理念；引导用人单位加强经营管理，规范劳动人事管理流程，建立文书档案保管制度，督促企业知法懂法用法。另一方面，在劳动者中弘扬社会主义荣辱观，弘扬"厚于德、诚于信、敏于行"的新时期广东精神，引导职工形成符合传统美德和时代精神的道德规范和行为规范，理性维权、依法仲裁，积极参与调解和解，杜绝无序诉争和缠访闹访，配合有关部门及早委托处置矛盾纠纷，确保自身合法权益早日实现。

（八）强化执法队伍建设

劳动保障法律制度的不断完善，迫切需要建立一支适应形势任务需要，具备高素质、精业务、守纪律的劳动监察队伍，必须进一步加强对监察执法工作的支持。一是要在机构编制上支持。建议上级部门结合越秀区用人单位数量多、劳动者多的实际，增加编制数量和相关经费，打造一支与工作量相适应、专兼职相结合的劳动保障监察员队伍。二是要提高协管员待遇水平。越秀区劳动保障监察协管员为构建和谐劳动关系做出了突出的贡献，他们不仅肩负劳动保障监察辅助工作，还要承担街道安排的其他工作，工作烦琐、压力大，但待遇水平过低，每月实发工资仅1500元左右，人员流动性大，队伍不稳定。因此，建议越秀区提高劳监协管员的工资待遇水平，与安监协管员待遇持平，吸引更多高素质的专业性人才加入劳动保障监察协管员队伍，提高协管员的辅助执法水平。

（审稿：李江涛）

B.20

化解企业转型升级中的社会矛盾的思考

——西铁城公司提前解散的启示

陈孝安　李金云　李果斌*

摘　要： 2015年2月，西铁城公司提前解散事件，引发了媒体舆论的广泛关注。本文通过分析应对西铁城公司提前解散的做法，引发对如何化解企业转型升级中的社会矛盾的思考，对今后处置类似事件具有借鉴意义。

关键词： 转型升级　西铁城

一　引言

西铁城是全球知名的钟表品牌，西铁城精密（广州）有限公司（以下简称"西铁城公司"）位于广州市花都区新华街。2015年2月5日下午，该公司突然宣布提前解散，终止与1042名员工的劳动合同，引发了媒体舆论的广泛关注，个别媒体对西铁城公司提前解散经济补偿适用的依据做出了错误的法律分析和专家解读，引发员工思想混乱，继而引发群体突发事件。花都区人社部门与公安、地税及属地政府迅速介入调查，组织企业与工人展开集体谈判，一周内，妥善处置了这起突发事件。员工的经济补偿、社保补缴、再就业以及海关监管、处置相关资产等问题得到妥善解决。政府职能部门快速反应、积极作为、依法依规，令事态可控，维护了劳动者的合法权益，并在危机公关中掌控

---

* 陈孝安，广州市花都区人力资源和社会保障局党委书记、局长；李金云，广州市花都区人力资源和社会保障局副局长；李果斌，广州市花都区劳动人事争议仲裁院院长。

并正确引导舆情，从事发前预警、事发中处置及善后工作看，这一事件都是一宗处置公共危机事件的成功案例。

二 应对西铁城公司提前解散的做法

（一）提前介入、积极作为，引导企业依法依规处理相关事宜

在西铁城公司对外发布解散通知前，花都区人社局获悉西铁城公司的解散清算消息，立即召集区劳监大队、社保办、就业中心等相关科室及单位开会研判形势，认为该事件是关系员工切身利益、影响花都区社会稳定的大事，人社局必须发挥人社职能的杠杆作用，协助区委区政府做好相关工作。会后，区人社局迅速组织精干力量，成立处置西铁城精密（广州）有限公司提前解散相关工作小组，提前介入，约谈公司日方董事长和高层管理，了解西铁城公司的解散清算及员工经济补偿相关方案，要求依法依规解决员工诉求，并于1月30日会同新华街向西铁城公司发出《关于敦请西铁城精密（广州）有限公司暂停宣布关停决定的函》。

（二）快速反应、靠前处置，维护劳动者的合法权益

西铁城公司不顾区人社局和新华街的建议，执意于2月5日向员工发布提前解散的通知。当日，区人社局等相关部门第一时间到现场处置，分别与企业工会、员工、公司日方管理层沟通协调，宣讲政策法规，同时收集各方诉求，维持现场秩序，引导员工理性表达意愿。2月6日，西铁城公司召开员工大会，宣布公司解散的补偿方案，提出按《劳动合同法》相关规定的"N＋1"给予补偿。大多数员工拒不接受，双方分歧严重，经区人社局会同有关部门多次组织双方协商，最后公司作出让步，提出了"N＋1＋1"的经济补偿方案和"三期"女职工的特殊保护方案。

（三）掌控舆情、正面引导，营造有利的舆论氛围

西铁城公司提前解散事件，引发舆论广泛关注。由于2月8日《羊城晚报》对西铁城公司提前解散经济补偿适用的依据做出了错误的法律分析和专

家解读，导致员工思想混乱，产生社会不稳定因素。区人社局积极应对，梳理情况，及时与新闻媒体沟通澄清事实。2 月 10 日，《南方日报》《广州日报》《中青在线》等主流媒体对事情予以客观报道，发表准确的法律分析，2 月 11 日《羊城晚报》也重新对之前的错误解读进行了纠正，肯定了区人社局对事情的定性与处置。

（四）周密筹划、多措并举，做好善后工作

1. 主动作为，为劳动者提供就业帮助

区人社局对西铁城员工进行再就业意向登记，帮助员工实现了就近再就业；在花都区"春风行动"系列招聘会现场设立西铁城员工求职专区；在西铁城公司附近组织了西铁城员工专场招聘会，并通过群发短信、张贴公告等方式告知西铁城公司员工积极参加，帮助他们实现再就业。截至 7 月底，原西铁城公司员工再就业人数已达到 90% 以上。

2. 周密安排，及时为劳动者办理失业保险待遇申领

区人社局召开专题会议研究部署西铁城公司员工办理失业证、失业保险待遇申领等工作。开辟面向西铁城公司员工的绿色通道，在业务集中的就业中心、社保办设立专窗，由专人负责办理失业证、失业待遇申领业务，并在新华街劳动保障服务中心、公园前路 15 号设立业务办理点，方便就近办理。为了便于西铁城公司员工办理业务，不耽误员工重新找工作，区社保办、就业中心在保证正常业务的同时，加班加点录入西铁城公司员工基础信息，并认真进行校对、复核。截至 7 月底，共为 812 名西铁城公司员工办理失业证，790 名西铁城公司员工申领了失业保险待遇。

三　处理西铁城公司提前解散的启示

通过西铁城事件，我们认识到当前经济社会发展进入了新常态，产业面临转型升级的时期，西铁城公司撤厂很可能只是外资制造业撤资的一个开始。在整个事件的处理过程中，区人社局紧紧围绕自身职能，依法依规处理整个事件，梳理出一些经验做法的同时，也对整个事件进行了深刻的思考，希望对以后处置类似事件具有借鉴意义。

（一）理性面对知名外资制造业企业撤资的新现象

西铁城公司早在 20 世纪 90 年代就在花都设厂，该公司在中国投资设厂已有几十年历史，一时间停掉了在中国最后一个工厂，虽然只是个案，但引起了全社会的高度关注。以往劳动密集型企业倒闭时有出现，现在则出现了知名外资制造业企业撤资的新情况。

企业向人力成本较低的地区流动符合一般的经济学规律，在这个过程中，无论是政府、企业，还是劳动者，都需要调整自身角色定位，正视新情况，积极适应新常态。从政府角度来说，应加快促进产业转型升级，助推资本密集型、技术密集型企业的发展；提高再就业服务，减少劳动者再就业的困惑；加大职业培训力度，帮助劳动者提高自身素质适应经济结构转型升级。作为劳动者，在经济发展的变革中，要学会依法维权、提高自身素质，同时，也要学会认识和承担务工风险成本。

（二）妥善应对劳动关系纠纷中日益多元化的工人诉求

以新生代农民工为主体的劳动者群体，在维权中诉求多元化，与企业之间是既对立又不舍的关系，这是以往政府在处置劳资纠纷中没有遇到过的新情况。如本案中，西铁城公司的员工主动研究法规，提出了社保、经济补偿、公积金、精神损失等多种诉求。同时，员工的心情非常复杂，一是不满公司没有预先通知，没有征求员工的意见，认为公司程序上有错；二是相当一部分员工在公司工作了十几年，对公司有了感情，并已在当地安家落户，心理上无法接受公司撤厂的事实；三是外资企业福利待遇有保障，对员工来说仍有吸引力；四是不满工会组织在事件中缺位，没有发挥应有作用，导致员工权益被资方漠视。

新生代农民工维权意识普遍增强，从被动接受向主动追求权利转变；利益诉求从只关注工资待遇向更多关注自身发展、社会保险和前途命运转变，这是劳动关系领域出现的新情况，对政府部门在构建和谐劳动关系的工作中提出了更高的要求；劳动行政部门应在日常工作中，加强对用工双方法律法规宣传，引导双方在法律框架内建立和谐的劳动关系。

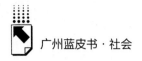

（三）完善企业关停引发的劳资纠纷群体性事件的预防和应急处置机制

劳动密集型企业关停，首先关系到所有员工的生存问题，处理不当，容易引发极端行为或暴力性群体事件，对社会稳定构成现实威胁，严重影响和谐社会的构建，涉外企业还有可能引发外交事件。本案中，西铁城公司之所以能在短时间内完成与员工解除劳动合同手续的事宜，与该公司 2010 年已为全体员工购买了社保，公司预备了解散所需费用有关。但无可否认，有的外资劳动密集型企业还未全员参保，其撤资时必然面临补缴社保、社保滞纳金以及经济补偿等问题。这须引起职能部门及属地政府的重视，在今后的工作中加强对劳动保障日常巡查、劳动关系形势的分析研判，建立排查和动态监测预警制度，有效防范群体性事件。在处理群体性事件中，还需避免消极因素的介入，防止有人借维权煽动员工闹事。

（四）政府部门间应建立高效的部门信息交流和通报制度

西铁城公司向广州市对外贸易经济合作局申请提前解散时，花都区人社局、公安局等相关职能部门第一时间获悉相关情况，多措并举、积极应对，确保了事件的妥善处置。对这种大规模企业的撤资问题，政府相关部门必须第一时间介入和加强沟通，才能把风险降到最低。建议在今后面对类似问题时，完善撤资审批制度，提前做好相关应急处置方案，建立情况通报和沟通协调机制，形成合力，妥善应对。

四 结语

西铁城事件给政府带来了很多启示，政府除了招商引资，还需要考虑如何处理好外企撤资引发的一系列管理及社会问题。在处理劳资纠纷过程中，政府应该为劳资双方搭建平等协商的平台，引导各方依法依规解决问题，既不必向资方施压，也不能为了维稳弹压劳动者的合理诉求，更不宜在劳动纠纷中由政府兜底解决问题，要跳出"花钱买平安"的怪圈，必须使用好政府"有形的手"和市场"无形的手",遵循市场经济发展规律,激发企业主体责任。企业如果认识到自身作为市场主体应承担的责任,积极依法依规处理与员工的矛盾纠纷,可以大大减少和化解企业转型升级过程中产生的矛盾纠纷。同时,积极发挥行业及社会组织协同治理作用,各种市场主体共同努力,从而使经济平稳过渡,实现转型升级。

（审稿：李江涛）

B.21
南沙区万顷沙镇"万爱重大疾病医疗互助会"模式研究

江效民　林楚能　钟天艺*

摘　要：　"万爱重大疾病医疗互助会"是广州市南沙区万顷沙镇在基层社会治理及服务领域的一个新型组织，通过群众个人自愿缴纳，社会团体、企事业单位慈善募捐及政府财政扶持等形式筹集资金，突破"市场不为，政府不能"的重大疾病医疗救助困局。其工作务实、形式新颖、成效显著，完善了现有的城乡医疗保障体系，有效解决了群众"因病致贫、因病返贫"问题，具有推广借鉴价值。

关键词：　万顷沙镇　重大疾病医疗保障　万爱互助会

党的十八大报告中提出，加强社会建设必须以保障和改善民生为重点，加快推进社会体制改革，创新社会治理，形成党委领导、政府负责、社会协同、公众参与、法治保障的社会管理体制。当前我国正向更高水平的小康社会迈进，保障全体人民"病有所医"是构建社会主义和谐社会的本质要求，是我国进行社会主义现代化建设的必要保障，也是中共中央在"十三五"规划建议中提出的使医疗等"公共服务体系更加健全，基本公共服务均等化水平稳步提高"的必然举措。

---

* 江效民，广州市南沙区人民政府办公室（侨务和外事办公室）主任；林楚能，中共广州市南沙区万顷沙镇委员会党委委员；钟天艺，广州市南沙区万顷沙镇社会事务服务中心办事员。

广州市南沙区万顷沙镇以大病救助为突破口，积极探索以民生为本的社会治理创新。2013年4月，万顷沙镇党委、政府倡导成立了广州市首个群众互助式医疗救助公益组织——万爱重大疾病医疗互助会（下文简称"万爱互助会"）。通过群众个人自愿缴纳，社会团体、企事业单位慈善募捐及政府财政扶持等形式筹集资金，突破"市场不为，政府不能"的重大疾病医疗救助困局，探索完善城乡医疗保障体系，引导社会力量参与社会公益事业。截至2016年3月31日，已对近1500人次进行救助，救助金额超过1200万元，有效解决了群众"因病致贫、因病返贫"问题。万爱互助会以务实的内容、新颖的形式、显著的成效，实现基层社会服务新突破，为基层社会治理探索提供新经验。

一 万爱互助会的创设背景

（一）立足现有制度，探索城乡群众医疗救助新路径

医疗保障作为一项公共产品，政府无疑在这一体系建设中扮演核心角色。但在我国医疗卫生事业的发展历史中，对其公益性和市场性辨识不清，导致改革过程历经波折，看病难、看病贵等问题凸显，医疗成了重大民生问题。2009年，国务院发布《关于深化医药卫生体制改革的意见》，启动新一轮"医改"。"新医改"首次明确提出了把基本医疗卫生制度作为公共产品向全民提供。我国以政府主导与发挥市场机制作用相结合，初步建立了以城镇居民基本医疗保险、城镇职工基本医疗保险、新型农村合作医疗三者为主体，以城乡医疗救助制度兜底，以商业健康保险及其他多种形式医疗保险为补充的医疗保障体系（见图1）。

在我国的基本医疗保险体系中，城镇职工基本医疗保险是社会统筹和个人账户相结合，即用人单位和职工按照国家规定共同缴纳保险费；新型农村合作医疗和城镇居民基本医疗保险实行个人缴费和政府补贴相结合。城乡居民大病保险，保障对象是城镇居民医保和新农合的参保人，也就是城镇未成年和未就业的人士以及农村居民。大病保险资金来自城镇居民医保基金和新农合基金——城镇居民医保和新农合基金有结余的地区，利用结余筹集大病保险资

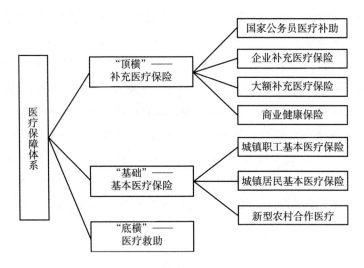

图1　我国医疗保障体系示意

金；结余不足或没有结余的地区，在城镇居民医保、新农合年度提高筹资时统筹解决资金来源问题（见图2）。

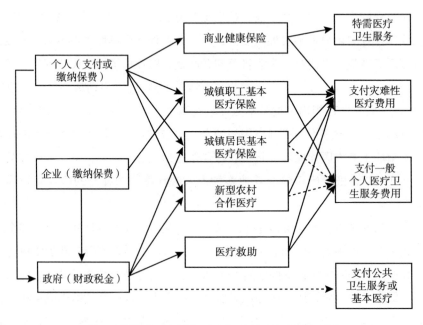

图2　我国"三支柱"医疗保障制度资金流向示意

（二）政府主动作为，创新万爱互助医疗保障模式

在农村地区，因病致贫、因病返贫问题是群众普遍存在的隐忧，尤其对低收入家庭，重大疾病更是难以抵御的"灾难"。广州市南沙区万顷沙镇是一个有 15 万亩农田的传统农业大镇，户籍居民 3.2 万人。2012 年，全镇因重大疾病申请低保低收达 228 户，占全镇低保低收户的 37%，重大疾病已经成为导致该镇村（居）民生活困难的主要原因。尽管近几年农民普遍参加了新型农村合作医疗，有了相应的基本医疗保障，但体制内的医保具有"广覆盖，低保障"的特点，当时仍无法对重病、大病患者提供更多支持。农民得了大病，自付部分金额仍然较高，让大部分患者家庭难以承受。另外，市场上的商业医疗保险提供的保障水平又与购买费用挂钩，商业保险赔付标准较高，但保费又非大多数农民所能承担，而且群众一旦患有重大疾病就基本买不到商业保险了。

面对当时体制内保障不高、体制外保费高且条件苛刻的两难困境，万顷沙镇领导干部把群众所急、所需放在心上。"市场不为，政府不能"的重大疾病医疗救助，能否在原有体制内保障的基础上，用体制外力量加以补充？能否通过民间多数群众自愿缴费的形式来筹集资金，帮助有困难的少数群众？

万顷沙镇从 2011 年底开始筹备、探索新型重大疾病医疗保障机制。由镇民政办牵头，联合医院、劳动保障、司法等单位和部门，研究新型农村合作医疗、城镇基本医疗保险、商业保险以及各级民政部门慈善救助的相关规定，测算分析全镇人口现状、经济收入、疾病状况及村民承受能力等信息数据，多次深入村（居）调研，听取群众意见。在 2013 年 3 月倡导成立了广州市首个群众互助式医疗救助公益组织——万爱重大疾病医疗互助会。

万爱互助会作为民间公益组织，是政府和市场主体之外的第三部门，具有运作灵活的优点，能够做到一些"市场不为，政府不能"的事情。万爱互助会通过会员缴费的形式筹集社会资金，凝聚民间力量，既有利于形成邻里群众互帮互助的团结意识，又对有需要的群众提供了具体实在的救助。

二 万爱互助会的运作模式

万爱互助会的运作模式主要由其组织机构、会员资格、会员权益、申请救助流程四个方面来集中体现。

（一）组织机构

1. 会长和理事

万爱互助会设会长一名、理事若干，由南沙区第一人民医院、镇农合办、若干村（居）委负责人和管理小组等组成。其主要职责是：①负责互助会实施办法的制定及修改；②负责全镇重大疾病医疗互助工作的宣传、组织、实施、协调和指导；③拟定会员资格、会费收缴办法及救助标准；④讨论决定特殊情形的救助方式及金额；⑤监督互助基金的筹集和使用情况，接受审计部门定期审计。

2. 互助会办公室

万爱互助会由办公室负责日常事务，设主任一名、工作人员若干和管理小组等，其职责是：①负责互助基金的筹集、管理等工作；②负责互助会的宣传、发动，处理入会申请、收缴会费、录入资料、核对、统计等工作；③指导、监督、协调委托服务机构开展工作；④定期向社会公布互助基金的筹集和支出情况；⑤定期向社会公布万爱互助会的工作情况。

（二）会员资格

每年入会时间是4月1日至4月30日，在万顷沙镇参加广州市城乡居民社会医疗保险的参保人、参加广州市城镇职工基本医疗保险的辖内企业职工以及享受行政事业单位公费医疗的人员，均可自愿申请加入互助会。申请者需在入会告知书（一式两联）上签名（未成年人由其父母或监护人代签），并按要求提交资料及缴纳会费，经互助会审核通过，成为互助会会员。每名会员每次向万爱互助会缴纳100元，可享受会员资格1年，救助有效期自当年4月1日起至次年3月31日止。

此外，万顷沙镇户籍的低保、低收入、五保、残疾等民政救助对象如申请万爱互助会，同样可获得完全的会员资格，其会费由镇政府支付。

（三）会员权益

万爱互助会会员在救助年度有效期内可享受：指定 35 种重大疾病住院医疗救助、意外伤害身故或伤残救助、初次确诊恶性肿瘤慰问。

1. 重大疾病住院医疗救助

重大疾病住院医疗的救助范围为每位会员在救助年度有效期内，患 35 种重大疾病所产生的住院医疗费用的自付部分（原则上，重大疾病住院医疗的救助申请必须先经医保及各类报销之后方可提出）。救助计算方式：救助金额＝住院总医疗费用（含自费及自付部分）－医保报销费用或其他途径给付的费用。在救助年度有效期内，每位会员的重大疾病救助金额年度累计最高限额为人民币 15 万元，并采用快速首次救助及理事会审核（下称"二次救助"）两种方式为会员提供救助。

（1）快速首次救助。会员的住院医疗费用自付部分，且该部分涉及金额累计在 3 万元以内的，根据救助范围及救助计算方式为会员提供快速救助；自付部分不足 3 万元以实际自付部分费用为限。

（2）二次救助。会员自付住院医疗费用超出首次救助最高额度（即 3 万元），或被救助人自付住院医疗费用超出年度累计最高限额（即 15 万元）时，会员可根据病情的实际需要向万爱互助会提出二次救助申请，由理事会审核申请及相关的医疗费用，审核通过后可向会员提供救助，救助金在 10 个工作日内划拨会员个人银行账户。如审核不通过，则将审核结果告知会员。

2. 意外伤害身故或伤残救助

在救助年度内，每位会员因遭受意外伤害而致身故或伤残的，救助金额最高为 3 万元。

3. 初次确诊恶性肿瘤慰问

在救助年度内，每位会员初次确诊恶性肿瘤，可领取慰问金 2000 元。

（四）申请救助流程

身份证是会员申请和办理重大疾病住院医疗救助、意外伤害身故或伤残救

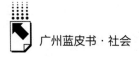
助、初次确诊恶性肿瘤慰问时的有效凭证。未成年人会员由其法定监护人凭监护人和未成年人会员的身份证（或户口簿），以及监护人与未成年人会员的关系证明办理救助手续。

会员自出院之日起30天内，凭身份证（未成年人会员则由监护人办理）、银行的通存通兑活期存折复印件、医院诊断证明、医疗费用收据、病历（含出院小结）、医疗费用明细清单，到南沙区第一人民医院万爱互助会服务窗口办理救助手续。在医保已报销且资料齐全的情况下，万爱互助会在10个工作日内将款项划拨到会员提供的个人银行账户。

三　万爱互助会的运作特点

1. 申请简单

参加广州市城乡居民社会医疗保险、城镇职工基本医疗保险的户籍人员，不论是否得病，只要自愿申请并每年缴纳100元即可成为会员；非户籍人员，在二级以上医院体检合格后，自愿申请并每年缴纳100元，经审核通过也可成为会员。低收入户、户籍低保、五保户、残疾人等，如申请加入万爱互助会，其会费由万顷沙镇政府支付。

2. 保障有力

会员在参会期间患重大疾病，年救助金额累计最高可达15万元，超过15万元的部分，还可向万爱互助会申请特殊救助。因意外伤害致身故或伤残的可一次性获得最高救助3万元；初次确诊恶性肿瘤可获慰问金2000元。万爱互助会实行就医预支制度，会员一旦患病住院，只要医院确诊其为35种重大疾病中的任何一种，万爱互助会将为住院会员预付医疗费用，帮助跟进治疗的费用问题。

3. 救助便捷

会员只要备齐资料，到镇内的南沙区第一人民医院万爱互助会服务窗口报销即可。救助计算方式为：救助金额 = 住院总医疗费用（含自费及自付部分）- 医保报销费用或其他途径给付的费用。例如：某会员患病需支付10万元的医疗费用，其已在农合、医保或商业保险报销合计4万元，在没有自费项目的前提下，剩余的6万元将由万爱互助会全部支付。

4. 运作专业

万爱互助会聘请专业管理小组对重大疾病救助进行测算、制定运作规章，以及与定点医院开展合作，做到决策科学；建立起合理的组织架构，保证万爱互助会自身的规范运作；设有会员意愿反映渠道，及时准确地反映群众需求，真正实现其公益性和志愿性宗旨；设有公示制度，定期制作工作简报，向会员和社会公示资金使用情况，让运营在阳光下进行（见表1）。

表1　万爱互助会与其他医疗保障形式的优势比较

	城镇职工基本医疗保险	城镇居民基本医疗保险	新型农村合作医疗	城乡医疗救助制度	商业健康保险	城乡居民大病保险（广州）	万爱互助会
保障对象	企业、机关、事业单位、社会团体、民办非企业单位及其职工	城镇非从业居民,包括中小学阶段的学生、少年和儿童	全体农村居民	农村五保对象、三无人员;最低生活保障对象等	参加商业保险缴纳保费的投保人和受益人	城乡居民中参加社会医疗保险的对象	满足条件的入会会员
保障层次	保基本	保基本	低水平大病统筹	最低保障	高层次	保基本	大病不愁
保障范围	每年返所缴保险费的30%左右到个人账户可以作为门诊费用	报销在二级以上医院住院医疗费50%~70%,门诊费不报销	以大病统筹兼顾小病理赔为主,不包括门诊、跌打损伤	门诊救助。重特大疾病住院救助	商业保险合同中规定的险种	在一个城乡居民医保年度内,累计支付参保人员基本医疗费用年度最高限额为12万元	当年规定的病种住院费用除社会医疗保险报销的剩余部分,最高15万元报销
缴费办法	用人单位和职工共同缴纳	个人缴纳,政府补助	各级财政人均补贴320元	符合条件的个人享受救助	自行选择支付	个人缴费,政府补助	每年会费缴纳
缴费水平	用人单位控制在职职工工资总额的6%左右,职工缴费率一般为本人工资收入的2%	一般非从业城镇居民缴纳医疗保险费330元	全国平均个人缴费标准达到每人每年90元左右。一次性缴清	符合救助条件,自行申请,政府救助不需缴费	不同费率,多缴多得	缴费额度统一为167元/年(2016年),大病保险资金从城乡居民社会以医疗保险统筹基金中划拨	每人每年100元

续表

	城镇职工基本医疗保险	城镇居民基本医疗保险	新型农村合作医疗	城乡医疗救助制度	商业健康保险	城乡居民大病保险（广州）	万爱互助会
政府责任	政府以法律强制形式引导，并与社会共同举办	政府以法律强制形式引导，并与社会共同举办	以村民自愿为基础，政府出面引导	政府举办	政府监督责任	政府主导	政府倡导
主管部门	劳动和社会保障部门，各级设管理和经办机构	劳动和社会保险部门	卫生行政部门负责，设管理机构和专门经办机构	民政部门	保监会银监会和政府相关部门	劳动和社会保障部门，各级设管理和经办机构	作为民间医疗互助组织，自我管理，民政部门支持监督
资金来源	企业和职工个人	个人和政府补助	个人、集体和政府多方筹资	政府拨款和社会捐助	全部为个人支付	个人支付和政府补贴	会员缴费，政府补贴，社会慈善资助
缴费特征	强制性	强制性	自愿参保	符合条件自行申请	自愿参加	自愿参加	自愿参加
起付线	有	有	有	无	有	有	无

四 万爱互助会取得的主要成效

（一）备受群众信任，入会人数持续增加

万爱互助会运营至今，严格按照"政府引导、群众自愿、统一筹集、征管分离、专款专用、账务公开"的原则开展工作，赢得了当地百姓的信任和支持。2013 年首期会员 18010 人，2014 年第二期会员 20989 人，2015 年第三期会员 23378 人。南沙区内珠江街、大岗镇的居民，甚至远在番禺区、越秀区的居民在得知万爱互助会后，也主动来到万顷沙镇要求入会。

万爱互助会作为第一个为外来务工人员提供医疗救助保障服务的民间组

织，也深受欢迎和好评。2015 年度有近 1500 名外来务工人员加入，其中互太（番禺）纺织印染有限公司 908 名员工加入万爱互助会，享受与户籍居民相同的重大疾病医疗救助服务。此举切实提高了外来人员的认同感和归属感，进一步营造了更有利于地区开发建设的社会环境。

（二）大病保障到位，救助人次和金额增长

2013 年度重大疾病住院医疗救助 412 人次，意外伤害身故或伤残救助 3 人次，救助总金额 390 万元；2014 年度重大疾病住院医疗救助 458 人次，意外伤害身故或伤残救助 7 人次，初次确诊恶性肿瘤获慰问 36 人次，救助总金额近 400 万元；2015 年度重大疾病住院医疗救助 510 人次，意外伤害身故或伤残救助 3 人次，初次确诊恶性肿瘤获慰问 38 人次，救助总金额 440 万元。

万爱互助会的成立，不仅给患病会员带去实实在在的资助，也给其他会员提供了实实在在的保障，减轻了重大疾病患者的经济负担，鼓励他们积极诊治，尽可能地使患者打消放弃治疗的念头。它以群众最急、最需解决的问题为突破口，把事情办到了群众心坎上，是万顷沙镇实施基层治理创新、解决民生问题的一项民心工程。

（三）运作实效显著，备受社会各界关注

万爱互助模式满足了城乡群众的重大疾病医疗保障需求，受到多方关注。自万爱互助会成立以来，《南方日报》《广州日报》《羊城晚报》《信息时报》《南沙新区报》等本地主流媒体积极跟踪报道，首发原创报道 20 余篇，全国知名门户网站如人民网、凤凰网、新华网、新浪、网易等纷纷转载；江苏南通市慈善互助会等社会组织亦陆续来访，学习万爱互助会的创新模式；中山大学、广州大学等高校和科研院所亦前来调查研究。

万爱互助会让重大疾病患者的持续治疗及生活得到保障，也为探索社会创新提供了崭新路径，2014 年被广州市社工委评为广州市社会创新优秀社会组织项目，《病不致贫：广州市南沙区万顷沙万爱重大疾病医疗互助会模式探索与推广》被推荐参与"中国社会创新奖"评选活动。2015 年，《万爱医疗互助会：地方重大疾病医疗救助创新探索》荣获民政部主办的"第四届中国社会救助研讨会"优秀奖；相关研究成果入选《社会创新：广州案例》。

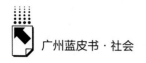

五 万爱互助会的创新亮点

（一）以改善民生为视角的社会治理创新

1. 认识层面

社会治理创新需要整合社会利益机制，协调我国政府、市场、社会三大部门之间的关系。要立足中国国情，建立健全党委领导、政府负责、公众参与、社会协同、法治保障的社会治理新格局。充分发挥政府的主导作用，强化政府对社会的综合治理能力，理顺政府与社会、公民的关系；调整政府内部各部门之间的关系和社会治理职能定位；建设服务型政府，将善治作为政府在处理社会问题时的核心理念。

推进社会治理创新，需要树立有限政府理念。政府须从一些领域抽身而出，不能既"掌舵"又"划桨"，而应该把更多的精力投向"掌舵"，为"划桨"者做好服务工作。慈善救助事业应该是由社会扮演主角，政府提供支持。通过发挥民间慈善组织提供社会服务的职能，为困难群众解决若干关键问题。对政府好、对群众也好的事才容易坚持。

推进社会治理创新，还要培育多元社会组织。万爱互助会仍处在成长阶段，和很多其他社会组织一样，发育程度较低，提供服务的能力尚待提升。因此，政府要因势利导，积极扶植和培育行业协会、咨询机构、慈善团体等社会组织，规范其运作，发挥其在各个领域的重要作用。要营造社会组织发展的良好政策环境，创新社会组织运营模式。

2. 制度层面

在改善民生的视角下，需建立由国家领导、政府监督和社会大众参与的多元主体共存的社会治理格局，完善社会治理配套的一系列政策和法规。由于我国在社会治理方面的法律法规不配套、不完善，与大众的需求尚有距离，创新社会治理的首要任务是建立相对健全的社会治理制度。在解决民生问题上，更需要注重协调保障，解决好民生最迫切的问题。推动民生政治的有序进行，促进社会建设和社会治理同步发展。

（二）促进医疗保障相关领域的多维创新

1. 理念创新

万爱互助会通过群众个人自愿缴纳，社会团体、企事业单位慈善募捐及政府财政扶持等形式筹集资金，凝聚民间力量，帮助个别有困难的群众，有效解决了群众"因病致贫、因病返贫"的问题，让患病家庭生活得到保障。作为一个民间慈善组织，万爱互助会能够做到一些"市场不为，政府不能"的事情，发挥了社会力量在社会保障制度中的作用，也体现了社会福利治理中的协同共治理念。

2. 主体创新

传统的医疗保障制度只有政府、单位、个人三方主体，缺少社会力量参与，万爱互助会把社会力量引入到医疗保险制度中，整合政府、市场、个人和社会的力量，建立以社会力量为核心的新型模式。通过第三方社会组织，聚集群众力量，解决百姓困难。这种社会治理的主体创新，有利于政府在重大疾病医疗救助方面把更多的精力投向"掌舵"，为"划桨"做好服务工作。

3. 制度创新

尽管农民基本上都参加了新型农村合作医疗，但是新农合对一些重大疾病保障程度不足，而购买商业保险费用又过高。万爱互助会正是针对这样一种体制内保障不够、现有体制外参保费用高的两难困境，在体制内保障的基础上，用体制外的力量加以补充。这种制度创新带来三方面的优势：第一，有利于为民众提供更加充分的医疗保障；第二，有利于减轻政府的财政负担；第三，有利于促进医疗保障制度之间的有效衔接。

六　万爱互助会运行三年的数据统计与对比分析

对万爱互助会 2013 年 4 月 1 日至 2016 年 3 月 31 日的运作数据进行整合、对比与分析，将有助于更深入地分析万爱互助会长久健康运行的必要性、可能性，以及需要着手改善之处。

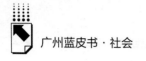

（一）筹款收入和救助支出分析

从表2可以看出，万爱互助会运作三年，会员数持续增加，2014年度、2015年度分别增长16.54%、11.38%，会员人数占户籍人口比重超过70%。个人缴纳会费一直是万爱互助会的主要筹资来源，占3年筹资总额的50.35%；镇财政扶持位居第二，占30.68%；慈善募捐居末，占18.97%。

表2　万爱互助会筹资情况

单位：万元

类别＼时间	2013 年度	2014 年度	2015 年度	合计
个人缴纳会费	180.10	209.89	233.78	623.77
慈善募资金	30.00	105.00	100.00	235.00
镇财政扶持总额	180.00	100.00	100.00	380.00
合　计	390.10	414.89	433.78	1238.77

值得注意的是，2015年度来自社会的慈善募捐由2013年的30万元升至100万元，政府财政扶持由180万元降至100万元，比例由46.14%下降至23.05%。由此可见，在个人缴纳会费不变的前提下，社会慈善募捐增加，镇政府的财政扶持资金便相应减少，逐步减轻政府负担，真正可以"花小钱，办大事"。

为了实现可持续发展，万爱互助会需要积极寻求社会力量的支持，拓宽筹资渠道；在必要的情况下，个人缴纳会费亦可适当提高。

表3　万爱互助会救助支出情况

单位：元，人次

类别＼时间	2013 年度	2014 年度	2015 年度
重大疾病住院医疗救助金额	3602300	3622100	3995000
重大疾病住院医疗救助人次	409	458	515
次均救助金额	8808	7909	7757

表3显示，万爱互助会运作3年，重大疾病救助人次数持续增加，2014年度、2015年度分别增长11.20%、11.24%，救助总金额分别增长5.5%、10.30%，两项数据均低于同期会员增长率，重大疾病医疗救助人次和救助金额的增长均在合理范围内。

值得注意的是，三年来次均救助金额逐年下降。结合表 4 可以看到，越来越多的年轻人自愿加入万爱互助会，由于他们的健康状况较好，需要救助的人次少、金额低。这一推断可从表 3 的"次均救助金额"逐年显著降低得到验证。这对于减轻互助会的资金压力，乃至于减轻政府财政负担有很大帮助。

（二）参会人群数量及年龄分布分析

表 4 显示，目前万爱互助会以 41～50 岁的中年会员居多，占会员总数的 19.14%；其次为 21～30 岁的年轻会员，占会员总数的 17.04%。

表 5 显示，申请救助的会员以 61～70 岁者最多，51～60 岁和 41～50 岁的会员居次。通过纵向比较，从 41～50 岁的中年群体开始，救助人次及金额陡然升高；到 71～80 岁的群体，救助人次及金额便陡然下降。由此可见，万爱互助会的受益群体，是以 41～70 岁的中老年会员为主。因此，改善镇内中老年人的健康状况，大力吸引年轻居民成为会员，是万爱互助会保持可持续发展的必要措施。

表 4　万爱互助会 2015 年度会员年龄段情况

单位：人，%

年龄段	1～10 岁	11～20 岁	21～30 岁	31～40 岁	41～50 岁	51～60 岁	61～70 岁	71～80 岁	81～90 岁	91～100 岁
人　数	1911	2012	3984	3293	4475	3407	2653	1164	422	57
百分比	8.17	8.61	17.04	14.09	19.14	14.57	11.35	4.98	1.81	0.24

表 5　万爱互助会 2013、2014 年度会员救助情况

单位：人次，元

年龄段		1～10 岁	11～20 岁	21～30 岁	31～40 岁	41～50 岁	51～60 岁	61～70 岁	71～80 岁	81～90 岁	91～100 岁
2013 年	人次	8	0	5	3	97	114	126	37	19	0
	金额	63000	0	131000	33000	685000	965000	1147000	378000	200300	0
2014 年	人次	2	1	9	25	118	123	127	39	14	0
	金额	15000	10000	64000	414000	619000	1007000	1152000	286000	55100	0

七　万爱互助会的探索方向

作为一个新兴且缺少先例的民间互助组织，万爱互助会尚处在成长、摸索

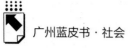

阶段，服务能力有提升空间。一是对户籍以外的人员吸引力不足，镇内有近万名外来务工人员，现阶段入会的只有 1500 多人，需要进一步扩大服务覆盖面。二是资金筹集渠道不够多元，对慈善资金吸引力不足。

作为完善城乡医疗保障体系、解决群众民生问题的一项重大民心工程，万爱互助会需要重视其运行的可持续性和可推广性，脚踏实地地解决老百姓最关心的问题。可以从内部优化、合作交流、制度衔接、多元服务、多元筹资以及模式推广几个方面进行探索和改进。

（一）内部优化，完善互助会治理架构和管理机制

万爱互助会作为一个创新型的社会组织，需要不断完善其组织架构和内部管理机制，巩固其非营利性、公益性、自治性和志愿性；应充分发挥社会组织在提供救助服务过程中的效率优势，在村（居）民中逐步树立良好形象；为构筑更为完善的万顷沙镇医疗救助体系打好基础，确保自身的可持续发展。

（二）协同共治，加强与港澳社会组织交流合作

作为一种创新的医疗保障形式，万爱互助会整合政府、市场和社会三大力量，在发展的过程中应继续坚持政府引导，以社会力量为主体，充分发挥市场作用，做到三方分工合作、各司其职、协同共治。另外，万爱互助会还应与港澳地区相同类型的社会组织开展交流合作，学习先进的组织管理、服务理念与经验，并在一些重点领域和关键环节取得新突破。

（三）把握机遇，做好与广州城乡居民大病保险制度的衔接

客观而言，作为一种保障措施，万爱互助会是旧的城乡医疗保障体系的产物。广州市已于 2015 年 1 月 1 日启动城乡居民医保新政策——《广州市城乡居民社会医疗保险试行办法》，将新型农村合作医疗和城镇居民医疗保险整合为一体化的城乡居民医疗保险，旨在促进城乡基本医疗保障公共服务均等化。参保人不分年龄、户籍性质，实行市级统筹，统一政策、统一管理，基金统收统支，缴纳费用为每人 167 元/年，从化区居民为 134 元/年（2016年标准）。与此同时，《广州市城乡居民大病医疗保险试行办法》也已实施，

大病保险资金从城乡居民医疗保险统筹基金中划拨，实行全市统筹，不另外增加参保人缴费负担，大病医保利用政府统一的招标平台，选定商业保险机构运营、承办。

广州市实施的医保新政策正是万爱互助会的新机遇。城乡医保缴费水平和报销给付的变化，总体上使万顷沙镇内居民的基本医疗保险支付金额减少；城镇居民和职工享受的医保水平下调，农村居民则享受更多实惠，保障强度增加。旧政策的区外就医报销比例低于区内就医，新的城乡医保不再有此区别，同一级的定点医疗机构设置同样的报销比例。会员在获得更高质量医疗诊治的同时，医疗费用还有所下降。

总体而言，万爱互助会将会因此受益，资金赔付压力相对减少。万爱互助会需要因应广州医保新政策的实施，尤其是缴费、报销金额的调整，以及同级定点医疗机构按同样的比例报销等变化，适当调整《救助实施办法》，创新服务内容和方法，做好与广州市相关新政的衔接。

（四）立足群众，多方位满足会员重大疾病的保障需求

立足群众、服务群众，就是要从群众角度来思考问题、设计制度，需要考虑到申请、报销、预付等方方面面。只要让群众感到舒心和方便，并且能够解决实际问题，就必然会受到群众的欢迎。

万爱互助会作为广州首个为外来务工人员提供重大疾病医疗救助保障服务的社会组织，还需要设计更加契合外来人员特点的入会方式、救助形式和救助比例等，使其能够发挥更大作用；继续与镇内大型厂企联系，加大对镇内工会的宣传力度，积极寻求与厂企及工会的合作，动员镇内异地务工人员入会。使万爱互助会的存在能够切实提高外来人员的认同感和归属感，进一步营造更有利于南沙新区、自由贸易实验区建设的社会环境。

（五）多元筹资，拓宽基金的募集渠道和来源

万爱互助会需要持续扩大宣传，利用万顷沙镇的创新实践和显著成效吸引社会各界的关注，特别要重视吸引企业、个人或者慈善组织等其他社会主体的捐款，扩大万爱互助基金的资金池，增强抵御风险的能力，保障万爱互助会的可持续发展。

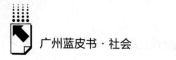

（六）模式推广，助力广州社会建设大局

万爱互助会作为非营利性、公益性、自治性和志愿性的社会组织，可以充分发挥自身在构建和谐社会中的综合作用，为南沙区乃至广州市的社会建设提供助力。因此，需要对万爱互助会成立至今的经验进行总结、研究，形成专项材料，向南沙区内其他镇街以及区、市一级宣传介绍，使广州更多村民、市民受益，激发更多基层社会服务组织诞生和实践创新。

社会保障篇

Social Security

B.22

关于广州市城乡居民基本养老
保险制度评估的研究

白铭文 *

摘　要：　本文首先对广州市城乡居保制度发展情况进行简要回顾，参
照国内相关研究成果，建立广州市城乡居保制度评估的研究
框架并实施评估，最后提出优化城乡居保制度体系改革发展
的思路和政策建议。

关键词：　养老保险　绩效评估　广州市

一　广州市城乡居保制度发展情况

广州市从2006年开始农村居民养老保险试点工作，2006年根据市委、市

---

* 白铭文，广州市人力资源和社会保障局农村社会保险处副调研员、人口学硕士，研究方向：
社会保障。

政府关于加快城镇化进程的工作要求，针对从城乡接合部农业户籍转为居民户籍的居民，出台了对农转居人员的养老保险办法，即《广州市农转居人员养老保险试行办法》（穗府〔2006〕21号），国家在2007年开展被征地农民养老保险试点工作后，广州市按照国家和省的政策，在2008年先后出台了《广州市被征地农民养老保险试行办法》（穗府〔2008〕12号）和《广州市农村居民社会养老保险试行办法》（穗府〔2008〕54号）；同时在2008年9月出台印发了保障城市户籍无养老保障老年居民的《广州市城镇老年居民养老保险试行办法》（穗府办〔2008〕48号）。2010年10月，广州市根据《社会保险法》及省有关建立新农保的指导意见，整合原被征地农民养老保险办法和农村居民社会养老保险办法，印发了《广州市新型农村社会养老保险实施办法》（穗府办〔2010〕80号），全面实施新型农村社会养老保险。2012年8月，为统筹城乡无就业居民的养老保险办法，广州市率先在全省整合新型农村社会养老保险和城镇老年居民养老保险办法，出台了《广州市城乡居民社会养老保险试行办法》（穗府办〔2012〕34号），将全市户籍的城乡居民（含渔民）统一纳入该办法，真正实现了无就业居民社会养老保险的全覆盖。之后根据国家要求修订出台《广州市城乡居民基本养老保险实施办法》（穗府办〔2014〕66号），建立了缴费激励机制和基础养老金正常调整机制。

二　城乡居保制度评估体系的建立

（一）政策评估框架的确立

关于养老保险绩效，学者们沿着两个方向展开了研究。一是从政府政策制定者角度，对养老保险绩效评估指标体系量化，利用模型测算社会养老保险水平以及公众的满意度水平；二是从顾客（居民）需求的角度，构建居民满意度测评体系，对养老保险政策的制度实施绩效进行评估。两个不同的研究方向，无论是从理论上还是从实践上都对养老保险政策绩效进行了论述，还对养老保险政策进行了定性和定量分析。以居民为研究对象，对城乡社会养老保险居民的满意度研究，目前已经积累了一定的研究成果。

在政府制度绩效研究方面，学者们也展开了较为充分的讨论。根据郑功成教授的观点，对制度的评估可从公平性、有效性、可持续性三个方面进行。有学者借鉴了国内外关于政府、公共部门绩效评估的学术研究和实践经验，将绩效评估引入养老保险中，构建一套全面、有效度、有信度、具有可操作性的养老保险绩效评估体系；也有从农民满意度的角度出发，用满意度测评方法对我国惠农政策实施绩效进行实证分析，梳理出绩效较高和较低的惠农政策，并用量化的指标评估惠农政策的农民满意度水平。

不难看出，现有学者对养老保险制度的绩效评估的研究有一定基础。既在理论上构建了政府养老保险制度的绩效评价体系，又量化了农民对养老保险制度的满意度水平。广州城乡居民基本养老保险制度，首开了打破城乡身份限制、实行城乡一体化社会化养老保险的社保制度改革的先河。

（二）具体指标的确定

郑功成从有效性、公平性、可持续性等方面进行评估，其中有效性体现在社会养老保险制度中主要指某一养老制度在实施后产生的影响和效应，包括满足需求的程度、制度运行的规范性、对相关资源的利用效率以及对经济社会发展的影响等。公平性则体现在社会养老保险制度中，主要包括价值取向和理念、参保覆盖情况等，同一制度范围内的人群应有平等的养老保障权益，不能因保障对象性别、民族、职业、区域、地位的不同而不同。可持续性体现在社会养老保险制度中主要指制度是否可以长久维持的过程，主要包括制度的发展性、稳定性、可衔接性以及资金、财务的可持续性等（见表1）。

表1　指标体系

一级指标	二级指标	指标解释
公平性	价值取向	应保尽保、普惠制
	覆盖面	制度覆盖面
	制度设计	体现公平
有效性	规范性	法律层面
	保障水平	满足基本养老需求程度
	基层社保机构	人员、机构和软硬件
可持续性	资金可持续性	基金支付
	制度稳定性	是否过渡政策
	制度衔接	与其他制度衔接的合理性

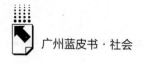

三 广州市城乡居民基本养老保险制度评估

（一）实施的基本情况

1. 广州市城乡居保制度模式和主要特点

（1）制度模式

广州市城乡居保模式基本概况为"个人缴费+集体补助+政府补贴"，三部分资金进入参保人个人账户；养老金分为基本养老金+个人账户养老金，其中具体缴费、政府补贴和养老金预算如表2所示。

表2 缴费标准与养老金预测

单位：元

档次	每月缴费标准、对应的政府补贴				缴纳15年累计投入		缴费15年、年满60岁时的养老金	
	个人缴费	个人缴费对应政府补贴	集体缴费（也可以由个人缴纳）	集体缴费对应政府补贴	个人缴费和集体经济组织补助累计	政府累计补贴	个人账户养老金	加上180元基础养老金实得养老金
第一档	10	15	5	5	2700	3600	45	225
第二档	30	35	10	10	7200	8100	110	290
第三档	50	50	20	20	12600	12600	181	361
第四档	70	60	30	25	18000	15300	239	419
第五档	90	70	40	30	23400	18000	297	477
第六档	110	75	50	35	28800	19800	349	529
第七档	最高300 最低130	80	最高300 最低60	40	最低108000 最高34200	21600	最高932 最低401	最高1112 最低581

注：未考虑利息因素，且基础养老金会随经济发展水平的变化而增长。

（2）广州市城乡居保制度的主要特点

一是扩大制度覆盖，实现全民社保。城乡居保办法将制度的覆盖范围由原来的城镇老年居民、农村居民扩大至具有本市户籍、年满16周岁、不符合城镇企业职工基本养老保险参保条件的非从业城乡居民，真正实现了社会养老保险制度覆盖全体城乡居民的目标。

二是加大财政投入力度，强调政府责任。城乡居保办法沿用广州市新农保制度中的缴费激励机制，政府对参保人个人缴费和集体经济组织补助的平均资助水平达到91%；设立较高水平的基础养老金；加大对中青年持续缴费的基础养老金激励力度；扩大资助困难群体参保的范围；提高丧葬抚恤费待遇；建立由政府出资的地方统筹准备金。经测算，广州市的城乡居保办法每年需投入财政资金22.1亿元，每年比原来新增加财政投入6.3亿元。

三是建立衔接通道，实现平稳过渡。城乡居保办法除了继续沿用广州市原新农保制度中关于与城镇企业职工基本养老保险、农转居人员基本养老保险之间的衔接办法外，针对广州市原城镇老年居民养老保险和新农保制度的不同特点和参保人的实际需要，采取"新人新制度、老人老办法"的方式，对政策衔接过程中变化较大的环节，给予参保人重新选择的机会和不同的过渡期，确保参保人的养老保险权益不会因为制度整合而受损害。

2. 广州市城乡居保制度近三年的实施成效

一是城乡居保制度体系基本完备，运行规范。从2012年8月开始，广州市建立了城乡统一的城乡居民养老保险（简称城乡居保制度），之后根据国家要求修订出台《广州市城乡居民基本养老保险实施办法》（穗府办〔2014〕66号），建立个人、集体、政府三源出资保障制度模式。城乡居保制度实施三年以来，充分释放了政策利好信息。从各项大数据和反馈分析，政策达到如下目标。

（1）城乡居保实现全覆盖。据统计，截至2015年12月底，全市城乡居保参保人数达129万人，参保率100%。在资助弱势群体方面，市人社局配合民政局、卫计委、扶贫办、残联等民生部门共筹资金，精确帮扶，完善了城乡居保配套托底政策。

（2）待遇水平不断提高。2012~2015年，基础养老金从130元/月提高至180元/月；平均养老金从456元/月提高至608元/月，全市共有40万人享受城乡居保养老金待遇。

（3）参保人对政策认可度较高。2012年实施至今，城乡居民逐渐认识到制度蕴含的社会保障、共建共享理念，参保者在制度层面有了真实的获得感，也实现了"要我参保"到"我要参保"的过渡，特别是对于老年居民，在无法获得城镇职工养老保险金的情况下，城乡居保让他们获得了现实的补充保障。

二是城乡居保作为新型民生重大工程，支撑了广州快速城市化发展。城乡

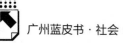

居保首开先河，突破了城乡身份限制，试行城乡一体化的基本养老保障，在我国社保制度改革中具有重要意义。广州市贯彻"制度并轨、公平合理、平稳过渡"的要求，推进城镇老年居民养老保障和新型农村社会养老保险制度的并轨，实现了国务院"保基本、广覆盖、有弹性、可持续"的发展原则和理念。广州市城乡居保制度实施3年多来，取得了显著成效，保障了广大市民最基本的养老需求，维持了社会的安定团结，为"十二五"期间广州市快速城市化发展打下了坚实的基础。

三是广州的城乡居保相对其他城市有鲜明的自身特色。考察京、沪、津、深等城市的同类制度，他们普遍具有"重福利、轻缴费"的制度特点，即由政府设立较高的基础养老金（300～450元/月），个人账户养老金水平很低；而广州市具有"多缴多得"的缴费激励机制特点，政府对参保人个人缴费和集体经济组织补助的平均资助水平达到了90%，个人账户养老金水平（428元/月）远高于基础养老金（180元/月），更凸显了养老保险参保人的权利和义务。

（二）对广州市城乡居民基本养老保险的制度评估

李克强总理多次强调，对于民生重大政策措施，应采用第三方评估和社会评价方法，根据社会反馈进一步调整，从而建立务实、长效机制。按此精神，我们从民生制度较普遍的公平性、有效性、可持续性三个角度进行分析。

一是城乡居保的高覆盖与低水平同时存在，公平性须提高。从制度的两纬角度比较，有以下发现。

（1）同类政策的横向比较中，城乡居保制度权重较轻。广州市目前针对不同的人群大致有三种养老保险，分别是城镇职工基本养老保险、农转居人员基本养老保险和城乡居保，统计情况如表3所示。

表3　2015年三种养老保险基本情况

险　　种	参保人数(万人)	领取待遇人数(万人)	平均养老金(元/月)	当年调整额(元)
企业职工	990	86	3200	260
农转居人员	22	13	869	64.5
城乡居保	129	40	608	15

数据分析可见，三类保险待遇落差大，动态发展的相差幅度也大，动态发展的相关幅度也大，城乡居保只有 15～20 元/年递增，远不及企业职工，甚至只到农转居人员年调整幅度的 20%，两极分化加剧的趋势明显。

（2）制度远期安排不明朗，影响未来公平性预期。调研发现，年龄超过 45 周岁的中老年人参保的积极性相对较高，但中青年人由于要缴费很多年才能领取养老金，对通货膨胀、养老金增值保值等影响因素预期不看好，持续缴费意愿不高，进而影响制度的良性运转。

二是制度运行规范和保障实效跟不上实际需求，有效性不足，具体体现在以下方面。

（1）制度规范性和实施保障不足。城乡居保制度属于自愿参保，不具备城镇企业职工养老保险的强制性，在推广中存在扩面指标与制度自愿参保间的矛盾，政策规范性弱，推广时间长；也是这个原因，在覆盖度增高后，事务办理海量增加，而经办机构则预设不足，全市 129 万城乡居民，只有两个区设有专门经办机构，其他区采用原社会保险中心兼办方式，接件处理能力和服务水平不足；而且，城乡居保扩面后没有经费预算，还是依靠临时增报工作经费解决，市财政也没有相应的扩面经费。这些新情况、新问题影响了城乡居保惠民政策的落实。

（2）保障水平较低，不能满足基本养老需求。养老保险水平测算一般以替代率来测算，我们以城乡居保平均养老金占比广州市农民人均纯收入作为替代率指标，经我们统计，广州市城乡居民基本养老保险金替代率偏低，离城乡居民老年生活需要尚有差距。广州市城乡居民基本养老保险金增长水平跟不上农民人均纯收入的增幅，替代率较低，一直维持在 30% 左右，且未来替代率有进一步降低的趋势，难以满足城乡居民的未来老年生活需要。

三是制度发展前景不明朗，仍应维持其可持续性。理想制度应与现实有较高的可衔接性，目前广州市三种养老保险制度之间覆盖人群、待遇水平之间的差距甚大，城乡居保和农转居人员、城镇企业职工衔接制度尽管建立，但在实际操作中，实际人群的复杂性导致衔接制度不太科学合理；随着广东省城乡统筹一体化社会保障建设，城乡居保很可能转归统一的国民养老保险体系，成为大制度框架的子层面。但考虑到构建大体系的复杂性，这个过渡期应该很漫长。应该说，城乡居民社会养老保险制度改革与发展任重道远，只能巩固提高制度的覆盖率和保障水平，不能停滞忽视、观望等待。

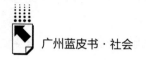

四 对深化广州市城乡居保制度的建议

（一）重视顶层设计，建立统一的城乡一体化养老保险体系

广州市作为国家中心城市，应加大先行先试力度，建立城乡一体化养老保险制度，按照"低进低出，多缴多得，分级归档，共同发展"的方式，实现在职职工和居民养老保险的一体化管理，提高居民福利，降低管理成本。对城乡社保的接轨方法可采用"两步走"：一是按缴费水平低于城镇职工而高于城乡居保缴费的办法，参照城镇职工基本养老保险制度计算方式，先解决非就业城乡居民提高养老金的现实诉求；二是在各方面发展条件具备后，将城乡居民统一到城镇职工养老保险体系中，健全"以城带乡、以工促农、城乡互动"的长效机制。

（二）紧跟发展实际，建立城乡社会养老保险缴费与待遇的自动平衡机制

城乡居保制度没有代际互助功能，完全由财政托底，养老金自然增加率超过对应财税增长率就意味着财政压力增大；同时，随着城市人口老龄化比例（2015年已经超过13%）的增加，养老金支出面临急剧增长的压力。这就要求城乡社会养老保险要在既适合经济发展水平，又适应老年赡养率变化的基础上，研究缴费与支出的自动平衡机制，保障两者的长期平衡。从缴费率来看，城乡居保缴费应逐步与个人收入挂钩（建议在10%~30%），保障在低限缴费者不低于最低生活标准的养老金的基础上，形成多缴费者多回报的激励制度。从长远计，建议建立根据经济增长状况、老年赡养率以及收入差距来调整养老金水平的自动调整机制，即当经济增长速度放慢、赡养率下降时，降低养老金替代率水平，反之亦然；并且，城乡养老金之间差异也应随城乡劳动者工资收入差异进行动态调整。

（三）突出切实见效，完善制度运行和保障

1. 继续保持应保尽保的普惠制价值取向

广州市城乡居保制度规定年满16周岁（不含在校学生）、未参加城镇职工基本养老保险的城乡居民，均可在户籍地自愿参加城乡居保。可见，城乡居

保制度的建制理念是"人人有保障、公民得实惠"。此外，对参保的低保群体、残疾人等特殊群体有额外的养老金补助。

2. 制度设计待遇享受公平

继续实施多缴多得的缴费激励机制，广大城乡居民按照自己的收入水平选择不同的档次缴费，满足领取更高养老金的诉求。

3. 配备专门经办机构和经费预算

健全城乡居保经办管理机构需要，无论在机构设置还是在扩面参保方面，均应加大财政投入力度，服务好广大参保人员，打通城乡居保制度"最后一公里"。

参考文献

詹姆斯·米奇利：《社会发展：社会福利视角下的发展观》，上海人民出版社，2009。

关信平：《社会政策概论》，高等教育出版社，2004。

郑功成：《中国社会保障制度变迁与评估》，中国人民大学出版社，2002。

郑秉文、于环、高庆波：《新中国 60 年社会保障制度回顾》，《当代中国史研究》2010 年第 2 期。

张丽宾：《我国城乡居民养老保险的调查与思考》，《经济研究参考》2013 年第 72 期。

国务院：《国务院关于开展新型农村社会养老保险试点的指导意见》。

国务院：《国务院关于开展城镇居民社会养老保险试点的指导意见》。

中国共产党中央委员会：《中共中央关于制定国民经济和社会发展第十二个五年规划的建议》。

中国共产党中央委员会：《坚定不移沿着中国特色社会主义道路前进 为全面建成小康社会而奋斗》。

国务院：《关于建立统一的城乡居民基本养老保险制度的意见》。

（审稿：周凌霄）

B.23
广州市参合农民医疗费用负担
缓减的调研报告

林 政*

摘 要： 笔者通过对广州市参合患者样本的考察分析认为，在新型
农村合作医疗制度不断完善的过程中，参合农民的看病就
医条件及状况均得到了明显改善，并使其用于改善生活消
费的可支配收入有了大幅增长，有效需求得到释放。本文
就当前完善新农合亟待解决的若干问题进行了分析，并提
出了相应的对策建议。

关键词： 参合农民 医疗费用负担 对策建议

一 广州市参合农民医疗费用负担的缓减情况

（一）"小病拖、大病扛"的现象不断减少

根据对参合患者样本的调查，现按病种病情的不同，将其大致分为患一般
普通病、大重病和疑难杂病三种情况，各情况相对应的患者数分别占样本总数
的 69.5%、23.2% 和 7.3%。从情况一来看，因患者及时就医的认识得到了增
强，特别是为避免小病拖成大病，他们会就近利用新农合所提供的相关医疗服
务来控制、治疗疾病；从情况二、情况三来看，在 2014 年大重病或疑难杂病

---

* 林政，南方医科大学人文与管理学院经济系副教授、硕士生导师，主要从事社会医疗保险、
健康经济学的研究。

得到及时、有效诊治的患者人数，比2012年、2013年分别增长了32.3%和43.7%，且得到医疗救助的特重病人数也有所增加。

（二）各级医疗机构乱收费的现象得到一定遏制

从各级医疗机构乱收费的情况看，有91.3%的患者认为村卫生室基本上没有大处方现象，其次是乡镇卫生院，而区定点医院、特别是市以上定点医院药价虚高、医生开大处方的现象仍时有发生。这说明，当前在区、市定点医院，以药补医、医生诱导患者过度消费、重复医疗的现象仍然存在，表1即反映了参合患者对各级医疗机构在遏制乱收费方面的认同情况。

表1　参合样本对各级医疗机构在遏制乱收费方面的认同情况

单位：%

项目	村卫生室	乡镇卫生院	区定点医院	市以上定点医院		
				知名三甲	普通三甲	三甲以下
认同比	91.3	85.6	67.3	56.2	47.5	31.1
主要疾病	简单小病	普通病	较大重病	疑难杂症	大重病	大重病

（三）预防、保健意识开始增强

在调查中还发现，随着新农合的完善，参合患者在增加利用定点医疗服务的同时，其预防疾病、增进自我保健的意识也得到了加强。如从调查中得知，有近90.2%的参合患者开始关注主要流行病、多发病及常见病的防范及康复知识，有近67.3%的参合患者能常年坚持体育锻炼，还有92.1%的患者开始注意个人卫生及改正自身的不良嗜好及习惯，毫无疑问，这些变化对参合患者增强体质、维护健康、不断提升生活质量都是极其重要的。

二　广州市参合农民生活状况的改善情况

（一）参合农民有效需求的释放

依照2012～2014年广州居民可支配收入同比增加的调查资料，现按低、中、高的顺序，可将其可支配收入的增长幅度大致分为小于500元、500～

1000 元及大于 1000 元三个区位段。在 2014 年,各段相对应的患者数分别占样本总数的 14.7%、59.6% 和 25.5%。此外,从低、中、高各段患者消费支出的同比增长看,在 2014 年,各段患者的消费支出分别增长了 78.5%、81.7%、91.3%,其中,低段患者因大多体弱多病,在生活消费上的支出较多,其消费选择的范围也相对较窄;而其他两段的患者,特别是高段患者因青壮年居多,其用于自我发展上的生产、生活消费支出较多,且消费选择的范围也较广(见表2)。

表2　样本近三年消费支出同比的增长情况

单位:元,%

递增段	2012 年(1)	2013 年(2)	2014 年(3)	(2)—(1)	(3)—(2)
<500	53.2	64.3	78.5	11.1	14.2
[500,1000]	57.2	69.5	81.7	12.3	12.2
>1000	68.6	83.3	91.3	14.7	18.0

(二)参合农民生活消费的改善情况

按照需求层次理论,并考虑到广州市城乡收入差距,这里将参合农民的生活消费按服务对象的不同大致分为基本物质需求、享受物质需求、精神物质需求、精神享受需求及精神发展需求五个层级,下面即按此划分,并结合样本消费主要商品的类别及品种的情况来反映其生活消费的改善变化。

在所调查的样本中,除极少数无力追加新的生活资料的重症患者及消费选择范围已覆盖广州各主要商业网点的富裕患者外——两种极端情况分别占样本总数的 3.8% 和 5.9% 左右,从其余样本所购买消费的商品、服务来看,加工类食品、其他家庭日用品及餐饮服务这三项约占样本消费支出总额的 63.5%,这里的加工类食品主要包括油脂、糖酒奶等干鲜制品,餐饮服务则包括茶楼、酒店及宾馆等服务。这表明当前参合样本对市场商品的需求消费除了日常的基本生活资料外,还包含一部分享受物质需求,此外,属于休闲、文化、保健等精神发展层面上的消费需求也占到了 19.5%。相关主要消费项所占的比重依次为:食品类占 36.2%,其中不含参合样本自产自用的粮食、肉、菜等食品,家庭设备与用品类占 21.1%,服务类占 17.3%,娱乐、教育类占 6.1%(见表3)。

表 3　参合样本对市场商品、服务的需求消费情况

单位：%

项目	食品	居住	服务	衣着	家庭设备	交通通信工具	娱乐、教育
百分比	36.2	19.3	17.3	8.1	7.1	5.9	6.1
需求层级	基本	基本	享受	基本	基本、享受	发展、享受	享受、发展
主要服务	零售	零售	餐饮	零售	零售	交通、通信	娱乐、教育

此外，再从样本近年来集中消费各层级商品、服务的增长情况看，首先主要以街道、集市及旅游景区等消费场所为依托，加工食品零售、餐饮住宿、休闲娱乐服务的消费增长较快；其次是文化、教育、交通通信及物流配送等服务的消费得到了一定程度的增长，这些服务主要分布于市（区）中心城区，并逐步向城郊、乡镇及村社周边扩展，以不断满足消费者不断增长的生产、生活需要。总的来看，样本在生活消费方面的改善是明显的，特别是食品、餐饮等物质类生活消费增长较快（见表 4）。

表 4　当前及近两年样本生活消费增长的情况

单位：%

需求层级	占比	2014 年比 2013 年增加的百分比
基本物质	48	190.5
享受物质	18	130.2
精神物质	16	118.7
精神享受	11	87.3
精神发展	7	56.2

三　存在的问题与不足

（一）村镇定点医生的执业水平低是分级诊疗有效推行的制约因素

当前，村镇定点医生的执业水平低是分级诊疗，特别是基层初诊难以有效推行的关键所在。基层医生的执业水平低，一些小病，包括许多普通病、

常见病及多发病就难以在第一时间得到有效控制，参合患者的小病就有可能拖成大病，并将进一步加剧其医疗费用负担。据对基层医生所受专业教育的调查得知，有近2/3的村医是通过学徒制、培训制等非学历教育走上行医之路的，其中难免有部分人的执业水平还满足不了分级诊疗的要求，特别是专业素质低、技术单一、临床经验欠缺、知识疏于更新、收入没有保障等诸多困惑更是严重地制约着他们执业水平的提升，并使其难以在新农合一线岗位上发挥应有的作用。与此同时，乡镇定点医生的专业教育及执业水平有待提升的情况也不容忽视。另据对参合样本的调查得知，有近53%的参合样本认为村医基本能胜任本职工作，而有36%的参合样本认为村医只能医治部分小病，还有一些小病则需要到乡镇或区定点医院求治，其余11%的参合样本认为村医的作用并不大。可见，不断提升村镇定点医院医生处理、治疗普通病、常见病和多发病的能力已成为当前有效推行分级诊疗所面临的首要任务。

（二）区定点医院处治大病的能力有待提高

区定点医院主要承担乡镇卫生院不能承担的大部分危急重病及部分疑难杂症的处治任务，负责对参合患者是否需要从基层医疗机构转入省市定点医院进行最后把关，因而，对大幅缓减参合患者的医疗费用负担起着关键性作用。然而，由于长期以来区定点医院对人才缺乏吸引力，加之名优医生少、主要医疗设施陈旧老化、新添置的大型设备又难以跟原有设备整合配套，这就不可避免地会影响区定点医院处治大病能力的提高。具体而言，一是区定点医院医生的技术还不能满足分级诊疗的要求。随着区定点医院职能分工的逐步明确，区定点医院在处治重大疾病或疑难杂症时，技术精良、经验丰富的专门医生少，患者的疗效不显著，尤其是区定点医院的人才短板明显，人才难以培养创新。二是高水准的专业设备不配套，疾病的检查结果缺乏准确性、可靠性。优质医疗资源，特别是专业化的大型医疗设备在城乡间配置的不均等，使一些重大疾病难以在区定点医院得到有效检查确诊，甚至疾病的检查结果还会因设备设施性能差而出现误差大、临床指导意义不明显、难以准确反映疾病谱的变化新趋势等问题。

（三）省市定点医院去除以药补医的配套改革亟待深化完善

在省市定点医院破除以药补医、回归公益的过程中，一些相关的治理措施，包括改革医生薪酬制度、加强医院成本控制、增加财政投入及推行医师多点执业等相继出台，但从这些措施目前的实施情况来看，其效果并不理想。第一，医生薪酬的决定在跟多开药、大检查逐步脱钩后，新的以净化行风、确立以患者满意度为导向的薪酬制度还未能有效建立起来，这样，鼓励医生爱岗敬业，尤其是根据患者病情对症下药的目标就难以达到。相反，由于制度不明确、相关措施贯彻执行不力，还会进一步引起医生徘徊观望，甚至将其重新引入利益至上的歧途。如据调查样本反映，当前同种病在同级定点医院间的医疗费用差别很大，甚至还出现少数定点医院比某些正规私立医院的医疗费用高的情况。第二，定点医院的法人主体地位没有得到真正落实，定点医院也没有按照法人治理结构的要求进行营运管理，特别是一些现代科学管理方法还没有在定点医院得到有效推行，有的定点医院甚至还有机构职能重叠、岗位责权不清、库存积压严重、日常管理缺乏精打细算等情况，并引致医院成本难以得到合理回归。第三，取消以药补医及推行分级诊疗将使省市定点医院的病员量大幅减少，并将进一步使医院及医生的收入减少，甚至还会影响医院的正常营运。在此情况下，如果财政不给予省市定点医院合理的补偿投入，或者财政投入不能有效满足医院及医生收入补偿的合理要求，那么，医生的积极性就难以调动起来，以药补医的现象还会出现反弹。第四，医师多点执业"雷声大、雨点小"，甚至在一些省市定点医院有名无实、难有突破，尤其是涉及医师身份、岗位及权责利等方面的改革创新措施还没有到位，出现了院内的医师出不去、院外的医师进不来，甚至因医师多点执业的外部环境不完善而引致医师多点执业的合法收入得不到保障、医师在多点执业中的责任不清、患者对其满意度低等问题。

（四）社会办医的档次低、业务杂、知名度小

当前，社会办医还不能与公立医院形成有效的竞争格局，难以发挥市场在配置医疗卫生资源中的作用，特别是大型的公立医院，人满为患、"一号难

求"的现象依然普遍，而社会办医，包括民营资本办医的层次低、特色不鲜明、品牌效应差，仅是公立医院的补充或配角。具体来讲，一是针对外资，尤其是位居世界500强的国外著名医药企业来穗办医的政策、法律及税务、工商等管理条规不健全，对发达国家的先进医疗技术的引进、吸收及消化创新工作做得还不够；二是涉足公立医院相对薄弱的高端医疗、特种病医疗、家庭全科护理及医养结合经营等新兴领域的服务有待深入拓展；三是由于服务营销手段落后，特别是因患者认可度低而引致社会办医的市场占有率低、经济效益不理想，并进一步导致其人才流失严重、大量医疗设备闲置、办医水平难以得到质的提升。据抽样调查中所掌握的情况，当前有近73.5%的参合患者对社会办医，特别是民营医院普遍持不信任态度，他们认为民营医院与定点公立医院比，其资信度低、营利动机强、就医效果不佳，因此，他们在需要到大医院看病就医时，更愿意选择定点的公立医院。

此外，基本药物制度的推广普及还有待加强，特别是在区以上的定点医院，基本药物短缺、脱销、供应不济、交货不及时等现象仍时有发生，并引致医生难以按照基本药物的使用规范来对症下药，尤其是在医生因基本药物无法满足其正常处方的要求而选择非基本药物或适量自费药时，又常常会引来患者的猜忌、质疑和抱怨，甚至会影响到患者今后的择医问药，并进一步加剧医患对立矛盾。

四 主要对策与建议

（一）切实保证村镇定点医疗机构对医疗卫生资源的需求

1. 按照基层首诊的相关要求，让参合患者充分知晓各级定点医疗机构服务的职责划分情况

要按照深化医药卫生体制改革关于村卫生室要承担40%左右的基本公共卫生服务任务的有关要求，将各级定点医疗机构的职责范围及相关服务比例以就医指南的形式发放给参合农民，让其熟知指南内容，并在看病就医时，切实依照自己的患病情况，在村镇定点医疗机构的正确指导下，进行合理、有序就医，避免盲目择医带来的费用损失。

2. 加强村卫生室和镇卫生院的建设

要根据村镇人口增长对医疗机构数量的需求规模来确定合理比例、拟定发展标准、实施优化布局，要积极推进村卫生室和镇卫生院的一体化建设，包括规范化、制度化及信息化建设，不断提升其设备、设施的配备水平，尤其是要在有效增加村卫生室的基本诊疗器件、用材的同时，重点解决好村卫生室服务场所不足的问题，使村卫生室及镇卫生院能充分满足参合患者正常的就医需要。

3. 做好市定点医院对口支援镇卫生院人才队伍建设的工作

市定点医院要定期选派作风踏实、技术过硬的中青年骨干医生深入基层一线，通过导师制、师徒制、协作制或带头人制度等多种形式，跟当地卫生院构建全方位、多层面的人才培养及帮扶、成长机制。此外，镇卫生院也要从实际出发，结合当地多发病、流行病的发生统计情况，有针对性地选派医务人员前往市定点医院学习、进修，在全面提升个人业务的同时，尤其要注重增进其处理、转诊大重病的技能技巧，逐步形成支援医院与受援医院合作双赢的运行新模式。

4. 大力提高村医的执业水平

要通过引进、培养和开展合作交流等形式全面提高村医的执业水平，并形成区、镇定点医疗机构对村卫生室定期进行业务咨询、检查的规章制度，使村医的专业结构、学历水平及医疗技术都能得到大幅改进和提高，特别是要出台相关的政策、措施，积极探索村医的工资、职称及养老等人事制度改革，鼓励医学毕业生到基层就业，通过改善村医的技能、待遇，以不断调动其积极性、增强村卫生室"零距离"的服务能力，进一步筑牢参合患者小病拖成大病的防控底线。

5. 镇卫生院要严把患者转诊的技术关

要建立健全以技术负责人审核的患者转诊制度，通过构建患者病历电子档案及患者对医生满意度的信息反馈平台，由技术负责人对镇定点医生完成本职工作的质量进行考核把关，并把考核结果跟财政对医生工资、奖金的发放结合起来，以从源头上遏制医生干多干少一个样，特别是随意将患者转诊至上一级定点医院等"搭便车"的行为，以大幅减少病员的无故流失。

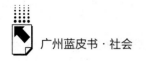

（二）大力支持区定点医院的发展，不断增强其服务功能

1. 加强区定点医院的硬件建设

要按照政府主导的原则，根据区定点医院的功能定位，在保证政府将新增的医疗资源不断投向区定点医院的同时，鼓励区定点医院通过自身积累来增强其发展能力，特别是要优先满足其对主要设备、设施等瓶颈资源的需求，着力解决好区定点医院在排查大重病方面的专业装备及配套设施问题，通过大力提升区定点医院的硬件技术水平，以不断增强其疾病诊断结果的准确性、可靠性和指导性，为绝大多数疾病都能在区域内得到较好解决创造物质条件。

2. 建立市定点医院多方参与区定点医院发展的长效机制

市定点医院要针对区定点医院亟须改善、增加或加强的医疗项目，通过与区定点医院结成多元化的伙伴、同盟或战略协作关系，积极延伸、拓展区定点医院的服务功能，不断提升其社会的认可度和知名度；与此同时，市定点医院还要根据自身的特长、优势，采取分片区、分层级、分科室、分职能的形式，通过明确目标、职责与任务并结合开展主要病种治疗、拔尖人才培养及科研项目带动等专项活动，以确保区定点医院在处理镇卫生院不能处理的大重病及部分疑难杂症的能力上有质的提升；此外，还要加强远程信息网络平台建设，不断优化区定点医院与市定点医院间的远程会诊效果，使区定点医院在应对重大突发疾病或危急重症时，能及时得到市定点医院优质医疗技术的有力支持，尤其是在大幅减轻参合患者的医疗费用的同时，能使其尽快地脱离危险，得到有效诊治。

3. 创新区定点医院医生的管理体制

要制定严格的医生岗位责任制、奖惩制及患者评医制等约束机制，结合按病种成立专家指导小组、医疗费用控制审核小组等办法，着重考评医生在解决主要大病、重病及部分疑难病症方面的成效，并通过推行差异化的计酬工资，建立起以患者满意为导向的薪酬激励机制。对医生的财政工资也要力求体现公平与效率的原则，突出行业特点，在调动医生积极性的同时，鼓励其不断提高疾病临床治疗水平，特别是提高大重病的治愈率、康复率。

（三）以破除以药补医为抓手，积极推进市定点医院改革

1. 不断凝练办医方向

改变市定点医院贪大求全的状况，尤其要整合资源、找准方向，提高办医档次，凸显医院特色。由于普通病及多发病的医治长期占用市定点医院大量人力、物力及财力，医院无法有效集中力量去从事重大疾病及疑难重症的攻关治疗，只能通过增加以药补医所得来维持自身庞大的费用开支。因此，避免低水平重复投入，重点加强名优科室、特色科室、重点科室建设，是市定点医院在落实政府责任、回归公益的过程中，更好地发挥自身服务功能的有效途径。

2. 完善市定点医院的现代管理制度

要将次均费用、总费用增长率及药占比等控制指标纳入市定点医院绩效考核和目标管理中来，坚决查处为片面追求经济利益的不合理用药、用材及检查或重复检查等行为，特别是要按照法人治理结构的要求，通过明晰产权、厘清权责关系、注重运用精益管理、供应链管理等现代管理方法，并积极引入激励、竞争及社会评价反馈等机制，在去除医生因多开药而多获益的利益的同时，不断增加医生保障性财政工资投入，并进一步提高医生的服务诊金，重塑市定点医院科学管理、服务至上、患者满意的新形象。

3. 对医师从事多点执业的资格进行严格把关

市定点医院要做到从微观上放开、搞活，在宏观总量上实行限额控制，以保证医师价值能通过多点执业得到合理体现，让医师收入能在多点执业中有所提高，使之能集中精力、专心致志为患者看病。一方面，将医师工作表现与其收入所得直接挂钩，通过增加绩效工资的权重及构建执业医师工作考评机制，医院对业绩突出特别是患者满意度高的医师加大奖励力度，并准予、支持其从事多点执业；另一方面，确定医师从事多点执业的时间，签约医院及其享有权、责、利情况，对随意变更执业医院、不信守时间甚至因变相逐利而给医院声誉带来负面影响的医师，医院应根据医师内部管理条例予以处罚，直至撤销其执业资格。

4. 加大财政的建设投入力度

要把财政投入作为市定点医院去除以药补医、回归公益的一项重要举措来抓。政府应把社会评医，特别是患者满意度作为向市定点医院增加投入、购买

服务或授予特许服务权的重要依据，对表现突出能切实发挥定点医疗服务作用的市定点医院，政府应着力为其解决发展瓶颈上的资源需求困难，包括落实公立医院投入的政府责任、资助市定点医院开展重大科技攻关及简化其与社会资本联合办医的政策审批程序等，以使市定点医院能在新一轮深化医药卫生体制改革中得到不断发展。

（四）激发社会资本活力，不断提高资源配置效率

1. 学习借鉴发达国家的办医技术及经验

要采取诸如高层次人才引进、核心技术转让、成套设备购买、合资合作及重大技术联合创新等多种形式学习借鉴发达国家的办医技术和经验，尤其是在私人保健、家庭门诊、产学研一体化运营、专利技术保护、基因工程及生物科技等方面更是要加强相关薄弱环节的建设；此外，还要在深度和广度上放开外资办医的准入条件，包括给予用地、征税、审批及用工等方面的倾斜优惠，为外资办医腾出土地空间，对营利性外资办医机构合理征税，对非营利性外资办医机构要实行税费减免，并在审核程序、时间及报建等方面为其广开绿灯，对到外资办医机构从业的中方人员要在职称、医保及养老保险等方面给予政策照顾，使外资办医与公办医疗能在相同条件下竞争。

2. 实施垂直差异化战略

要积极发挥社会资本办医，包括发挥发达国家、港澳台地区在先进技术、尖端设备、创新药、保健药等方面的巨大优势，通过实施品牌战略、质量战略、名特优战略，努力吸纳引进国际知名医疗机构、著名大学医学院等来穗办医，并以此为依托积极打造国外知名专家、学者来穗坐诊、执业的高端医疗服务平台；与此同时，社会资本还可借助联合、重组、兼并的形式积极组建大型医疗集团，走集团化发展之路，特别是通过资本的集中集聚，使社会资本办医能及时跟踪、瞄准国际医疗服务前沿，并通过引进国内最紧缺、最急需的医疗器械及新药专利，努力改变社会资本办医边缘化、低水平、小而散的状况，不断提升其市场占有率和美誉度。

3. 不断完善公立医院的法人治理结构

要鼓励社会资本，特别是外资参与公立医院改革，通过学习、吸收国外办医的先进管理经验，不断完善公立医院的法人治理结构，激发公立医院的内在

活力，发挥公立医院的生力军作用。为此，要着力把好公立医院的三治理关：一是以院长负责的日常营运关，院长将对医院董事会负责，接受医院监事会的监督，凡是经营无方、管理不善、业绩不佳，并给医院的正常服务带来严重困难者，医院董事会有权解除院长之职；二是岗位、部门权责对等治理关，医院每个岗位、部门必须按照其服务功能定位，按照权责对等的原则来划定设置，要努力改变医院岗位重叠、部门权责不分、机构重叠、资源配置效率低下的状况；三是医疗服务市场的政府监管关，由于医疗服务市场的特殊性，为避免因信息不对称而出现医生过度医疗、医院变相逐利及医患关系紧张等情况，政府需要加强监管，特别是通过医保基金结算、政府财政拨款以及其他公共性财政转移支付需要严格把关，以确保公立医院的法人治理结构能得以顺利推行。

此外，要进一步搞好农村药物流通的"两网"建设，通过发挥现有设施的作用，积极整合财政新投入的资源，将基本药物制度的推行与农村"两网"建设结合起来，在进一步强化药物配送、监督的基础上，积极探索基本药物生产招标、供应及外包延伸管理，不断提高其可及性、可靠性和安全性。与此同时，还要加强农村零售药店的监督、管理，维护好农村医药零售市场秩序，并通过不断提升零售药店的资质、信誉、人员素质及配套服务功能，使农村零售药店在药物供给系统中发挥更大的作用。

（审稿：谢俊贵）

B.24
广东省内医疗保险异地就医联网结算业务经办系统构建及运行模式分析

广州市医保局异地保障处课题组 *

摘　要：　我国社会医疗保障制度的全面发展衍生出了异地就医这一现象。本文旨在对广东省内医疗保险异地就医联网结算业务经办系统的构建方式、运行模式、业务经办流程等进行分析，进一步探究该模式的优缺点、可行的改进方式与潜在的发展方向。

关键词：　医疗保险　异地就医　联网结算

　　近年来，随着城市化进程的不断推进，跨区域就业日益频繁，全国各省市之间的人员流动也在逐渐加强。在异地生活的人员如何获得完善的医疗保障，成为人们目前需要解决的一个重要问题。按照"十二五"医疗改革规划，2015年中国将全面实现省内异地就医即时报销，并初步实现跨省即时报销医疗的政策要求。2009年，广东省按照人社部、财政部关于基本医疗保险异地就医结算服务工作意见，开始搭建全省医保异地就医数据交换平台，并于2010年正式启用，至2014年底，全省21个地市和46家医疗机构通过省平台实现了数据联网和点对点结算，从2015年起，在借鉴原有联网交换平台数据交换功能的基础上，广东省着力组织建设数据、标准、结算和服务"四统一"的全省异地就医联网结算新平台。

＊　课题组成员：王静，广州市医保局异地保障处副主任科员，主要研究异地就医相关政策及经办管理；杨军，广州市医保局异地保障处处长，主要研究社会医疗保险政策和经办管理；段鑫，广州市医保局异地保障处副主任科员，主要研究医保零星报销相关政策及经办管理；湛谨源，广州市医保局异地保障处，主要研究医保转移接续相关政策及经办管理。

一 广东省内参保人异地就医概况

（一）全省参保人异地就医分布情况

广东省近几年的统计数据显示，随着医疗保险全覆盖工作的开展，全省医疗保险参保人的数量逐年增长，与此同时，异地就医备案登记、异地就医的参保人数量以及就医费用等指标均呈逐年递增的趋势。全省 2013～2014 年统计数据显示（见图 1），全省异地就医人群地域分布以省内异地就医为主，均占全省异地就医总人数的 70% 以上，并逐年增长。

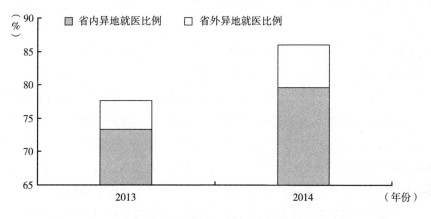

图 1　广东省基本医疗保险参保人异地就医分布比例

（二）广东省内异地就医办理方式及结算模式现状

综合目前广东省内 21 个地市对异地就医人员的管理及结算方式，主要情况如下。

1. 异地就医办理方式

（1）大多数地市采取的是先备案后就医的方式，即由符合异地就医办理条件的参保人根据需求选取 1～3 家异地就医定点医疗机构，参保人在选定异地就医定点医疗机构发生的符合规定的医疗费用按正常比例标准报销。

（2）少部分地市采取的是直接异地就医的方式，即参保人无须在其参保地事先办理异地就医备案手续，可根据需要直接在异地进行就医，参保人所发生的符合规定的医疗费用采取降低比例标准的方式报销（例如云浮、梅州等地市）。

2. 异地就医结算方式

（1）先垫付后零报的结算方式，即我国目前传统的异地就医的结算方式，由参保人事先自行垫付其在异地就医的全额费用，后将相关的就医资料、结算收据、费用明细清单等资料交回参保地申请办理异地就医零星报销手续。此业务经办方式看似合理，但是存在多种缺陷，首先，医疗费用结算滞后，医疗待遇结算不及时，参保人的就医经济压力较大；其次，医保业务经办流程中受理、审核、复核、拨付等多环节岗位设置的需要，人力的投入较多，时限的需求较长，增加了业务经办人员的工作量；最后，参保人异地就医的行为难以进行监管，异地稽核困难大，成本较高，容易发生骗保行为。

（2）地市与医院间的直接联网结算模式，即由地市直接与异地的医疗机构之间签订协议，由异地医疗机构直接与签约地市的医保系统相连，作为地市异地定点医疗机构，为该地市参保人的就医提供联网结算服务，医疗机构接受协议地市的定额管理及就医监管。此种模式简便易行，在一定程度上有效解决了地市参保人在其他地市异地就医的联网结算问题。但是，医院则需要改造系统端口接入新的医保网络，遵从协议地市的医保结算管理要求，假设该医院与多个地市均签订了此类协议，则意味着医院需要同时维护多套地市系统接口的运行。同时，协议地市采用定额结算的要求也使得医疗机构的效益受协议地市就医人员数量影响较大，业务经办的难度加大。对地市而言，因此模式中医院选择及监管的局限性，并不适用于大范围推广，参保人异地就医联网结算的医疗机构数量有限，未能从根本上满足参保人异地就医的多重需求。

（3）地市间的联网结算模式，即地市之间相互签订协议，通过地市间的医保系统相连接的途径，间接与对方的医疗机构联网，从而使本市参保人在对方医疗机构就医可联网结算，同时委托对方对医疗机构进行监管。此模式较前者更加优化了网络的连接模式和监管方式，但是此连接模式的指向性较为单一，参保人异地就医的范围仍局限于某个协议地市中，难以在全省范围内适用、推广。

（4）全省统一的联网结算模式，即省内医疗保险异地就医联网结算模式，此模式由省级部门牵头，建立省级网络平台（即"省平台"），全省21个地市医保系统通过省平台连通，进而将与地市医保系统相连接的医疗机构间接纳入联网系统。此联网模式通过使用统一的"三个目录"的编码，使参保人的信息及异地就医的数据通过省平台这个枢纽在地市间传送，最终实现联网结算。此外，通过统一规范业务经办流程、核心业务表单的使用、各联网单位的职能以及网络接口的设置，集中进行联网结算、监督管理、费用审核、经费拨付等各环节业务的经办，在省级层面打造了真正意义上的异地就医联网结算模式。

二 广东省内医疗保险异地就医联网结算业务经办系统构建的必然性

（一）国家层面政策及舆论导向的有力推动

自2009年以来，国家出台的文件及各级领导均多次强调了建立异地就医结算平台，实现异地就医联网结算服务。2009年4月，国务院发布《中共中央国务院关于深化医药卫生体制改革的意见》，提出"做好医疗保险关系转移和异地就医结算服务"；2011年全国人大代表李兴浩建议异地就医直接按照参保地标准结算，简化异地医疗费用报销流程；2013年人社部副部长、国务院医改办副主任胡晓义强调，应循序渐进地实现异地就医费用跨地区报销；2013年8月，国务院发布《促进信息消费扩大内需的若干意见》，提出推进社会保障一卡通工程，建设省级结算平台，推进异地就医跨省即时结算；2014年12月25日，人社部、财政部、国家卫计委三部委联合印发《关于进一步做好基本医疗保险异地就医医疗费用结算工作的指导意见》（人社部发〔2014〕93号），文件要求2015年基本实现省内异地就医住院费用直接结算，建立国家级异地就医结算平台，2016年全面实现跨省异地安置退休人员住院医疗费用直接结算；等等。上述各类政策及舆论的导向均加快推动了省级医疗保险异地就医联网结算业务经办系统的建立。

（二）参保人群日渐多样化的异地就医需求，需要高层次就医经办模式来满足

随着区域经济间发展的不断推进、信息科技的不断进步以及网络技术水平

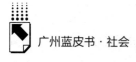

不断提高，越来越多的参保人在地域间流动，对原有的定点就医、垫付报销的异地就医模式逐步向多点就医、联网报销模式转变的需求越来越迫切，而要想从根本上满足参保人的需求，就需要有一个能够从整体层面统筹运作的就医经办网络构架作为前提。

（三）现有异地就医模式的缺陷，亟待功能完善的省级联网结算业务网络的有效建立

省内现有的异地就医模式仅能在一定程度上解决城市间点对点或部分一点对多点的异地联网就医的需求，加之商讨协议签订、异地医疗机构监管以及网络接口改造、建设成本等因素，均导致现有的异地就医联网模式无法达到多点间的互联互通。此外，医疗机构对不同统筹地区的就医管理要求和信息化技术接口改造投入、运维以及费用支付等诸多问题的应对压力也日渐增加，综上各类缺陷，亟须建立一个具有中心枢纽功能的联网系统。

（四）大数据时代信息化管理的要求，使得各地业务经办的集中化成为必然

大数据时代的到来，使得数据成为各类机构、组织乃至国家层面重要的战略资源。重视数据资源的搜集、挖掘、分享与利用，成为当务之急，也是可持续发展的必然要求。省级联网结算平台的搭建，使得全省地市间不同的业务信息系统统一到省平台中，实现业务数据信息流通过省平台得到互联互通，也成为数据集中获取的重要来源。

三 广东省内医疗保险异地就医联网结算业务经办模式及流程

（一）业务处理和数据模式介绍

总体联网模式、业务环节和数据处理流程如图 2 所示。

（二）主要业务经办环节介绍

省内医疗保险异地就医联网结算模式中主要业务经办环节如图 3 所示。

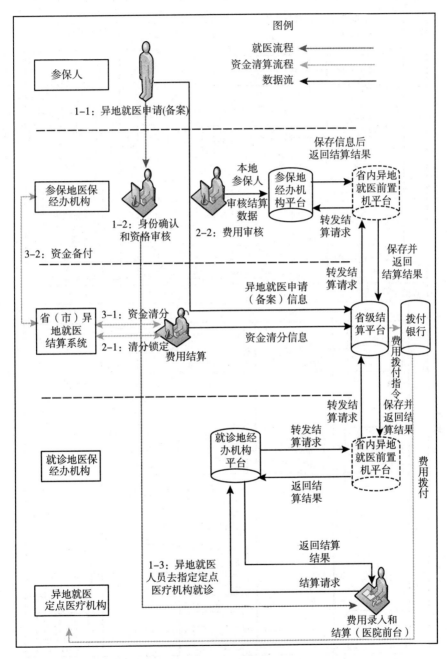

图2　广州市医保省内异地就医业务处理和数据流程

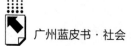
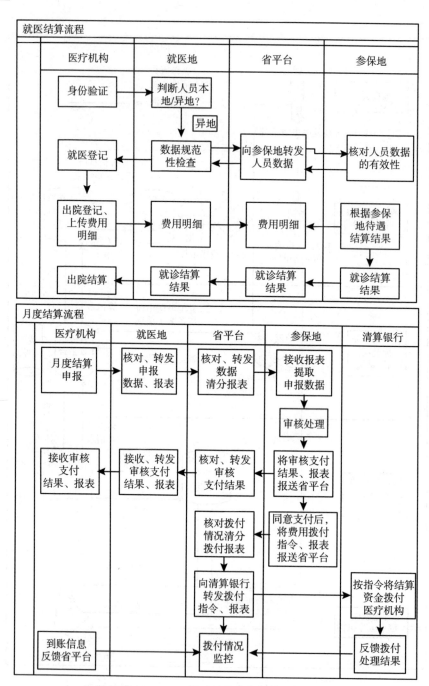

图3 省内医疗保险异地就医联网结算模式中主要业务经办环节

四 广东省内医疗保险异地就医联网结算
业务经办模式的评估

省内医疗保险异地就医联网结算模式的建立，使全省范围内各地市之间的多向联网结算成为可能，基本上可以解决省内各地市间因为区域统筹而产生的异地就医结算问题，其主要的架构设计方式及特点使之在诸多的联网模式中占据主要优势。

（一）建立起相对统一的业务经办标准，为异地就医联网结算业务打下基础

在遵从各地市参保人异地就医办理、费用结算标准、报表审核等规定的基础上，对全省范围内参保人异地就医的业务经办、信息传送、就医登记、费用拨付等各业务环节均制定了统一的经办标准，此种方式充分考虑了省内各地间差异的实际，体现了政策的公平性，也保障了参保人省内异地就医联网结算业务在地市间的正常流转。

（二）规范统一的"三个目录"的编码，为地市间的数据传送提供前提

制定并下发了全省统一的"三个目录"编码标准，为参保人省内异地就医费用数据明细在地市间的传送提供了前提，使采用参保地标准实时进行就医费用的联网结算成为可能。

（三）有效确立医疗服务监管体系，使就医信息的真实性和基金安全得到保障

各地市纳入省内异地联网结算的医疗机构由省级统一发布定点信息，统一发放标牌。全省异地就医医疗机构按属地化管理，由所在地市医保经办机构按照协议进行管理，即参保人省内异地就医的医疗服务监管由就医地的医保经办机构进行管理，此方式更有利于加强监管，杜绝虚假就医信息，保障基金安全。

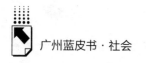

（四）集中的费用结算及拨付方式，使联网结算业务的可持续发展成为必然

省内医疗保险异地联网模式中采用周期（一个月）时间内由省级集中各地市对异地就医费用按服务项目结算，委托结算银行向医疗机构拨付的方式，并要求就医地市在规定时限内上报预付款。此法不但实现了费用统一支付、统一对账，提高了资金结算速度，也有效杜绝了部分地市对医疗机构结算费用支付的滞后，解决医疗机构对应结算地市多、数量大、对账难的问题，大大刺激了医疗机构的参与积极性，有利于推动此模式的良性运行。

（五）统一信息系统的使用，使后期异地就医联网业务的拓展成为可能

统一了信息系统的接口规范，各地市医保系统、定点医疗机构、银行系统均通过省平台进行数据交互，开展异地就医管理服务，对医疗机构而言仅需要对一套系统进行维护就可以与各地市的信息系统间接相连，大大减轻了医疗机构信息化改造压力、"三个目录"编码对应和维护压力，有利于医疗机构优化信息系统，提升服务质量。此外，要求全省地市间的异地就医联网结算系统统一到一个系统中来，不但有利于全省相关业务数据的收集、统一存储、调用及统计分析，为后期的医保政策调整提供依据，也可为将来全省乃至跨省间异地就医联网业务的扩展奠定基础。

凡是事物均具有两面性，不可否认，新的省内医疗保险异地就医联网结算模式在目前阶段也存在着各类问题，需要在实践中不断探索、思考并逐步解决。

（六）地域间医疗水平的差异，加重了参保人异地就医趋向性的不均衡

随着生活水平的不断提高，参保人对医疗资源服务的需要和要求也在逐渐提高，患病的参保人群为寻求更好的医疗资源，提高疾病的治愈率，往往倾向于医疗技术资源丰富的地区以及医疗技术水平较高的医疗机构。这一点尤其在身患重病的参保人身上表现得尤为明显。有关调查显示，41%的被调查者是因为医疗技术原因到较好医院就医。广州作为早期改革开放的沿海发达城市之一，在经济建设和医疗技术水平上都处于全省乃至全国的前列。据相关统计数据显示，全省每年的省内异地就医 70% 左右发生在广州地区，其中以重症患者居多。不可否认的是，更加便捷的全省异地就医联网结算模式在一定程度上促进了省内医疗资源丰富、水平高的地区异地就医参保人的集中化趋势，加剧了省内异地就医的不均衡性，在增加省内异地就医参保人就医困难的情况下，也容易对参保人所在地的就医服务带来冲击。

（七）地市间信息网络水平的高低，影响整体联网结算业务流程的顺畅

全省异地就医的联网结算业务涉及就医地、省平台和参保地三方网络的共同运行，其中哪一方出现问题，均会对联网结算造成影响。此模式正式运行中就出现因参保地网络系统运行不稳定导致就医地医疗机构不能及时为异地就医参保人进行入院登记或出院结算的情况，为参保人带来困难的同时，也会为医疗机构的前台服务带来压力。

（八）地市间医疗机构就医业务经办实际不同，缺少更加完善、细化的业务指引

各地市医疗机构性质及业务运作方式不同，对省内异地就医参保人的就医结算服务带来部分问题，需要省级层面进行统一的指引。例如，医疗机构自身存在总院及分院两家机构设置，总院设置有肿瘤科，分院设置有肿瘤放化疗科室，患者肿瘤术后进行放化疗，则需要在住院期间进行中途结算及总、分院间进行科室转诊的处理。但是，目前运行的省内医疗保险异地就医联网结算模式中并未对上述问题进行规定，对此类问题的处理规定存在空白。

（九）基础业务流程简化的前提，需要更加明确的政策作为经办依据

为进一步简化省内医疗保险异地就医联网结算业务，缩短业务整体流程周期，其中异地就医结算、审核、费用拨付环节的设置要求尤为重要。目前联网模式中的上述环节采用纸质报表和电子报表同时流转的方式进行业务经办，如就医

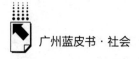

地、省平台、参保地三者间进行纸质报表的流转会对业务周期的时限要求大打折扣，因此探索单纯电子报表信息的流转是业务流程简化的重要前提，但此方式则需要省级层面在政策上给予更加明确的指引和支持。

（十）对于各地市医保经办机构的诚信行为，仍缺乏有效的制度作为约束手段

省内医疗保险异地就医联网结算模式对参保人异地就医费用审核、结算、拨付（如基金拨付）的周期给予了规定，但是对在上述主要业务环节中担当重要角色的参保地医保经办机构未能及时履行应担当的职能时，仍缺乏有效的政策进行约束，一旦发生参保地经办机构延迟审核、结算或拖欠支付预付款的情况，无明确的政策规定对其进行处理，不利于整体联网计算模式的运行发展。

五　进一步优化省内异地就医联网结算业务经办模式的建议

（一）建立更加全面、合理、细化的医保费用结算项目库

医保费用结算项目库主要分为以下几个方面：第一，医保支付费用方面，主要有药品目录库、诊疗项目库和医用材料库，通常称为"三个目录"；第二，定点医疗机构方面，主要有科室代码库、执业医师库；第三，医疗服务方面，主要有疾病代码库、手术代码库。而异地就医联网结算工作中医保支付项目库起着关键作用，综合目前省内医疗保险异地就医联网结算工作，各地市基本上可采用全省统一的药品目录库、诊疗项目库，但是对于医用材料的使用，因为各地市医用材料报销比例的差异较大，同时，材料的分类、细化项目与省的医用材料库存在较大区别，匹配难度较大，这就为各地市间省内异地就医联网结算数据的细化监管带来困难。此外，随着医保异地就医联网结算工作的发展，建立跨省异地就医联网结算模式成为必然，这其中就更加需要一个全面、合理、细化的医保费用结算项目库作为费用联网结算的支撑主体。

（二）积极推行"一卡通"服务，实现刷卡直接结算

结合目前全省乃至全国的医保政策，多数医保参保人的医保卡设置了个人账户，用于参保人就医或购药的专项消费，但是当参保人离开统筹区进行异地就医时，即便是实行了联网结算，参保人医保卡内个人账户金额也未能在就医时刷卡使用，为参保人异地就医带来经济压力的同时，也会间接造成医保基金的使用浪费。因此，积极推行"一卡通"服务，让异地就医参保人的医保卡中"沉淀的基金"使用起来更方便，使医保基金良性流动起来，才能真正惠及异地就医参保人，提高医保基金使用效率。

（三）兼顾特殊人群需要，逐步扩大异地就医联网结算适用范围

根据目前规定，异地就医情况主要包括异地安置、异地工作、学习、转外就医以及特殊人群的临时异地就医（例如外出旅游、探亲以及工作或安置地点不固定等短期活动所导致的异地就医）。而其中特殊人群的临时异地就医的联网需求也应引起重视，如果每次就医后都回到参保地进行零星医疗费用的报销，不仅使参保人承担治疗和交通等更多的经济负担，延长报销时间，甚至会因医保政策的各类限制导致参保人延误自身疾病的及时医治，更会给医保的管理工作带来更多的复杂性，也需要消耗医保经办机构的人力、物力。因此，省内医疗保险异地就医联网工作推进的同时，需要在一定程度上出台兼顾此类人员异地就医联网的政策规定，早日使联网服务惠及特殊的异地就医人群。

（四）适时推进医保智能审核工作在省内异地就医联网中的应用，降低监管难度

由于不能实时对异地就医行为进行跟踪核查，异地就医业务中过度医疗的行为经常存在。会导致异地就医人员与本地就医人员在同等就医需求的前提下，住院费用普遍较高，此现象的存在与就医中的过度医疗相关。据统计，异地医院的医疗费用中有20%～25%是靠过度医疗获取的，有60%～70%的异地安置人员在就医过程中被过度医疗过。因此，为尽量减少参保人的异地就医中过度医疗的发生率，减轻参保人经济压力，避免医保基金的过度支出，应考虑在省内医疗保险异地就医定点医疗机构中推行医保智能审核

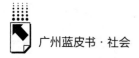

系统，以智能代替人工，也可同时缓解医保经办机构对定点医疗机构的监管工作压力。

（五）探索更优的复合性费用结算方式，保障结算各方利益不受损

因各地区的情况不同，医保政策也存在差异。目前，省内医疗保险异地就医联网乃至全国各类异地就医联网费用结算主要采取的是按服务项目结算的方式。此种结算方式利于医疗机构之间产生服务竞争，鼓励为异地就医参保人提供优质的医疗服务，在费用结算方面操作也较为方便。但是，同时存在的监督管理成本增高、诱发过度医疗以及不利于参保地医保基金费用支出控制等的缺点也需要引起重视。随着省内医疗保险异地就医联网业务的逐步发展，此种"一刀切"的按项目结算的方式所带来的不良影响也会逐渐扩大，因此，如何有效兼顾异地就医参保人、医疗机构、医保经办机构三方的利益不受损，促进省内异地就医联网工作的良性运作，探索更优的复合性费用结算方式是关键。

（六）建立省级异地就医费用结算管理机构，推动异地就医费用结算业务的集中化经办管理

现行的省内医疗保险异地就医结算系统是以各地市医保经办机构自行审核、结算，省级经办机构委托拨付银行统一向医疗机构拨付的方式运作的。此模式的运作看似合理，但因各地市政策规定、经办方式的不同，全省异地就医费用审核、结算的业务难以从整体上进行把控，进而会影响到费用的集中拨付，影响费用拨付的及时性和准确性。若想真正对系统模式从整体上进行控制，则需要由省级部门集中对省内异地就医费用结算业务进行经办管理，此举可以保证经办标准的统一，确保费用结算各环节的时效性和准确性。目前，国内已有湖南、福建、浙江等省建立了省级的异地就医结算中心，大大加快了省内异地就医系统实施的进度，减少总体建设的费用，提高经办效能。尤其是湖南省的省内异地就医结算平台还具有资金统一清算功能，不但为省内异地就医业务提供了全面系统支撑，也为今后跨省异地就医联网中的费用结算等各业务环节提供了先进的经办方式，值得我们借鉴。

（七）逐步由省级联网模式向跨省联网模式推进

根据我国"十二五"医疗改革规划的要求，全面实行省内异地就医联网结算，并初步实现跨省异地就医联网结算已成为必然的发展方向。结合目前省内异地就医联网模式运作经验，收集此模式运行中所出现的各类问题，综合分析并进行优化改造，从中总结出更优的联网模式和业务经办方式，将其融入跨省异地就医联网构建的考量中，优先从全省周边开始逐步向外拓展需求更为合理、适应范围更广的联网模式。

（审稿：周凌霄）

B.25
广州市城乡居民医保普通门诊业务镇村
一体化管理模式调研报告

广州市医疗保险服务管理局城乡居民医保管理处课题组*

摘　要： 本文在广州市实现居民医保制度城乡统筹和镇村卫生服务一
体化管理工作不断推进的背景下，对实施镇村卫生服务一
体化管理的医疗机构、社区服务站及村卫生站的城乡居民医保
普通门诊业务进行探索，对现有做法、成效及存在问题进行
总结分析，为今后政策的调整和优化提供参考。

关键词： 城乡居民社会医疗保险　普通门诊　镇村一体化

从 2015 年 1 月 1 日起，广州市实施统一的城乡居民社会医疗保险制度，
为实现新制度与原城镇居民医疗保险、新型农村合作医疗（以下简称"新农
合"）、从化市城乡居民医疗保险制度的无缝衔接，解决城乡居民医保参保人
员普通门诊就医问题，广州市将符合条件的社区卫生服务机构、村卫生站纳入
社会保险定点医疗机构管理，在白云、南沙、萝岗、花都、番禺、从化、增城
区等辖区农村地区实行城乡居民医保普通门诊业务镇村一体化管理模式（以
下简称"医保业务镇村一体化管理模式"）。

为进一步获取医保业务镇村一体化管理模式的全面信息、分析其运行效
果、为今后政策的调整和优化提供参考，本次调研主要采用分析广州市医保
信息系统数据、对定点医疗机构医务人员和城乡居民医保参保人员进行问卷

---

* 课题组成员：林海岳，广州市医疗保险服务管理局副主任科员；许俊涛，广州市医疗保险服
务管理局副处长；关玉施，广州市医疗保险服务管理局副主任科员；阳武军，广州市医疗保
险服务管理局处长。

调查及访谈、对医保业务镇村一体化管理模式医疗机构进行实地考察等调研方法。

一 广州市医保业务镇村一体化管理模式分析

广州市实现城乡居民医保制度并轨后，农村地区基层定点医疗机构需为周边的城镇居民和农村居民提供医保服务。利用镇村卫生服务一体化管理的村卫生站或社区医疗卫生服务站实现医保服务延伸进村，与广州市医改着力发展、扎实推进基层医疗卫生机制体制改革的方向一致，也对社会医疗保险及医疗卫生事业的健康发展有着积极作用。目前，广州市有67家实施镇村卫生服务一体化的基层定点医疗机构，其符合条件的村卫生站或社区医疗卫生服务站已优先纳入社会保险定点医疗机构管理，其中白云区7家、南沙区10家、萝岗区1家、花都区14家、番禺区10家、从化区12家、增城区13家。

为获得真实信息，本次调研调查问卷均采用不署名的方式。针对非紧密型镇村卫生服务一体化管理的医疗服务网点经办人员的问卷调查共收回419份，剔除明显逻辑错误、漏项等无效问卷，共有378份有效问卷，有效率90.21%；对参保人的问卷调查共收回141份，共有132份有效问卷，有效率93.62%。

（一）医疗服务网点经办人员调查问卷

1. 年龄分布

表1　医疗服务网点经办人员年龄构成

单位：人，%

年龄	39岁及以下	40~59岁	60岁及以上
人数	141	165	72
占比	37.3	43.65	19.05

从表1可以看出，医疗服务网点经办人员中40~59岁占43.65%，60岁及以上占19.05%，两者所占比重达62.7%，显示现在医疗服务网点经办人员以中老年人为主。

2.受教育程度

表2　医疗服务网点经办人员受教育程度

单位：人，%

受教育程度	大专以下	大专	本科及以上
人数	268	86	24
占比	70.9	22.75	6.35

从表2可以看出，受访的医疗服务网点经办人员中大专学历的占22.75%，本科及以上学历的占6.35%，大专学历以下的占70.9%，具有大专及以上学历的占比不足30%，而受教育程度较高的经办人员一般具有良好的电脑操作能力，更有能力和意愿接受新模式的推广。

3.执业资质构成

表3　医疗服务网点经办人员执业资格构成

单位：人

年龄段	其他	乡村医生执业证	执业助理医师资格证	执业医师资格证
39岁及以下	10	43	63	24
40~59岁	3	118	29	15
60岁及以上	1	68	4	—
合　计	14	229	96	39

从表3可以看出，受访的医疗服务网点经办人员中持有乡村医生执业证书的占60.58%，获得执业助理医师资格证的有25.4%，获得执业医师资格证的只有10.32%。乡村医生执业证书的占比随着年龄增长而增大，60岁及以上的经办人员93.15%只获得乡村医生执业证，39岁及以下的经办人员62.14%已获得执业助理医师或执业医师资格，医疗服务网点经办人员医疗服务水平及专业素质还有待提高。

4.对医保（普通门诊）政策了解程度

由表4可以看出，受访的医疗服务网点经办人员基本了解城乡居民医保普通门诊政策，但还需加强培训与宣传。75.66%以上的经办人员自觉基本了解相关政策，熟知的只有14.82%，还有9.52%经办人员不太清楚相关政策。

表4 医疗服务网点经办人员对医保政策了解程度

单位：人，%

对医保政策掌握程度	不太清楚	基本了解	熟知
人数	36	286	56
占比	9.52	75.66	14.82

5. 医保系统（POS机）操作的掌握程度

表5 医疗服务网点经办人员对医保系统（POS机）操作的掌握程度

单位：人，%

对系统操作掌握程度	不会操作	基本了解	熟练
人数	21	219	138
占比	5.56	57.93	36.51

由表5可以看出，受访的医疗服务网点经办人员已基本掌握城乡居民医保普通门诊业务的医保系统（POS机）操作，57.93%以上的经办人员自觉基本了解相关系统操作，熟练掌握的有36.51%，只有5.56%的经办人员还未学会医保系统（POS机）操作。

6. 医疗服务网点经办人员对加强医保培训的意见

表6 医疗服务网点经办人员对加强医保培训的意见

单位：人，%

对加强医保培训的意见	不需要	无意见	需要
人数	21	74	283
占比	5.56	19.58	74.86

由表6可以看出，对医保业务镇村一体化管理的培训工作还需要加强。受访的医疗服务网点经办人员有74.86%认为需要加强医保业务培训，只有5.56%经办人员认为不需要加强培训。

7. 医疗服务网点经济效益变化

由表7可以看出，受访的医疗服务网点经办人员中只有8.2%自觉医疗服务网点纳入社会保险定点医疗机构管理后经济收入有所提高，33.86%经办人员自觉村卫生站收入有所减少，57.94%的经办人员认为差别不大。经办人员认为主要原因有：①实行基本药物制度后可用药物种类变少且药物利润下降；②纳入医保定点后经办流程复杂了，工作量变大且垫付资金一般要两个月以上才能返还，影响资金周转；③宣传力度不够，村民还没养成带卡就医的习惯；④POS机使用较为麻烦，村民有时直接自费结算；⑤乡村医生尚未完成人事制度改革，个人利益没得到有效保障。

表7 医疗服务网点经济效益变化情况

单位：人，%

经济效益变化	经济效益变差	无明显变化	经济效益提高
人数	128	219	31
占比	33.86	57.94	8.2

（二）医疗服务网点经办人员问卷调查小结

医疗服务网点调查问卷发放对象主要为非紧密型镇村卫生服务一体化管理的村卫生站或社区卫生服务医疗机构经办人员，原因是：①实行非紧密型镇村卫生服务一体化的医疗服务网点数量较多，在955个医疗服务网点中占比达83.77%，具有代表性。②紧密型镇村卫生服务一体化管理的辖区已完成相关人事制度改革，有较为完善的人力资源管理机制，医疗服务网点经办人员明显比其他辖区年轻化，学历层次要强，政策执行力较强。例如，南沙区医疗服务网点医生都由基层定点医疗机构派驻，进驻的医生都是28～40岁，具有大学本科及以上学历并获得执业医师资格，医疗服务水平较高，业务学习能力较强。

医保业务镇村一体化管理范围内的医疗服务网点经办人员已基本了解城乡居民医保普通门诊政策及医保业务操作，已具备较好的医保服务能力，能够为农村地区参保人员提供规范有效的医保服务。同时，医疗服务网点经办人员的年龄结构老年化、学历层次不高，还需要加强经办人员队伍建设，加强业务培训，提高经办人员素质。

因为多种原因，非紧密型镇村一体化管理的医疗服务网点在卫生服务管理和医保服务管理上存在较多问题。大部分经办人员认为，医疗服务网点（主要为村卫生站）纳入镇村卫生服务一体化管理和医保业务镇村一体化管理后经济效益无明显提高，对开展医保服务的热情不高。

（三）农村地区参保人员调查问卷

1. 年龄分布

从表8可以看出，受访参保人员主要以农村地区20岁以上的非从业居民和中老年人为主，原因是按城乡居民医保相关规定，非从业居民和老年居民只能在选定的基层定点医疗机构及其医疗服务网点进行普通门诊记账，是医保业务镇村一体化管理模式服务的主要人群。

表8　参保人员年龄构成

单位：人，%

年龄	20岁以下	20~39岁	40~59岁	60岁及以上
人数	2	62	47	21
占比	1.52	46.97	35.61	15.9

2. 对新模式了解程度

表9　参保人员对医保业务镇村一体化模式了解程度

单位：人，%

对新模式了解程度	不太清楚	基本知道	非常了解
人数	55	58	19
占比	41.67	43.94	14.39

从表9可以看出，受访参保人员对医保政策的了解程度还有待提高，有41.67%的受访参保人员仍不太清楚医保业务镇村一体化模式，不清楚在基层定点医疗机构所带的医疗服务网点同样可以享受普通门诊医保服务。

3. 对医保凭证（社保卡、医保卡）使用方法了解程度

从表10可以看出，24.24%的受访参保人员仍不太清楚如何使用医保凭证（社保卡、医保卡），还需要加强参保人员携带医保凭证就医的意识。

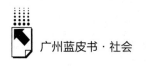

表10　参保人员对医保凭证使用方法了解程度

单位：人，%

对医保凭证使用方法了解程度	不太清楚	基本知道	非常了解
人数	32	89	11
占比	24.24	67.42	8.34

4. 参保人员自觉普通门诊自付费用变化情况

表11　参保人员自觉普通门诊自付费用变化情况

单位：人，%

普通门诊自付费用变化情况	费用增加	变化不大	费用减少	尚未就诊
人数	7	64	38	23
占比	5.3	48.49	28.79	17.42

从表11可以看出，只有5.3%的受访参保人员自觉实施医保业务镇村一体化管理模式后普通门诊自付医疗费用上升了，48.49%受访参保人员认为变化不大，28.79%受访参保人员认为自付费用有所下降。

5. 参保人员更认同哪种就医模式

表12　参保人员更认同哪种就医模式

单位：人，%

哪种模式更具优势	新模式	原有模式	差别不大
人数	110	4	18
占比	83.33	3.03	13.64

从表12可以看出，大部分受访参保人员认为医保业务镇村一体化管理模式比原新农合、城镇居民医保的普通门诊就医模式更具优势，主要体现在就医选择更多、可以即时结算等方面；只有3.03%受访参保人员认为原有就医模式更好，原因是广州市原城镇居民医保的普通门诊年度最高支付限额要高一些。

6. 参保人员获取医保信息的途径

从表13可以看出，大部分受访参保人员是从报纸、电视、网络等媒体和家人、朋友、同事等社会关系上获得医保政策信息，有13.64%受访参保人员是通过社保经办机构了解到医保政策，通过其他途径（村委会宣传活动、公告等）了解到医保政策的只有8.33%。

表13　参保人员获取医保信息的途径

单位：人，%

获取信息途径	报纸、电视、网络等媒体	家人、朋友、同事等	社保经办机构	医务人员	其他
人数	56	40	18	7	11
占比	42.43	30.3	13.64	5.3	8.33

7. 参保人员对医保政策宣传的意见

表14　参保人员对加强医保政策宣传的意见

单位：人，%

对加强医保政策宣传的意见	需要加强	无意见	不需要加强
人数	127	2	3
占比	96.21	1.52	2.27

从表14可以看出，农村地区的医保政策宣传力度还需要加大。绝大部分受访参保人员认为宣传力度不足，结合表13相关信息，可考虑充分利用村委会、村卫生室等宣传平台加强宣传，提高参保人员医保政策水平，养成良好就医习惯。

（四）参保人员问卷调查小结

参保人员对医保业务镇村一体化管理模式的认同度较高。

农村地区医保政策宣传力度仍需要加强。仍有较多参保人员对医保政策了解不够，部分参保人员未养成携带医保凭证就医的习惯。

参保人员反映的主要问题有：部分医疗服务网点存在药物种类少、服务水平不高的情况；医保凭证发放不够及时；集体选点和医疗费网点等信息宣传不够；普通门诊不能选定大医院，保障水平有待提高。

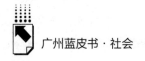

二 广州市医保业务镇村一体化管理
模式存在的问题

（一）基层定点医疗机构对医疗服务网点医保管理存在困难

第一，非紧密型镇村卫生服务一体化管理的基层定点医疗机构对医疗服务网点（主要为村卫生站）缺乏有效的日常监督管理手段；部分村卫生站不能严格执行物价收费标准，收费随意性强。

第二，门诊简易结算系统的应用，虽然克服了镇村卫生服务一体化信息和网络建设落后及部分乡村医生年龄较大不会使用电脑的问题，但POS机终端不能传输费用明细和打印发票，不能进行实时费用监控，给日常业务管理和监督检查带来一定难度。

第三，基层定点医疗机构被赋予对其医疗服务网点的医保管理职能后，日常管理、培训和监督管理的工作量大幅度增加，大多数基层定点医疗机构反映人手不足，管理难以到位。非紧密型镇村卫生服务一体化管理的基层定点医疗机构的困境尤为明显，基层定点医疗机构只是在政策压力下进行业务管理，对医疗服务网点支持和帮助力度不足，缺乏内在动力；而且乡村医生未纳入基层定点医疗机构编制管理，行政职能脱节导致管理效果欠佳。

（二）部分村卫生站开展医保服务的意愿不高

暂未开展医保服务的村卫生站主要集中在未实行紧密型镇村卫生服务一体化管理的辖区。其原因主要有以下几点：一是基层定点医疗机构对于管理村卫生站的主动性和积极性不高、办法不多、经验不足、管理和培训不到位；二是村卫生站没有提供医保服务的经验，不少乡村医生认为严格执行基本药物制度后，靠药物利润维持医疗服务网点经营的模式会有所变化，担心经济收入下降；三是部分乡村医生不适应医保结算模式，认为结算周期太长，影响医疗服务网点的资金周转；四是部分乡村医生认为门诊简易结算系统POS机终端操作复杂，传输速度慢，额外增加工作量；五是区域内农村居民参保人员还没有形成在村卫生站就医可享受医保待遇的意识。分析其根本原因是乡村医生情况复杂，担心新政策实施后难以保障其个人利益，部分人保持观望的心态，消极应对。

（三）医保经办工作中存在的问题

第一，信息化程度有待进一步提高，调研中发现使用医保信息系统联网的医疗服务网点，从就医管理到结算申报等环节都符合医保业务管理要求，基层定点医疗机构和医疗服务网点满意度较高。使用门诊简易结算系统的医疗服务网点普遍反映系统速度慢，信息查询困难，基层定点医疗机构管理难度大。

第二，基层定点机构普遍反映集体选点的城乡居民医保普通门诊年人均限额不够。特别是非紧密型镇村卫生服务一体化管理的基层定点医疗机构，担心超支时难以与医疗服务网点分摊费用，对医疗服务网点开展医保服务的支持力度不够。

第三，实行收支两条线的基层定点医疗机构与其医疗服务网点在费用结算时存在结算周期不固定、时间较长等问题，需要行政管理部门支持基层定点医疗机构建立更有效的支付渠道和支付方式。

第四，目前确定基层定点医疗机构与医疗服务网点对应关系、医保系统后台集体选点等管理手段只是通过卫生部门认定、医保经办机构后台维护的方式实现，缺少行政部门的政策支持。部分参保人员不认同医保经办机构在医保系统后台为其选定普通门诊定点医疗机构的选点方式。如参保人员不在参保地居住，需到拟选定的基层定点医疗机构办理改点手续才能正常就医，个别参保人员对此意见较大。

（四）政策与业务培训力度不足

医疗服务网点经办人员对城乡居民医保政策不够熟悉，除对普通门诊待遇有所了解外，对其他政策理解不深（如门诊慢性病待遇），不能对参保人员作出正确的指引。部分年龄较大的乡村医生，仍未熟练掌握 POS 机终端的操作方法。

（五）对参保人员的宣传工作有待加强

农村地区的参保人员对医保政策不了解。新政策实施后，虽然大多数基层定点医疗机构和医疗服务网点已张贴公告，告知参保人员城乡居民医保普通门

诊业务镇村一体化管理对应关系及执业地址等信息，但缺乏广泛有效的宣传手段，原新农合地区大部分参保人员对医保政策"一知半解"，仍按原有的就医方式就诊。参保人员就医时，没有养成携带有效就医凭证的习惯，不能正常享受城乡居民医保的待遇。

（六）花都区医疗服务网点未能开展业务

花都区在农村地区实行分级诊疗管理，该项目较好地解决了花都区村民就近就医和看病难问题，但因城乡居民医保普通门诊服务和农村分级诊疗管理项目未能衔接，暂不能提供医保服务。

（七）医疗服务网点POS机通信费监管问题

为了提高医疗服务网点（主要是村卫生站）开展医保服务的意愿，现医疗服务网点使用门诊简易结算系统POS机终端办理业务产生的通信费及业务电话月租由广州市医保局代为支付。广州市医保局与电信部门将安装了门诊简易结算系统POS机的业务号码（电信固话）纳入话费优惠协议统一管理，但部分医疗服务网点存在使用业务号码拨打私人电话的情况。特别是非紧密型镇村卫生服务一体化管理的医疗服务网点，乡村医生办公和生活都在同一个场所，基层定点医疗机构在通信费管理上缺乏有效手段，容易造成资源浪费。

三　相关建议

（一）医保业务镇村一体化管理模式应根据实际情况逐步推进

实行紧密型镇村卫生服务一体化管理的辖区，服务质量和参保人员的满意度高，突出的医保经办及管理问题少。究其原因：一是基层定点医疗机构与其医疗服务网点回归其公益性，两者之间已经是一个"整体"，不存在利益的再次分配，极大降低了逐利冲动。二是基层定点医疗机构对其医疗服务网点进行医疗服务和医保业务统一管理，有较为完善的就医管理规范、服务考核制度、财务管理制度和业务培训规划。三是各医疗服务网点经过前期的标准化建设和乡村医生管理体制改革后，医护人员个人素质、技术水平和服务能力都有所提高，而且医护人员待遇得到保障，没有了后顾之忧。

非紧密型镇村卫生服务一体化管理的基层定点医疗机构和医疗服务网点之间、各医疗服务网点之间存在的竞争关系，在利益分配、日常监管上存在较多问题与分歧，政策执行力较差。

医保业务镇村一体化管理模式对推进广州市镇村卫生服务一体化管理工作起了一定的促进作用，但也因各区镇村卫生服务一体化程度不同而面临较多障碍，特别是非紧密型镇村卫生服务一体化管理的辖区。建议在推行医保业务镇村一体化管理模式时，要结合基层医疗卫生体系建设的实际情况，遵循逐步推进的原则。

（二）建议部门联动，完善基层社会医疗保障

建立完善的社会医疗保障需要社会保障部门和卫生行政部门的共同努力，密切合作，医疗保障与卫生服务相互促进、相互提高。要从根本上解决目前存在的诸多问题，需要建立与卫生行政部门的联动机制，并解决以下问题。

一是从行政层面建立基层医疗卫生改革政策实施的医保—卫生合作机制。完善一体化管理模式制度，对相关经办管理工作予以政策支持。二是合理配置基层卫生资源。在一定地域范围合理配置实施基本药物制度的基层医疗机构，打破目前较多二级综合性医疗机构在承担基层医疗机构职能及部分基层医疗机构加快"升级"的尴尬局面，同时要提高基层医疗机构的医疗保障能力，让参保人员放心选择基层医疗机构就医。三是加快推进镇村卫生服务一体化管理，利用医保业务镇村一体化管理的契机，加快推进紧密型镇村卫生服务一体化管理，两者相互促进，相得益彰。四是基层医疗机构全面实施基本药物制度。五是进行乡村医生管理体制改革，提高村卫生站工作人员整体素质和信息化应用能力。六是加强村卫生站的信息化建设，提高工作效率和服务水平。

（三）进一步完善一体化管理模式经办管理工作

加强业务保障，做好门诊简易结算系统的安装与维护工作，确保各医疗服务网点正常开展业务；进一步规范医疗服务网点的准入、退出及信息变更的工

273

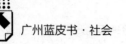

作标准，完善经办管理规定，加强对长期不开展医保业务的医疗服务网点的管理工作；加强基金运行监管，督促基层定点医疗机构按时完成医疗服务网点医疗费用的再次分配工作，减少村卫生站垫付资金的负担，提高乡村医生开展医保服务的积极性。

（四）加强乡村医生培训，加大医保政策宣传力度

乡村医生在"家门口"为参保人员提供医保服务，是执行医保政策的重要窗口和普及医保政策的重要渠道，乡村医生对医保政策的理解程度直接关乎参保人员的切身利益。基层定点医疗机构应该健全医疗服务网点的医保培训制度，定期对乡村医生进行培训，提高乡村医生业务水平，提升服务质量，使乡村医生准确理解和执行医保政策，为参保人员就医作出正确的指引。

加大医保政策宣传力度，特别是原新农合以及从化城乡居民医保参保人员的医保政策及就医流程宣传，提高医保政策的知晓度，使医保政策深入人心，引导参保人员按规定就医。

（五）做好花都区农村分级诊疗管理项目与医保业务衔接工作

花都区为切实减轻农民负担，解决农民看病难、看病贵问题，在村卫生站开展农村分级诊疗管理项目，村民到本村卫生站就诊取药只需交纳1元挂号费，如需注射再交1元注射费即可，门诊诊疗和基本药物均为免费，实现了村民小病不出村，与城乡居民医保服务延伸到村卫生站目标一致，且保障程度高。调研过程中发现基层医疗机构、村卫生站和村民对该项目都表示满意，应根据该区实际情况，做好农村分级诊疗管理项目与医保业务的衔接工作。

（审稿：文军）

B.26
广州市社会保险基金反欺诈专题调研报告

广州市人力资源和社会保障局社会保险基金监督课题组*

摘　要：　本文对广州市社会保险基金欺诈现象进行了全面分析，在总结目前社会保险基金反欺诈工作有效做法和经验的基础上，从加强社保反欺诈法制建设、深化工作体制机构改革、构建反欺诈风险防控体系、创新社保基金反欺诈措施、增强经办机构反欺诈能力建设等方面提出进一步加强社会保险风险管控和遏制欺诈行为的建议措施。

关键词：　社会保险　公共基金　反欺诈

社会保险基金欺诈是指公民、法人或者其他组织在参加社会保险、缴纳社会保险费、享受社会保险待遇过程中，通过弄虚作假、隐瞒真实情况骗取社会保险基金的行为，是社会保险基金监管的重要内容[①]。

近年来，广州市社会保险事业快速发展，社会保险覆盖面不断扩大，待遇水平稳步提升，基金收支规模迅速增长。在利益驱动下，各种社会保险基金欺诈案件不断发生，欺诈行为林林总总，涉案人数金额触目惊心。这些违法犯罪行为侵蚀了社会保险基金，损害了广大参保群众的合法权益，扰乱了社会保险

---

[*]　课题组成员：张碧儿，广州市人力资源和社会保障局监督审计处副处长；龙明勇，广州市人力资源和社会保障局规划财务处主任科员；寇文涛，广州市人力资源和社会保障局监督审计处主任科员；陈建成，广州市医疗保险服务管理局监督检查审计处主任科员；罗建华，广州市社会保险基金管理中心社会保险稽核科科长。

[①]　邱丹：《论我国社会保险基金反欺诈机制的建立》，《现代商贸工业》2008年第9期。

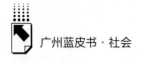

管理服务工作的正常秩序，影响了政府公信力和社会保险保障功能的有效发挥。为保障参保人合法权益、确保基金安全运行，提出进一步加强社会保险风险管控和反欺诈的对策研究十分必要。

一 广州市社会保险基金欺诈行为的现状及特点

自 2013 年底以来，广州市人力资源和社会保障局采取多项措施打击社会保险领域的欺诈骗保行为，陆续破获一批欺诈大案要案。这些案件涉案人数众多、金额巨大、手段多样，且涵盖了社会保险登记参保缴费、待遇审核、待遇领取等各个环节，对社会保险基金安全危害极大。通过对案件的梳理分析，发现主要有以下特点。

（一）欺诈手段多样化

欺诈手段多种多样，现今发现的涉及社会保险五大基本险种共 14 类，其中又以伪造证明材料、异地违法补缴转入广州市以及不规范医疗服务行为等情形最为突出。

一是伪造证明材料骗取社会保险待遇。目前，广州市查获的社会保险欺诈案件有 90% 以上均属伪造相关证明材料办理参保补缴、待遇审核和领取，直接或间接地骗取社会保险待遇，其中以欺诈骗取职工养老保险待遇为主。如 2013 年底萝岗区破获伪造某公司职工劳动关系案，2014 年海珠区和白云区查获伪造个体工商户雇主证明案，2014 年多个区查获伪造劳动关系仲裁文书案，2014 年市医保局查获参保人伪造发票及病历材料申请异地就医费用报销案，2015 年增城区查获伪造机关事业单位劳动人事关系证明案等。

二是异地违法补缴职工养老保险转入广州市。近年来，广州市不断完善职工养老保险扩面和补缴政策，但仍然存在部分已经或即将达到退休年龄、缴费年限不足 15 年且不符合参保补缴费政策的居民。随着广州市在社会保险基金监管方面加大力度，对非法中介机构及违规补缴行为进行了全面检查，大规模非法补缴骗取社会保险待遇行为得到有效控制。但在高待遇的诱惑和市场的需求下，上述人群通过中介机构在外地违法补缴职工养老保险，然后转入广州市享受社会保险待遇。此类案件由于涉及外地单位，且人数多、侦查难、处置难，已逐渐成为欺诈骗取职工养老保险待遇的主要情形。

三是通过不规范医疗服务行为骗取医疗保险待遇。主要体现为降低入院标准、串换诊疗项目或药品，如个别医疗机构通过办理参保人虚假就医，虚报、多报参保人治疗项目的数量，骗取医疗保险基金或使用医疗保险基金支付非参保人员医疗费用。此类案件手段隐秘，较难被发现，不仅增加了医疗保险基金的支付风险，还影响了医疗保险制度的健康可持续发展。

（二）欺诈主体复杂化

随着社会保险欺诈手段的多样化，欺诈主体也随之发生变化，从个人作案发展到中介机构作案，从外部人员作案发展到内部人员作案，从主体单一作案发展到各主体之间协同作案，呈现复杂多样的趋势，具体主要有以下主体。

一是参保个人及其家属。主要表现为参保人及其家属伪造相关证明材料、隐瞒离退休人员生存情况、冒用他人身份证明等，骗取职工养老保险待遇；隐瞒就业情况和伪造失业证明，骗取失业保险待遇；不合理就医需求进行小病大治、过度诊疗，虚开其他药品、冒名就医等骗取医疗保险待遇。参保个人及其家属往往没有意识到这些行为属于欺诈犯罪，认为社会保险基金是公共资源，可以随意占有和使用。

二是社会保险服务机构及其从业人员。2013年以来，广州市查处的社会保险欺诈案件显示，部分社会保险服务机构及其从业人员在提供社会保险服务过程中骗取医疗保险基金，如定点医疗机构降低入院标准、分解住院、违规转诊转院、"三不合理"（不合理检查、不合理治疗、不合理用药）、串换诊疗项目或药品、违反物价政策收费等；定点零售药店通过非法手段套取个人医疗账户资金，通过串换方式使用个人医疗账户资金支付非医疗用品等。

三是社保费征缴机构和待遇核发部门内部人员。内部人员收受贿赂，利用职务之便，通过协助当事人虚构劳动关系、从后台篡改数据等方式，制造虚假参保缴费条件或者缴费历史，从而为当事人骗取社会保险待遇提供便利。如2014年市社会保险中心工作人员受贿违规办理视同缴费年限审核案、2015年荔湾区地税局工作人员受贿违规办理补缴社会保险费案。

四是用人单位。用人单位欺诈骗取社会保险待遇主要涉及工伤和生育保险，具体表现为用人单位伪造和变造职工身份证明、相关劳动关系和工资报

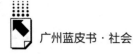

表，谎报工伤事故发生时间，冒用他人身份证明骗取和冒领供养亲属抚恤金等骗取工伤保险待遇；伪造和变造职工相关劳动关系和工资报表以及生育、医疗、票据等证明材料骗取生育保险待遇。随着监管制度和措施的日臻完善，此类案件已连续几年未再查获。

（三）欺诈行为规模化

部分中介服务机构利用政策漏洞或经办执行中的薄弱环节，通过严密分工、市场化运作和团体来作案，主要以文化水平较低、法律意识淡薄、经济状况较差、年龄偏大的群体为目标，为其虚构条件骗取社会保险待遇，每人收取3万~5万元费用，最高费用达到11万元。作案途径主要是在网上公开发布广告、雇人走街串户、利用公园和茶楼等老年人集聚地招揽客户，有的甚至利用亲朋好友发展下线来扩大招揽范围。作案方式主要是通过低成本制作高度模板化的假文书、公章等材料，利用社会保险经办机构缺乏对有关文书、公章、证件的鉴别手段骗取社会保险待遇；以好处费为诱饵，通过"借用"参保人医保卡，伪造或变造医疗费用票据、医疗文书，协助参保人骗取医疗保险基金。

（四）欺诈方式科技化

随着社会保险日常经办业务的大幅增长、信息化程度越来越高、社会保险数据呈海量增长，现有主要依靠日常巡查、抽查和人工分析数据的监管方式已经不能适应事业发展需要。个别熟悉社会保险信息系统的内部人员，利用广州市社会保险数据库保护机制和数据异动监测机制的不健全，通过高科技手段侵入计算机系统，直接从后台篡改社会保险历史数据，为当事人虚构缴费历史（或视同缴费历史），进而骗取社会保险待遇。

二 社会保险反欺诈工作面临的形势和存在的问题

（一）面临的形势

社会保险基金是社会保险事业可持续发展的基础，社会保险反欺诈工作则是确保社会保险基金安全、完整的重要保障。近年来，随着社会保险事业的快速发展，社会保险反欺诈工作的重要性日趋凸显。一是社会保险反欺诈工作成为国家工作要求。党的十八大报告中明确提出了"确保基金安全和保值增值"的要求。2012 年《国务院关于批准社会保障"十二五"规划纲要的通知》中，也提出了要"加强社会保障基金监督管理，维护基金安全"的具体要求。2014 年《国务院关于建立统一的城乡居民基本职工养老保险制度的意见》中，更明确指出："对虚报冒领、挤占挪用、贪污浪费等违法违纪行为，有关部门按国家有关法律、法规严肃处理。"二是社会保险反欺诈工作纳入国家法制建设。2011 年出台的《社会保险法》单设"社会保险监督"为一章，规定了人大监督、行政监督和社会监督三个层次的社会保险监督体制，并明确了欺诈社会保险基金的法律责任。2014 年 4 月，全国人大常委会出台欺诈骗取社会保险待遇以"诈骗罪"论处的法律解释，通过法律条款明确了欺诈骗保案件的情形。三是社会保险反欺诈工作成为人民群众的热切期盼。随着经济发展水平和社会文明程度的提高，广大人民群众越来越多地关注社会保险基金的收支情况，关注基金的安全与可持续状况；每当社会保险基金个案曝光后，舆论均给予了高度关注和全面报道。近年来的人大代表议案、政协委员提案、媒体报道和群众信访件，都反映了这种不断提升的关注度。

在社会保险事业快速发展的同时，社会保险反欺诈工作面临的挑战越来越严峻。一是社会保险基金和参保人数急剧增长，反欺诈涉及的工作范围不断扩大。2014 年，广州市社会保险基金累计结余 1417 亿元，当年基金收支总量超过 1422 亿元，仅基金支出就达 625 亿元；五险参保人数 3339 万人次，享受社会保险待遇 670 万人次。庞大的基金支出量和日益增长的参保人数，使反欺诈工作范围越来越大。二是社会道德缺失，利益驱动，欺诈社会保险基金行为呈增长态势。因初次分配造成的贫富差距的加大和心理上的落差，面对包括医疗费用在内的高昂生活成本，令一些经济困难群体面临着心理和经济的双重压力，个别人甚至陷入无钱就医、因病致贫的困境，从而铤而走险欺诈社会保险基金；同时，一些参保单位希望不缴或少缴保险费，部分参保人希望不履行缴费义务也能够享受社会保险待遇，有些医疗机构则希望通过提供服务得到更多的经济补偿。三是欺诈主体复杂，手段繁多隐蔽，反欺诈工作手段滞后于社会保险事业的发展。欺诈主体既有参保人，也有用人单位、医疗机构，甚至有专门的中介组织，主体之间"为实现共赢"还相互合作共同作案；而且欺诈手法不断翻新，行为更加隐蔽，反打击手段日趋高明，导致反欺诈工作难度越来越大。

（二）存在的问题

一是反欺诈法制建设有待完善。《社会保险法》和全国人大常委会司法解释，虽然明确了欺诈社会保险基金的法律责任，但在欺诈骗取社会保险待遇犯罪行为的立案要件、定罪量刑及执行标准方面没有细化和明确，在执行中出现"定罪困难、执行艰难"的情况。而特别严重的是法律责任不到位，对于侵害社会保险基金安全的各种行为，主要采取行政处罚的方法，依赖于经济处罚手段，只能在客观上起到威慑作用，经济处罚手段也因其自身的局限性形同虚设。不健全的法律制度导致不法分子乱钻法律、法规的漏洞，处罚力度不够甚至过轻、骗保违法成本远不及违法后获得的利益，导致各方利益体对社会保险基金存有觊觎之心。

二是反欺诈体制机制有待健全。在人社部门内部，未设立独立的反欺诈工作机构，反欺诈工作职能由两个经办机构的内部部门承担，反欺诈力量没有得到加强；劳动保障监察和社会保险经办机构稽核都具备查处用人单位社会保险基金方面问题的职能，但双方关系未完全理顺，有时造成"两不管"或重复查处的现象；社会保险经办机构借助医疗专业队伍、审计（会计）事务机构、基层社区、广大群众等社会力量发挥反欺诈的社会监督作用缺乏机制和经费支持。在人社部门外部，因广州市实行社会保险费地税全责征收，社会保险费征收和待遇核发的完整链条被割断，两个部门的管理理念、业务标准、操作要求等不同，往往导致欺诈社会保险待遇的风险发生在征收环节，而社会保险经办部门不能够及时发现，事后处理也困难较大。

三是欺诈社会保险基金风险防控及措施有待加强。随着社会保险事业的发展，我们会面临着不断翻新的欺诈手段，但目前的风险防控机制仍处在初级阶段，极大影响了反欺诈工作开展的成效。例如：社会保险政策统筹层次不高，不法分子钻空子在异地违规补缴后转入领取待遇；新政策出台对道德风险考虑不足，导致出现打擦边球套取社会保险基金以及业务经办不严谨，致使操作出现漏洞。特别是由于社会保险数据海量，目前对社会保险大数据的挖掘不足，运用信息化手段开展反欺诈有限，反欺诈的工作力度、广度、深度不够。

四是社会保险经办机构人员建设有待进一步增强。社会保险经办机构承担着基金安全防范和欺诈案件稽核查处的第一道防火墙功能，但由于经办机构力量有限，面对欺诈骗取行为防不胜防。在经办机构建设方面，经办机构分散，资源整合、信息共享程度低，客观上造成违法犯罪分子"骗东家不成骗西家"。在社会保险稽核队伍建设方面，存在稽核人员编制及配备数量偏少，稽核人员结构有待优化（从业三年以上工作人员少，法律、会计、审计、计算机专业人员偏少，持有执法证人数偏低），人员配备无统一标准等问题。例如：医疗保险监督检查工作中，对医生乱开处方、过度诊疗的监管，需要监管人员既要懂得医学知识，以核查处方、治疗方案的合理性，还要掌握一定的财务知识，能从会计核算、资金结算等方面发现蛛丝马迹。

三　关于加强广州市反欺诈工作的对策建议

通过调研社会保险欺诈案件的特点及成因，发现社会保险反欺诈工作做得好的地区多通过"法制建设""机构改革""风险防控""科技创新""能力建设"这五大抓手来提升基金监督工作效率，实现打击和预防欺诈社会保险基金的目标，结合广州市实际，对加强广州市反欺诈工作提出以下对策建议。

（一）加强社会保险反欺诈法制建设

一是研究制定《广州市社会保险反欺诈条例》。目前，国家、省对社会保险反欺诈没有立法。国内部分兄弟城市进行了有益的探索，珠海市以地方行政规章的形式出台了反欺诈办法，其他城市主要以部门规范性文件的形式出台了反欺诈文件。鉴于广州市参保人多、基金量大、情况复杂、形势严峻，建议应以地方法规形式出台国内首个社会保险反欺诈条例。条例应当明确各部门职责分工，确定欺诈行为的情形及认定标准，规范反欺诈工作程序和反欺诈措施，建立反欺诈部门协同机制、社会监督机制和信用体系，强化欺诈行为的责任追究，弥补现行社会保险反欺诈立法中的空白，强有力地指导社会保险反欺诈工作的开展。

二是健全社会保险反欺诈规章制度。出台《广州市社会保险反欺诈管理办法》《广州市社会保险稽核管理办法》等文件，进一步细化和健全反欺诈工作制度。根据各险种的实际情况，职能部门制定专门的反欺诈文件，如《广州市社会保险反欺诈工作规程》《广州市医疗保险待遇稽核管理规定》《广州市基本职工养老保险待遇稽核管理规定》以及社会保险稽核相关工作流程等，形成"以条例为核心、以办法为基础、以规定为补充"的具有广州特色的社会保险反欺诈政策体系。

三是强化社会保险反欺诈执行刚性。目前，社会保险反欺诈难点还在于责任处罚落实不到位，导致欺诈成本很低甚至是无成本，不能够起到较好的威慑作用，社会保险政策法规的权威性荡然无存，各种欺诈行为屡禁不止。同时，反欺诈部门和工作人员的劳动成果没有得到尊重，打击社会保险反欺诈工作人员的积极性。社会保险反欺诈应当增强政策执行遵从度，严格依法行政，规范每项行为的处理程序，理清各级部门、岗位的责任，分级各自负责，形成"谁受理、谁上报、谁审批、谁负责"的责任追究制度，对每一项欺诈行为都要有相应的责任追究，对于无法追究其司法责任、行政责任的，也应通过约谈、教育批评、发律师函等方式予以告诫。

（二）深化社会保险反欺诈体制机构改革

一是组建"广州市社会保险监督检查所"。将市医保局、基金中心负责基金征缴稽核、社会保险待遇反欺诈和工伤保险基金先行支付的追偿工作、基金社会监督等职责全部整合到该机构，机构加挂市社会保险监督委员会办公室牌子，设为正处级参公事业单位，与市人社局基金监督处合署办公。赋予机构社会保险稽核权、行政处罚权，使检查与处罚主体一致，下设监督检查一部（负责4个区）、监督检查二部（负责4个区）、监督检查三部（负责3个区）、内控内审部（对经办机构内部控制进行评估检查和内部审计）、信息技术部、综合部等内设机构，充分发挥机构的专业性作用，及时高效处理欺诈案件。

二是搭建社会保险反欺诈协同办理平台。一方面，在广州市社会保障工作联席会议下设广州市社会保险反欺诈工作专项小组，负责统筹协调社会保险反欺诈工作在跨部门协同和重大问题的研究解决。另一方面，依托"地税、社会保险、财政三方协同系统"，建立社会保险反欺诈案件协同处理模块，与公安部门信息系统对接，实现社会保险反欺诈案件的管理和协同处理，共享相关部门在案件处理过程中的信息。此外，加强与公安部门的合作联动，理顺反欺诈案件移送公安处理机制，协调检察院、法院对欺诈案件的认定及处理取得共识，通过"两法"衔接集中打击有组织的中介犯罪行为；加强与地税机关的合作联动，重点通过双方数据比对和协同，防范通过虚构劳动关系违规参保；加强与其他各部门的合作联动，发动各部门积极参与和宣传社会保险反欺诈工作，形成齐抓共管的良好格局。

三是加大向社会购买服务力度。按照政府购买服务的原则，梳理反欺诈工作中辅助性的、量化性的、人手不足处理的事项，建立社会保险反欺诈工作购买服务目录，申请财政专项资金予以支持。例如：对于追缴难度较大的养老金冒领、工伤保险基金先行支付，可委托律师事务所进行追缴，向相对人发出律师函，按司法程序处理；对于医疗保险风险预测和监控发现的疑似数据，可委托医疗协会或商业保险公司的专业部门进行后续的跟进处理。在购买服务过程中，应注意监督部门的参与，掌握核心业务，同时制定第三方服务评估标准，对服务过程、质量进行监控。

四是充分发挥社会监督作用。第一，建立社会保险反欺诈公约，组织广州市各职能部门、金融机构、医药机构、社会团体和社会各界签订《社会保险反欺诈公约》，将公约列入社会保险服务机构合作合同，并在全社会推广为各界人士应遵循的社会规则。第二，做实社会保险监督委员会工作，发挥监督委员会成员专长，每年组织监督委员会成员参加全市反欺诈检查行动。第三，强化广州市社会保险义务监督员队伍建设和管理，完善激励措施，加大资金投入和业务培训力度，争取向市财政局申请义务监督员通信、交通保障专项经费，充分发挥社会保险义务监督员一线监督、机动、隐蔽的优势，切实提高广州市社会保险义务监督员的工作效能。

（三）构建社会保险欺诈风险防控体系

一是建立社会保险政策和经办规程欺诈风险评估机制。在政策文件制定程序中增加欺诈风险评估环节，从政策导向、政策漏洞、经办风险等角度提供欺诈风险评估报告及对策。通过召开欺诈风险评估会或征求意见等形式，邀请社会保险监督委员会成员、医药机构代表、参保人代表、专家等第三方进行评估。

二是注重社会保险反欺诈信息技术运用。积极推进社会保险稽核信息化建设，健全医疗保险稽核系统、药店联网监控系统、社会保险内控稽核系统等。

运用大数据挖掘分析功能，设置社会保险反欺诈预警监控规则大类，梳理多个监控指标，设计多个监控规则，建成多个监控项目数据模型，对疑点业务数据分类别进行稽核处理，尤其针对待遇领取前后的高差异性进行预警监控。

三是开展重点风险点检查评估。加强社会保险经办机构内部控制建设，健全社会保险风险点管控机制，及时更新社会保险欺诈的风险点，每年组织开展一次重点风险点检查评估。推进社会保险基金信息安全监控和非现场监管，进一步完善社会保险基金监管系统和数据库建设，制定明确的信息系统管理制度，科学合理地划分业务和信息人员信息管理系统的操作及使用权限，严格授权管理。

四是加强社会保险外部大数据的应用。全面梳理社会保险反欺诈监控规则需要对比应用的外部数据，通过数据平台或接口渠道实现与公安、民政等部门数据对比应用常态化，例如：职工养老保险待遇领取人员和医疗保险参保人员信息与民政部门殡仪馆人员信息、公安部门人员户口注销信息的实时对碰；对于异地就医人员，与银行卡消费数据、交通部门的乘车乘机数据的比对应用等；对于外地违规补缴后转入广州的人员，也需要进一步构建其本地银行卡消费数据、就医记录和交通记录的实时校验模型。

（四）创新社会保险反欺诈措施

一是强化社会保险反欺诈宣传。开展社会保险反欺诈专题讲座，邀请市检察院、市法院领导讲课，分批组织全市定点医药机构法定代表人或主要负责人、中介机构主要负责人参加，让欺诈骗取社会保险基金就是犯罪的观念深入人心。开展社会保险反欺诈主题宣传月活动，每年用一个月时间大范围、多层次、全方位地开展反欺诈宣传活动，在全市社会保险各级经办机构、社会保险各定点服务机构、银行各主要网点张贴宣传画，制作社会保险反欺诈公益广告在公共场所巡回播放，选好主题在主流媒体开设反欺诈专栏，充分利用报刊、电视、电台等公众媒体进行宣传。将社会保险反欺诈列入全市各部门的宣传内容，选取典型案例编入市公安局在电视台的《警视》节目；将社会保险欺诈列入市文明办公民道德宣传内容；编辑好社会保险反欺诈标语，让宣传标语既能朗朗上口，又能生动入脑，如"骗保入刑，欢迎举报""骗取社会保险基金，就是骗取大家的养命钱"。

二是开展社会保险反欺诈"亮剑"专项行动。每年由人社部门牵头，会同公安、地税、民政、财政、卫生、工商、食品药品监督和物价等部门联合印发行动方案，市区两级联动，各职能部门安排人员参与检查，并根据各自职能对专项行动发现的问题进行处理。逐步建立健全部门联动和有效监管长效机制，加大社会保险反欺诈工作力度，形成高压态势，达到宣传法规、强化管理、净化环境、震慑犯罪的目的。

三是推动社会保险信用建设。建立社会保险信用体系核心指标，如个人冒领养老金、个人提供虚假资料骗取社会保险待遇、单位违规参保缴费、定点医药机构违规骗取医保待遇等，通过稽核文书、行政处理书、司法文书等方式确定指标结果，建立核心信用指标数据库并进行管理。建立和完善社会保险信用信息系统及管理，积极推动社会保险信用信息在各相关领域的使用，加大对社会保险失信行为的惩戒力度，推动将其纳入中国人民银行征信指标，在金融领域进行应用；推动将其列入招投标的资质审核指标，在招投标领域进行应用；推动将其纳入社会保险、住房保障、低保申请、医疗救助申请的审核指标。建立社会保险服务机构和人员诚信体系，细化考核指标和监控指标，实现对定点医疗机构和定点零售药店诚信评级；优化和完善医保责任医师制度，明确违规行为的界定标准，量化违规行为的处理标准，并将医保责任医师管理纳入定点医疗机构协议管理和分级管理；发挥医院医保办在医保服务管理中的作用，明确其所担负的责任，确保医保各项管理措施得到落实。

（五）增强社会保险经办机构反欺诈能力建设

一是不断加强稽核人员能力建设。建立健全定期开展培训学习的机制，定期召集全市社会保险稽核人员开展经验交流、业务流程培训等，促进稽核先进经验的推广，加强业务经办和程序的规范化；突出社会保险和稽核工作有关业务的培训，使稽核人员充分掌握各项法律、法规和业务工作标准并熟悉运用，提高对各类社会保险违法违规行为性质判别能力；督促各区社会保险经办机构加强稽核人员执法证考取工作，以促进社会保险稽核持证上岗工作的顺利开展。

二是加强稽核人员配备。增加广州市各区社会保险经办机构的稽核人员编制，同时在公务员录用方面考虑招录法律、会计、审计、医学、计算机等专业的人员，为稽核队伍添加和培养专业力量。在市区各经办机构稽核部门内部设

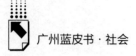
立合理科学的配合机制，做好稽核力量的配合与新老交替的衔接工作，以促进广州市社会保险稽核工作更好地开展。

三是加强案件的督办和协办。案件按区属实行属地化管辖、市级社会保险经办机构督办和指导；大案要案或涉及多个区的案件由市社会保险经办机构牵头经办或指定管辖，相关区社会保险经办机构配合；按区属与所在地公安机关一起建立打击社会保险反欺诈案件点对点、人对人联合办案机制，提高案件移送和打击工作效率。

（审稿：郭炳发）

社情民意篇

Public Opinion

B.27

2015年广州市居民幸福感状况调研报告

郑希付　刘学兰　罗品超　黄喜珊 *

摘　要：　本研究从广州居民调研出发，以《广州市居民幸福感评价指
标问卷》为数据基础，采取分层整群随机抽样的方式对4000
名广州居民进行了调研。报告对今后如何进一步提升广州市
居民的幸福感提出了若干建议。

关键词：　广州市居民　幸福感　年度比较　建议

一　研究背景

2011年，广东省委十届八次全会通过了中共广东省委关于广东"十二五"

---

* 郑希付，华南师范大学心理学院教授，研究方向：临床心理学；刘学兰，华南师范大学心理
学院副教授，研究方向：心理咨询；罗品超，华南师范大学心理学院副教授，研究方向：临
床心理学；黄喜珊，华南师范大学心理学院教授，研究方向：婚姻家庭治疗。

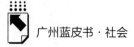

规划的建议，明确将加快转型升级、建设幸福广东作为"十二五"规划的核心和行动指南。广州作为广东省的省会城市，把建设幸福广州作为"十二五"发展的根本出发点和落脚点，是顺应市民群众对美好生活的期待，为城市发展确立正确价值导向、提供持续的动力源泉。

本研究团队以马斯洛的需要层次理论作为依托，建立具有广州特色的幸福感评价指标体系，编制《广州市居民幸福感评价指标问卷》，并在此基础上，开展广州市居民年度幸福感现状调研，以期为党政部门及相关组织团体进行科学决策提供具有参考价值的实证依据。幸福感由个人发展、政府服务、生活质量、社会公平、精神生活、社会环境、生态环境共7项一级指标、44项二级指标组成，主要考察广州市居民的各项生活满意度。本研究以广州市居民为调查对象，采用分层整群抽样的方法获取样本，包括不同年龄、婚姻状况、学历、职业、性别等各类人群。

二 广州市居民幸福感状况调查结果

（一）总体状况

如图1所示，在7项幸福感指标中，按评分从高到低依次为精神生活、个人发展、生活质量、政府服务、社会环境、社会公平、生态环境，其中，前四项指标的分值在"一般水平3"或之上，而后三项指标得分低于"一般水平3"，总体幸福感得分为3.16，处于中等水平。这在一定程度上表明，与之相关的政策颁布与实施取得了良好的成效，居民的满意度一般，但目前尚未达到"较满意"的标准，有待于后续工作的进一步完善与提高。

（二）性别

如图2所示，男性居民与女性居民在生活质量、个人发展、社会公平、政府服务、精神生活维度上的得分基本持平，但在社会环境和生态环境维度以及总体幸福感上，男性居民的得分显著高于女性居民。这可能是由于：对男性而言，个人和事业发展是第一位的，事业成功占幸福感很大的一部分；而对于女性来说，注重追求个人发展之余，还要兼顾家庭，在支撑家庭、决策

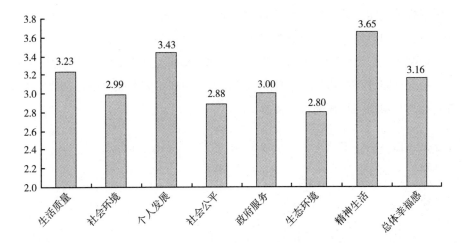

图1 2015 年广州市居民幸福感总体状况

家庭中扮演越来越重要的角色，所承担的责任也越来越重，因此幸福感"压缩"下降。

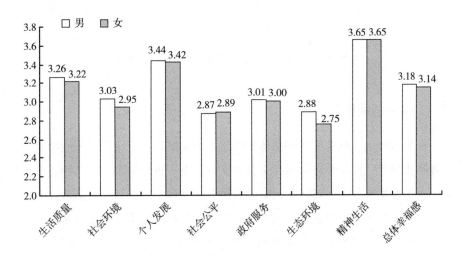

图2 2015 年广州市居民幸福感的性别差异

（三）户籍地

如图 3 所示，本地居民在七大指标上的得分均显著高于非本地居民。这在一定程度上表明，非本地居民未能很好地融入广州的生活，徘徊在城市的边缘。虽然我国要通过推进户籍制度改革，统一城乡的户口登记制度，全面实施居住证制度，但是实际上大部分流动人口在迁移所在地不能完全公平地分享医疗、社会保障等公共物品。这种非本地户籍身份所带来的缺失感，在他们选择迁移后与日俱增，从而降低幸福感。

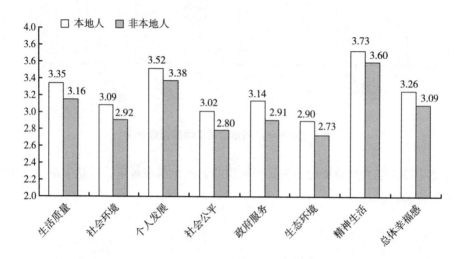

图3 2014年广州市居民幸福感的户籍地差异

（四）婚姻状况

在生活质量、政府服务和总体幸福感上，未婚者得分显著低于已婚者、离异者和丧偶者；在社会环境和社会公平上，未婚者得分显著低于已婚者和离异者；在个人发展和生态环境上，未婚者得分显著低于已婚者和丧偶者；在精神生活上，未婚者得分显著低于已婚者，即未婚者在七大维度和总体幸福感上的得分均为最低。根据交叉列表分析发现，本次调研的未婚者主要是18～25岁的居民，基本属于在校大学生，可能这一群体即将迈入社会，所面临的学业、就业等各种压力正逐渐加大，因此幸福感水平偏低。

（五）教育程度

在总体幸福感上，初中学历、高中、中专和职高学历居民得分均显著高于大专学历、本科学历和硕士学历者，大专学历和博士学历者得分均显著高于本科、硕士学历者。在七大维度上的得分差异基本与总体幸福感类似。由于自己的实际情况和学识的不同，每个人的幸福感的评价标准也不一样。一般来说，受教育程度越高的人，对幸福生活的质量要求就越高，幸福感的评价标准也就越详细，而低学历人群由于学识有限，对生活的要求不是太高，更容易满足，出现了学历与幸福感倒挂的现象。这也使得高学历人群低幸福感、低学历人群高幸福感。

（六）居住地

在总体幸福感维度上，天河区居民的得分显著低于越秀区、白云区、海珠区、番禺区和其他区居民；白云区居民的得分显著高于越秀区和番禺区居民；海珠区居民的得分显著高于番禺区；番禺区得分显著低于其他区。在七大维度上的幸福感得分，天河区居民的得分均为最低，而白云区和海珠区的居民的得分基本均为最高。尽管政府部门在各区的规划与建设中尽量做到协同发展，天河区是广州市新城市中心区，地处商业中心，聚集众多中高端写字楼以及住宅区，物价房价均为较高，生活压力更大，因此幸福感水平偏低；而白云区和海珠区相对没有那么发达，生活压力略低，因此幸福感水平较高。

（七）年龄

如图4所示，在总体幸福感上，18～25岁居民的得分显著低于18岁以下和26～55岁居民。此外，18～25岁居民在七大维度上的得分均为最低，而18岁以下居民在社会环境、社会公平、政府服务、生态环境、精神生活维度上的得分均为最高。毕竟对未成年人而言，他们无须考虑"养家糊口"，无须面对沉重的社会生存与竞争压力，拥有较多的享受生活的时间和资源。此外，根据列表分析发现：18～25岁居民中有82.96%属于非广州户口，有98.91%者处于未婚状态，基本属于在校大学生，因此，其幸福感偏低可能是因为这一群体主要的幸福感集中在升学、求学和求职三大任务中，而广州作为中国四大一线城市之一，他们在学习和就业压力较大的情况下，很可能受到影响，平添"成长的烦恼"。

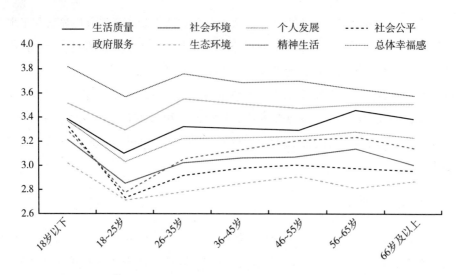

图4　2015年广州市居民幸福感的年龄差异

（八）月收入

如图5所示，月收入为10000元以下居民在七大维度及总体幸福感得分上基本呈现随着月收入的增加而幸福感提高。月收入水平处于10000～50000元的居民在生活质量、社会环境、社会公平、政府服务和生态环境维度上的幸福感得分反而呈现随着收入的增加而减少的趋势。月收入50000元以上居民在生活质量、个人发展、社会公平、精神生活和总体幸福感得分均为最高。这可能是因为，对低收入的居民而言，他们很少有机会接触到另一种生活状态，更能安于现状；而处在中等收入的居民可能因社会压力，对生活和家庭质量的要求不断提升，提升中可能会有一些经济压力，感觉生活不上不下，房贷、车贷、孩子等各种经济压力直接拉低了幸福感水平。

（九）月消费水平

如图6所示，在个人发展、政府服务和精神生活维度上，幸福感的得分最低者均为月消费水平为1000元以下居民，在生态环境、生活质量、社会公平和社会环境维度上幸福感得分最低者均为月消费水平20000～50000元居民，而月消费水平为50000元以上者在生活质量、社会环境、社会公平和生态环境

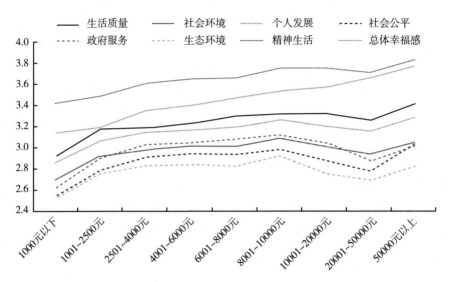

图5　2014年广州市居民幸福感的月收入差异

维度上幸福感得分均为不同月消费水平者的最高。整体而言，随着月消费水平的增加，居民的幸福感水平也逐步增加。与月收入影响幸福感水平的变化趋势相类似，经济基础、物质条件是影响居民幸福感的重要因素，若物质生活得不到一定程度的满足，则很难实现居民幸福感的进一步提升。

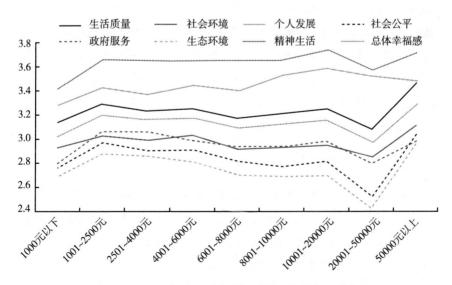

图6　2014年广州市居民幸福感的月消费水平差异

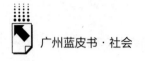

（十）职业类型

不同职业的居民在总体幸福感和七大维度上的得分均存在显著差异；其中，总体幸福感得分和七大维度得分最高者为军人警察，而得分最低者为失业或下岗者以及学生。工作对个人生活具有重大意义。失去工作，不仅意味着收入的减少，更会给个人心理幸福感带来巨大的冲击。实证研究指出，失业对幸福感产生了巨大的影响，容易使人产生更多的心理痛苦、较低的自尊水平，以及更多的沮丧情绪，一些失业下岗员工，会把自己的失业归咎于政府或领导的责任，对社会产生怨恨情绪。可见，失业下岗对个体的幸福感会产生较大的伤害，甚至会有引发社会问题的风险。这启示相关的政府部门需在就业问题上继续给予重点关注。

（十一）居民相对剥夺感

68.4%的受访者认为"我应该过上比现在更好的生活"，18.4%的受访者认为"我现在的生活就是我原来想要的生活"，只有19.1%的受访者认为"我现在的生活比原来预想的更好"。可见，目前广州市居民的相对剥夺感仍较为普遍。

相对剥夺感在不同社会群体中存在差异：在性别上，男性居民的相对剥夺感与女性居民大体相同；在年龄上，25岁以下青少年和老年人的相对剥夺感较高；在婚姻状况上，未婚居民和离异居民的相对剥夺感最高；在受教育程度上，高学历（本科、硕士和博士）居民相对剥夺感最高；在职业类型上，军人警察、农民和外来务工者的相对剥夺感较高；在收入和消费水平上，较低收入居民的相对剥夺感较高。

（十二）居民的心声

如图7所示，影响居民幸福感提升最重要的两个因素是生活质量和社会环境，这两个因素的被选比例分别为45.82%、35.09%，紧接着为生态环境因素，政府服务和社会公平被选比例则相对较低。居民最希望得到改善的两个因素为社会环境和生态环境，接着为生活质量。

进一步分析发现，在生活质量一级指标上，居民对社会保障水平、医疗水

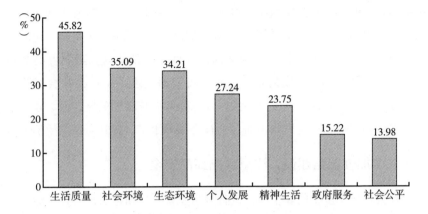

图7　2014年影响居民幸福感的因素（按重要性排序）

平和目前的消费水平这三个项目满意度较低；在社会环境一级指标上，居民对社会诚信程度、社会文明情况和食品药品安全这三个项目的满意度较低；在生态环境一级指标上，居民对饮用水质量、空气质量和卫生情况满意度较低。

三　对策与建议

虽然幸福是个体的一种主观感受，但在一定经济社会条件下幸福是有共性的，很大程度上取决于人们对自身生活状态所作的满意度评价。因此，群众幸福感的测评是衡量和评价社会运行与政府工作效果的"温度计"，是建设幸福广东具体工作方向和手段的"指示器"。此次幸福感的测评反映了现阶段群众对幸福广州建设实现程度的感受和主要诉求，各级政府应以此为导向，找准下一步工作的方向，把建设幸福广州的各项政策落到实处，切实解决群众反映的实际问题，满足群众的利益需求，普遍增强群众幸福感。结合其他相关研究及文献的阅读，为更好地实现"幸福广州"的终极目标，我们认为仍需朝着以下几个方面努力。

（一）健全社会保障制度，提升生活质量

在7项幸福感指标当中，生活质量是其中权重最高的，在调研中，超过1/3的受访居民认为要提升幸福感，最需要从生活质量着手，将近1/3的受访

居民认为自身的幸福感与生活质量最为密切。而我们认为，提升生活质量，关键在于完善提高医疗服务水平等社会保障制度。社会保障水平是指一定时期内一国或地区社会成员享受社会保障的高低程度。它是社会保障制度的关键要素，也是体现社会保障程度的指标。政府可以通过进一步扩大社会保险覆盖面、完善农民工社会保障制度、扩大医疗保险和医疗救助的覆盖面、建立多层次养老保险制度等，提高广州市居民的社会保障水平，提升居民的生活质量。

（二）加强诚信建设，注重食品药品安全

对社会环境维度下的 8 个项目进行分析发现：广州市居民对社会诚信程度和食品药品安全问题的满意度较低。现阶段我国经济与社会发展过程中，诚信缺失现象十分普遍，给我国经济社会生活带来了严重的危害。诚信缺失已经成为制约我国社会主义市场经济高效快速发展的一个瓶颈，成为阻碍我国社会文明建设的主要因素。考察和分析诚信缺失的社会根源，有助于我们为遏制诚信缺失现象不断泛化的趋势提供行之有效的治理方案。此外，食品药品安全问题也日趋严峻。甲醇制酒事件、福尔马林浸泡海产品问题、阜阳奶粉问题、苏丹红事件、三聚氰胺事件、地沟油问题、食用明胶问题等层出不穷。注重食品药品安全建设、提高社会诚信度，必须要落实贯彻思想道德建设的基本措施，要看到问题的根源，相信通过不懈的努力最终能够取得长足进步。在建设社会主义和谐社会的过程中，社会主义政治、社会主义经济、社会主义文化要齐头并进，总结现在产生问题的经验教训，通过加强德育法制教育，对人们的思想、行为进行规范引导，使"爱国、敬业、诚信、友善"内化为人们的基本行为准则，从根源上实现净化社会风气、改善社会环境的目的。

（三）强化社会管理，保证社会公平

对社会公平维度的 5 个项目进行分析发现，广州市居民对诉求表达渠道的满意度最低，仅为 2.83。"畅通和规范群众诉求表达"也是党的十八大报告就加强和创新社会管理提出的要求。贯彻党的群众路线，就要倾听群众的声音、了解群众的诉求，通过维护群众的表达权利，给群众"说"的机会，将群众路线落到实处。第一，要不断创新方式，既要继承党的优良传统，又要适应新形势，勇于创新；及时公开重大社会事项；积极搭建各种表达平台，以扩大群众诉

求表达渠道；构建群众监督制度，以扩大监督权。第二，建立健全各项保障机制。建立健全群众反映诉求的组织保障机制，建立健全党员领导干部直接联系群众机制，使基层群众真正感受到"有话能说""说话管用"，保障社会公平。

（四）深化政务公开，加强政务服务

对生态环境维度的 6 个项目进行分析发现，广州市居民对政府的工作效率和政务公开程度满意度较低。政府要落实热情服务居民的信念，将为民服务工作作为社区所有工作的重中之重，从关乎居民切身利益的具体事情入手，从居民最不满意的问题抓起，认真做好就业再就业、保障性住房、医疗救助、社会保障等，督促各业务部门集中力量办成、办好居民的每一件事，解决好急事、难事，切实让每一位居民都能依法享受惠民政策。此外，推进政务公开，需要从各个制度层面逐步推行，目前可以重点在以下几个方面下功夫。首先，完善制度建设，健全体制机制。其次，依法清权确权，推进行政权力公开透明运行。政府各个部门要狠抓清权确权，绘制权力运行流程图，并在政府门户网站上公开权力事项、工作规则、流程图等，便于社会各界了解和监督。再次，创新审批方式，推进行政审批制度改革。各级政府要努力将政务公开与行政审批制度改革结合起来，不断改革现场审批方式，建立网上审批平台，促进行政审批制度改革向纵深方向发展。最后，把握公开重点，不断提高政务公开的质量和水平。各级行政机关要结合本部门、本单位、本系统的特点，以关系群众切身利益的重要事项和本部门的核心权力为重点，不断丰富政务公开的内容，争取政务公开。

（五）践行生态文明，保护生态环境

对生态环境维度的 6 个项目进行分析发现，广州市居民对饮用水质量、空气质量和卫生状况担忧较大。生态文明建设既是保持经济持续健康发展的迫切要求，也是有效破解发展中面临的资源约束、生态环境问题的根本途径，实现可持续发展，必须树立"在保护中发展，在发展中保护"的理念，以生态优势为依托，以绿色发展为前提，以转型升级为策动，大力推进生态文明建设。首先，合理利用资源提高使用效率，加强防污治理保护生态环境。根据控总量、减存量、压增量的原则，进一步加强环境综合治理，改善生态环境质量，

加大污染物减排力度，加强生态环境保护，加强自然生态修复。其次，提高环保意识，健全法律、法规。提倡面向未来的更加可持续的消费方式，使绿色文化、绿色消费观念成为主流文化。同时，针对薄弱环节破解体制机制障碍，加快生态文明制度体系建设。一方面积极推广生态文明理念；另一方面建立健全生态文明制度。只有逐步完善体制机制、加速推进生态文明建设，才能走一条生态文明和经济文明高度融合的可持续发展之路，真正实现经济发展与生态保护双赢。

（六）推广社区心理健康建设，减少相对剥夺感

大多数学者对相对剥夺感的研究得出的结论是：社会发展的不平衡暂时拉大了少数人与多数人之间在利益占有方面的差距，导致多数人程度不同的期望受挫，产生相对剥夺感。改革开放燃起了人们追求自身利益的欲望，但改革并不均衡地给各阶层带来同等的利益增长，各阶层在衡量自身利弊得失时，往往参照其他阶层群体，以人之长比己之短，产生一种相对剥夺的感受，可能在某个时期内引起一定的不满情绪甚至反抗行动。针对此，本研究认为可大力发挥本市的"幸福广州心理服务与辅导基地"的作用，为增进社会和谐、建设幸福广州贡献力量。同时，也能以此为基点，大力推广社区心理服务，规范广州市现有的各个心理服务机构，创造出适合广州的有效的工作模式，让社会各界均能关注和重视心理健康工作，共同努力建设"幸福广州"。

总之，提升居民幸福感水平、建设"幸福广州"是一项任重而道远的伟大工程。创新社会管理与服务、完善城市建设管理长效机制、改善人居环境、增进民生福祉等，切实为市民群众办实事、做好事、解难事，统筹兼顾广州市居民在生活质量、社会环境、个人发展、社会公平、政府服务、生态环境、精神生活7项幸福感指标上的幸福感水平，实现各维度幸福感的均衡发展。

（审稿：谢俊贵）

B.28
关于广州市民生活安全感受及安全
状况评价的民意分析

朱　平*

摘　要：　根据广州社情民意研究中心近年来关于生活安全感受、社会
治安状况及食品安全状况的相关民调，分析发现广州市民的
生活安全感受总体较好，对社会治安与生态环境感到安全的
人越来越多；其中社会治安方面的安全感最高，对治安状况
的满意度持续上升；食品消费方面的安全感受虽有一定改善，
但对食品安全状况不满情绪依旧突出。

关键词：　安全感　生态环境　治安状况　食品安全

一　生活安全感受

安全感作为居民生存、生活最基本的心理需求，直接反映了"小日子"
的安全与否。本文从生态环境、社会治安、消费安全和食品安全四个方面，综
合分析了广州市民的生活安全感受特征及变化。

（一）市民的生活安全感受总体较好，但食品安全方面的安全感相对不高

2015 年民调显示，对生态环境、社会治安、消费安全和食品安全四个方
面的安全感受，受访市民感受均较好，感到"安全""比较安全"和"一般"
的比例合计（以下简称"安全感"）都接近或超过七成（见图 1）。

---

* 朱平，广州社情民意研究中心助理研究分析师。

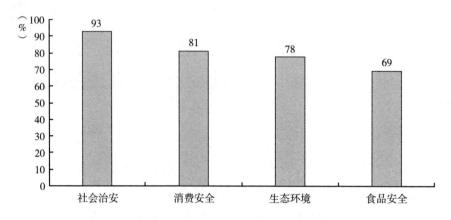

图1　受访市民对四个方面的安全感

具体来看，与居住环境息息相关的生态环境、社会治安，市民普遍感到安全。其中，对社会治安，市民安全感达93%，在各方面感受中最高，当中明确感到"安全"和"比较安全"的受访市民（以下简称"感到安全者"）比例合计超过六成，为65%；对生态环境，市民安全感接近八成，为78%。

从消费安全方面来看，市民安全感同样显高，为81%。但消费安全当中市民最为关注的食品安全，市民安全感显弱，其中感到安全者不足三成，为29%，在四个方面安全感受中最低；而明确感到"不安全"和"不太安全"的受访市民（以下简称"感到不安全者"）比例合计为28%，即每四个人就有一人（见表1）。

表1　受访市民对四个方面的具体安全感受

单位：%

方面 \ 态度	感到安全者			一般	感到不安全者		
	安全	比较安全	合计		不太安全	不安全	合计
社会治安	40	25	65	28	3	2	5
消费安全	21	23	44	37	10	8	18
生态环境	23	19	42	36	11	9	20
食品安全	13	16	29	40	16	12	28

（二）对社会治安、生态环境感到安全的市民增多，对食品感到不安全的人减少

多年追踪数据显示，市民对社会治安的安全感常年维持在九成以上的高位水平，而且近年来感到安全者增多，较 2012 年增加了 9 个百分点（见图 2）。

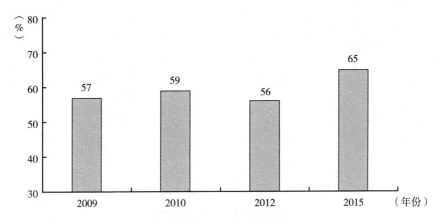

图 2　对社会治安感到安全者

对生态环境，感到安全者亦有所增多，较 2013 年增加了 5 个百分点至42%，回升至 2011 年四成以上的水平（见图 3）。

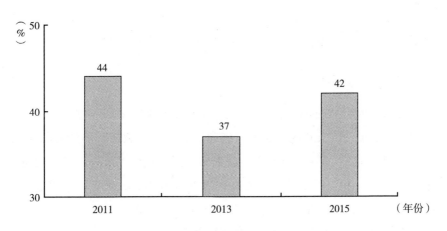

图 3　对生态环境感到安全者

食品安全感受也有一定改善，其中感到不安全者较 2012 年减少 11 个百分点至 28%，而感到安全者增至 29%，两者基本持平，与 2012 年感到不安全者居多明显不同（见图 4）。但值得注意的是，对食品安全状况及食品安全执法工作的评价长期显差，不满意度多年维持在四成左右，远高于两成左右的满意度。

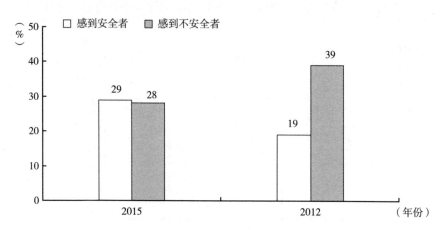

图 4 受访市民对食品的安全感受

二 社会治安状况评价

根据近年来围绕社会治安状况开展的相关民调，本部分从治安状况、安全感受及警方维护治安工作三大方面分析市民评价的变化特点。

（一）整体评价

1. 市民对社会治安的评价多年保持上升趋势，满意度首次超过五成

对广州目前的治安状况，表示"满意"和"比较满意"的受访市民（以下简称"满意度"）首次突破五成，达 51%，近五年来持续升了 17 个百分点；表示"不满意"和"不太满意"的人（以下简称"不满意度"）则降至 11%（见图 5）。

2. 市民对社会治安的安全感依旧处于高水平

治安状况评价好评突出，市民在广州生活、工作的安全感受亦保持高位水

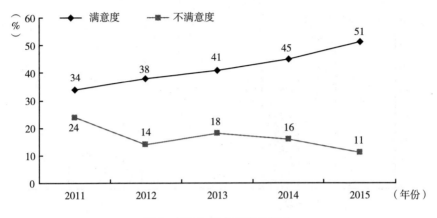

图5　近五年治安状况的评价

平。调查显示，受访市民对社会治安的安全感多年维持在九成以上，2015年为93%。其中，明确持"安全"感受的人为40%，较2012年升了9个百分点（见图6）。

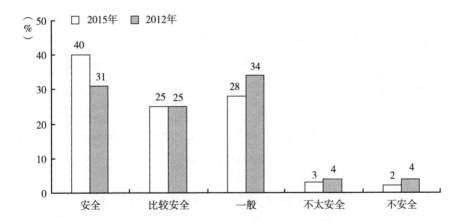

图6　受访市民的安全感受对比

3. 警方维护治安工作评价高，但对打击诈骗的满意水平相对较低

治安状况的改善与警方的维护工作密不可分。调查显示，对广州警方维护治安工作的评价甚高，满意度达57%，且较2012年升了7个百分点；不满意度仅8%（见图7）。在近年关于政府执法工作的民调中，超过五成的满意度实属少见。

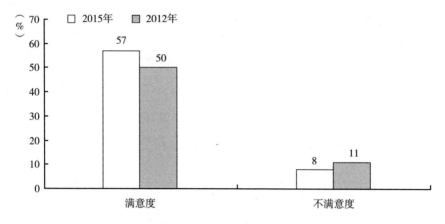

图7　受访市民对警方维护治安工作的评价对比

本年调查选取了与民众安全息息相关的6类重点违法犯罪行为，主要包括盗窃、扒窃，抢劫，各类诈骗，黑恶势力犯罪，拐卖儿童和黄、赌、毒，以了解市民对警方打击这些违法犯罪力度的评价。

其中，对发生在民众身边的抢劫和盗窃、扒窃的打击，市民给予肯定评价，满意度分别达53%和49%；但对近年频发的各类诈骗打击，市民满意度在各类违法犯罪中居末，为34%，不满意度为25%，即四人中就有一人不满。早在2012年民调中，市民就期望警方重点打击以上违法犯罪行为，如今打击抢劫和盗窃、扒窃获肯定评价，而打击诈骗则仍离市民满意有较大差距。

对打击黄、赌、毒和黑恶势力犯罪，满意度分别为50%和45%；对打击拐卖儿童的满意度亦有44%，但不满意度接近两成，为19%（见表2）。

表2　受访市民对警方打击各类违法犯罪力度的评价

单位：%

事项＼态度	满意度	一般	不满意度
打击抢劫	53	28	10
打击黄、赌、毒	50	29	9
打击盗窃、扒窃	49	34	14
打击黑恶势力犯罪	45	28	10
打击拐卖儿童	44	27	19
打击各类诈骗	34	33	25

（二）不同人群评价

1. 与中心、外围城区相比，周边城区居民对治安状况评价靠后

分析显示，白云、番禺、黄埔等周边城区受访居民对治安状况的满意度为44%，比中心和外围城区均低了10个百分点以上（见表3）。

表3　不同人群对治安状况的评价

单位：%

人群＼态度	满意度	一般	不满意度
中心城区	55	35	10
周边城区	44	43	12
外围城区	59	35	6

在具体违法犯罪打击方面，周边城区受访居民对"打击盗窃、扒窃"的满意度为43%，比中心、外围城区居民分别低了7个和12个百分点。

2. 低收入人群对警方维护治安工作满意度上升，但对打击黑恶势力犯罪评价稍低

分析还发现，不同收入人群对警方维护治安工作的满意度均有不同程度的上升，其中，低收入人群最为明显，满意度较2012年升了10个百分点至50%；不满意度则降至10%以下（见表4）。

表4　不同人群对警方维护治安工作的评价

单位：%

人群及年份＼态度	满意度	一般	不满意度
低收入者			
2015	50	36	9
2012	40	42	17
中等收入者			
2015	57	30	8
2012	49	40	9
高收入者			
2015	59	31	5
2012	55	36	7

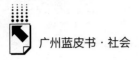

受生活、居住环境影响,在打击不同违法犯罪中,低收入人群对"打击黑恶势力犯罪"的满意度在各收入人群中靠后,为38%,比中等、高收入人群分别低了6个和12个百分点。

3. 与男性相比,女性受访者对打击抢劫、拐卖儿童的评价靠后

从不同性别人群来看,女性受访者对治安状况的满意度为46%,比男性受访者低了10个百分点。需注意的是,在打击各类违法犯罪方面,女性受访者对"打击抢劫""打击拐卖儿童"的满意度,亦比男性受访者明显低了12个百分点(见表5)。

表5　不同人群对治安状况及不同违法犯罪打击力度的评价

单位:%

事 项 及 态 度 人 群	满意度	一般	不满意度
治安状况			
男性	56	35	9
女性	46	42	11
打击抢劫			
男性	59	23	9
女性	47	34	13
打击拐卖儿童			
男性	49	24	16
女性	37	31	21

三　食品安全状况评价

根据近年来围绕食品安全状况开展的相关民调,从食品消费安全感受、食品安全状况及政府监管与执法三大方面,分析市民评价的变化特点。

(一)市民对食品消费的安全感有改善

调查显示,受访市民对食品消费的安全感为69%,较2012年增加9个百分点;不安全感降至28%(见表6)。

表6 市民的食品消费安全感受

单位：%

年份 \ 态度	安全感				不安全感		
	安全	比较安全	一般	合计	不太安全	不安全	合计
2015	13	16	40	69	16	12	28
2012	7	12	41	60	22	17	39

（二）市民多认为食品安全状况没变化，不满意度仍高

对2015年的食品安全状况，认为"没变化"的市民居多，达46%；亦有37%的市民认为"变好了"，认为"变差了"的人仅11%（见图8）。

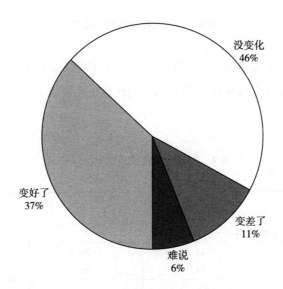

图8 对2015年食品安全状况变化的看法

对食品安全状况，市民不满意度维持在四成以上的高水平，为41%；满意度虽较2012年有所上升，但仍不足两成，为17%，远低于不满意度（见图9）。

（三）市民对政府执法工作的不满较往年下降，但水平仍较高

对食品安全执法工作，市民不满意度较2012年下降，但仍保持在四成左右，明显高于满意度。其中，"对违法行为的查处力度"和"日常抽检及巡

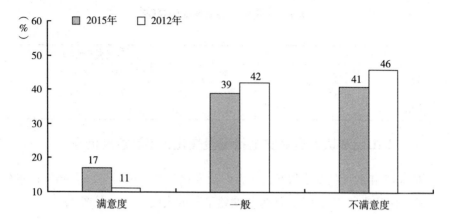

图9　对食品安全状况的评价

查"的不满意度下降最明显，均降了9个百分点至43%和38%，"食品安全信息发布"也降了3个百分点至38%；三项执法工作的满意度均不过25%（见表7）。

表7　对食品安全执法工作的评价

单位：%

事项及年份＼态度	满意度	一般	不满意度
对违法行为的查处力度			
2015	21	26	43
2012	14	28	52
日常抽检及巡查			
2015	17	30	38
2012	13	30	47
食品安全信息发布			
2015	23	32	38
2012	20	35	41

　　调查还发现，在认为食品安全状况"变好了"的人看来，改善原因最主要在于"政府监管与执法更严格"，为38%，较2012年大幅增加了10个百分点。可见，政府执法工作的改善逐步获得市民的肯定（见图10）。

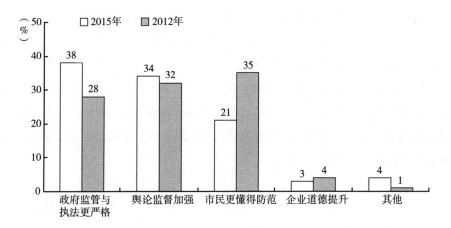

图10 对食品安全状况改善原因的看法

（四）高收入人群和低收入人群不满均突出

从不同收入人群评价对比来看，低收入人群对食品安全状况的不满意度达51%，而高收入人群的不满意度亦高，为40%；而且对各项执法工作，高收入人群的不满意度亦高于满意度，与低收入人群不满较突出的情绪相近（见表8）。

表8 对食品安全状况及执法工作的评价

单位：%

事项及人群 \ 态度	满意度	不满意度
食品安全状况		
低收入者	8	51
高收入者	25	40
对违法行为的查处力度		
低收入者	15	44
高收入者	27	44
日常抽检及巡查		
低收入者	10	43
高收入者	23	32
食品安全信息发布		
低收入者	16	41
高收入者	26	38

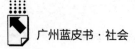

　　另外，作为家庭食品采购的主力军，31~50岁的受访市民评价亦差，对食品安全状况及相关执法工作的不满意度均在四成以上，其中"对违法行为的查处力度"的不满意度达50%左右。

　　综上可见，市民食品安全感的上升，与近年来政府加强食品安全领域的监管与执法密不可分，但市民对食品安全状况的不满情绪依旧突出，多数人对现状改善仍缺乏感受，对相关监管和执法工作不满持续，反映出食品安全状况的变化与市民期盼仍有较大差距。

（审稿：丁艳华）

B.29
广州天然气价格改革的公众意见调研报告

刘荣新*

摘　要：　为了解市民对广州天然气改革方案的意见，广州社情民意研究中心开展专题研究，发现由企业主导制订改革方案难令公众接受；气价改革除了决策粗糙，还存在改革效果评估不足、改革时机把握不当等问题。研究建议公共产品价格改革须坚持群众路线，政府应抓住主导权，平衡各方利益，让改革真正成为推进社会民生福祉的重大举措。

关键词：　公共产品　价格改革　阶梯收费　天然气

根据《中共中央国务院关于推进价格机制改革的若干意见》，保民生、促减排是公共产品价格改革的主要目标。近期，广州公布了《广州市管道天然气销售价格改革方案》（以下简称《改革方案》），天然气价格改革正式启动。为把握公众对《改革方案》的意见，广州社情民意研究中心开展专题研究，围绕改革的主导权、时机、利益再分配等问题，分析当前天然气价格改革上的社情民意。

一　由企业主导天然气价格改革，公众难以接受

任何价格改革的本质都是市场参与者之间的利益博弈和再分配，此次改革

---

* 刘荣新，广州社情民意研究中心高级研究分析师。

在第一阶梯维持现行价格的情况下，用气量的多少决定企业、市民的利益得失，阶梯宽广用气量多，市民受益多，反之市民利益受损而企业获利。对天然气价格改革，国家发改委的指导思想十分明确，第一阶梯用气量需覆盖80%的居民用户。这意味着改革应最大限度保民生，使群众利益不受损。

从各地阶梯定量来看，北京、上海和深圳的第一阶梯用气量上限均不低于300立方米/年，与广州毗邻的佛山，用气量更达到420立方米/年，而广州最多只有251立方米/年。同为大城市，气量却如此小，广州市民实难接受（见表1）。

表1　各城市第一阶梯用气量上限对比

单位：立方米/年

内容 \ 城市	广州		上海	北京	深圳	佛山
	方案一	方案二				
用气量上限	247	251	310	330	480	420

广州公布的改革方案，方案一的247立方米/年是2012～2014年三年平均测算得出，此定量连2013年的80%居民用户用气量（249.91立方米/年）都达不到。至于方案二，以2014年数据测算出的用气量251立方米/年，对居民用气需求的增长趋势明显缺乏考量，覆盖2015年的80%居民用气量将成空谈。没有科学的调查、严谨的测算，仅靠加减乘除、简单换算就得出阶梯用气量，是不可取的。

阶梯用气量的测算，应该以科学的社会统计调查结果为依据。广州居民家庭超400万户，使用天然气的居民近170万户，调查须有上万户的样本量，合理覆盖不同区域、收入、人口结构的家庭户，采取入户实地调查的方式，定期追踪，严谨测算，才能客观、准确地反映市民的用气状况。然而，供气企业采用了民意调查的方式，以电话访问1000多人的调查结果，来测算阶梯用气量是否满足市民用气需求。民意调查侧重对社会总体舆论、态度的严格推论，社会统计调查侧重对社会事实、行为特征的科学定量，两者适用对象截然不同。因此，对阶梯用气量这一社会事实的测算，采用民意调查是不恰当的，而简单地用一次千人电话访问得出的市民意见表态，直接用于对实际用气量的测算，更是不科学的。

由企业主导制订改革方案，既当球员，又当裁判，利益再分配难保公平。靠企业自觉让利于民，保民生、惠民生的改革目标难以实现。如此改革，必然粗糙。

二 天然气价格改革问题之一：效果评估不足

节能减排是本次改革的首要目标，但在方案中对节能减排的效果评估只字未提。改革实施后，广州因此减少天然气消费或消费增长放缓会是怎样情况？污染物排放因此会出现怎样变化？"能"会怎么"节"，"排"会怎样"减"，方案没有对市民作出起码的交代。

民调亦发现，对于改革效果，多达67%的市民认为企业是最大的获利者，企业收入会增加多少？是否符合微利经营的原则？增加的收入有多少用到节能减排上？方案均无清晰说明。

尤须指出的是，改革方案中能享受减免政策的低收入居民，仅包括低保家庭、老红军、革命烈士遗属、残疾军人，按《广州统计年鉴》数据推算不足6万人。现实生活中的低收入家庭，除了从政府领取补贴的困难家庭，更多的是不够资格领补贴却生活艰难的穷困家庭。广州社情民意调研中心民调中，自我评价处于低收入的人有12%，按广州常住人口总量折算，超过155万人。统计数据亦显示，低收入家庭承受的水电气等费用支出压力日趋增大，2013年的相关费用支出较2011年明显上涨14.15%，增长比例远高于2.52%的全市平均水平；而且水电气等费用在消费性支出中的占比，低收入家庭是高收入家庭的两倍多（见表2、表3）。价格改革会对低收入家庭生活造成多大影响？如何切实维护低收入家庭的利益？方案缺乏精确、深入的评估。

表2　不同家庭平均每人全年水电气等费用支出情况

单位：元，%

人群＼年份	2013	2011	增幅
全市平均	1291.74	1259.87	2.52
低收入户	1002.30	877.98	14.15
高收入户	1472.94	1367.95	7.67

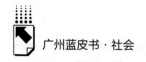

表3　2013年不同家庭平均每人全年消费性支出情况

单位：元，%

项目 人群	消费性支出合计	水电气等费用支出	占比
全市平均	33156.83	1291.74	3.90
低收入户	15516.00	1002.30	6.46
高收入户	56180.61	1472.94	2.62

三　天然气价格改革问题之二：时机把握不当

近年来物价水平居高不下，广州社情民意调研中心9月进行的民调显示，市民对物价状况的不满意度达49%的甚高水平，为民调中不满意度最高的指标。与此同时，广州的水费、电费、停车费接连涨价，市民承受的生活成本压力进一步加大。低收入市民的生活境况更为艰难，对物价的不满水平高达71%，收入及就业的不满意度明显超过满意度（见图1），认为十年来收入及就业没改善的人均超过六成。

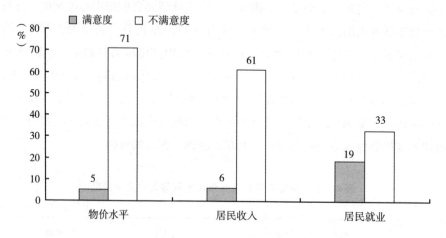

图1　低收入市民对经济生活相关指标的评价

另外，当前全球基础能源价格普降，国际原油价格已跌破50美元/桶；国内煤炭价格亦连年降价，国家发改委早在2015年4月就大幅下调了非居民天然气价格，佛山更率先以降价为目标推动居民气价改革。

广州选择此时进行提价性的天然气价格改革，必然缺乏社会支持。

四 公共产品价格改革，必须坚持走群众路线

公共产品价格改革事关千家万户的根本利益，容不得一丝马虎。广州社情民意调研中心于2015年受供气企业委托的民调，得出66.77%的受访者支持实行阶梯气价的结论。实际数据中，表态"支持"与"比较支持"的受访者合计不足50%，结论却将表态"一般"的中立者当成支持者，营造出大多数人欣然接受的氛围。群众的眼睛是雪亮的，真心实意听民意、切实为群众谋福利的改革，群众必将欣然接受；反之，操弄民意、脱离群众的改革，是对群众路线的背离，必定损害改革声誉。

综上，公共产品价格改革的核心问题是如何对待民生，是保民生、惠民生，还是损民生。广州作为改革开放的前沿，天然气价格改革的步伐要迈得更大，贯彻惠民为本的改革理念。改革中，政府应抓住主导权，定好规则，当好裁判，平衡各方利益，让改革真正成为推进社会进步的重大举措。

（审稿：谭苑芳）

专 题 篇

Thematic Research

B.30
团校培训困境与对策研究[*]

邱服兵[**]

摘　要：　新常态背景下，团校培训面临青年需求、类型、层次等多方面的需求变化与专业挑战。本文采用定性与定量研究方法，面向全国团校进行现状调查研究，针对团校培训的政策环境、规范标准、资源保障、创新发展等问题提出具有操作性的对策建议。

关键词：　团校　团干培训　互联网

一　研究背景

团校是党和国家教育事业的重要组成部分，是共青团工作的"思想库"

---

*　本文为中国青年工作院校协会2014年度重点课题研究成果。

**　邱服兵，广州市团校校长，管理学硕士，研究方向：青少年工作及志愿服务。

与"智囊团",围绕中心工作培养优秀青年干部是团校的根本职责和基本职能。随着经济社会的不断发展,团校培训是否能够满足青年日益多元化的需求?能否跟上新常态背景下的共青团工作步伐?团校培训面临怎样的挑战和机遇?本研究旨在通过客观了解全国各地团校发展现状,针对团校培训的政策环境、规范标准、资源保障、创新发展等问题提出具有操作性的对策建议,为全国团校培训事业可持续发展提供参考。

事实上,团校自建立以来一直存在着难以可持续发展的基础性问题。尽管1988年共青团中央、国家教委联合颁布了《关于实现团校教育正规化的意见》,但并无指导具体工作的实施细则。有学者总结,"团校在政治上缺乏有效指导、在经济上缺少灵活机制、在社会中缺少正确舆论、文化中缺失创新理念"①;此外,教育规格办学层次不明确,团干部教育培训与使用的紧密结合不够,各类学历教育面临考验等也是各地团校发展中存在的具体问题。② 有学者认为团校发展面临的三大问题:一是团校除了学校性质、办学方向、管理体制相似外,需要解决的具体问题存在较大差异,加上随着教育管理体制以省级地方为主,各地团校的学历教育几乎是各自为战,寻求出路。除了承担团干部培训任务相同外,越来越表现出各不相同的发展方向和特征。二是团干培训作为团校的办学基础却无法满足广大团干提高实际工作能力的需要,团干培训得不到政策支持和经费援助。培训与使用不能有机结合,影响了团干部的参训率,团干培训面临"吃不饱""难生存"的状况。三是通过对全国32所省级以上团校的调查显示,学校的建设用地、经费投入、编制等方面遭遇政策性瓶颈,学历教育同样面临诸多困难。③

过去15年是中国高等教育高速发展的15年。全国一些省级团校抓住机遇向普高、职高教育转型发展。但在经历了人口红利及高等教育全球化影响之后,目前高考生源人数显著回落④。在普通高等教育领域,团校未来的竞争优

① 洪建设、林敦锋:《我国团校发展的困境与路径》,《中国青年研究》2011年第3期。
② 崔勇:《全国团校建设现状及发展趋势研究纲要(下)》,《山东省青年管理干部学院学报》1999年第2期。
③ 张澍:《青年工作院校的现状与发展研究报告》,《中国青年政治学院学报》2008年第6期。
④ 《2008年我国高考报名人数达到历史峰值的1050万后,人数迅速下滑》,中国广播网,2014年6月7日。

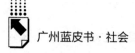

势并不明显。此外，在选择多元的今天，团校所面临的竞争压力不仅来自体制的规则与安排，更面临着来自市场的冲击。调查显示，来团校参训的青年除了选择党团干部学院、行政学院之外，也喜欢去参加各类社会培训机构举办的培训或者直接出国游学、留学。

综上所述，目前全国各地团校面临的问题具有以下共性：一是缺乏足够的政策制度安排，使团校在社会转型中在政治上、经济上、文化上并未得到足够支持，实现创新发展；二是团校未能提供具有刚性需求的教育培训产品，适应性和不可替代性不强；三是团校教育培训发展市场化、社会化程度不足。

二 团校及其培训工作现状

此次调查在全国 60 所省市团校中进行，回收调查问卷 400 份，其中省级团校 20 所、城市团校 20 所，各占 50%。全部问卷实际回收率 66.7%，问卷有效率 98%。以下是接受调查的团校的基本情况。

（一）团校公益类型

受全国事业单位分类改革政策影响，2012 年之后各省市团校多转为公益类事业单位。受访团校中，公益一类单位 24 所，占 63.2%；公益二类 10 所，占 26.3%；其他 4 所，占 10.5%。结果显示团校的单位分类的主要特征是"公益"，为团校未来发展指明了方向。

（二）教职工状况

从团校编制情况来看，各校平均编制 74 人，专业技术岗位平均 51 人，管理岗位平均 22 人，固定专职培训教师平均 20 人。各团校单位人员情况的标准差较大，说明各团校单位人员情况的差异比较大，这与各省市团校发展历程和现状不尽相同有关，当前有的学校在保留团员干部培训职能的同时，已向学历教育转型，因此学校规模扩大较快，职工人数多。

在教研队伍方面，各团校拥有正高级职称（含教授、研究员等）人员平均 5 人，副高级职称（含副教授、副研究员等）平均 17 人，中级职称（含讲师、助理研究员等）平均 25 人，初级职称（含助教、研究实习员等）平均 15 人。教研队伍老、中、青三代梯队层次逐渐明晰，具备一定教研潜力。同时，我们也应该看到各团校拥有教研队伍的情况具有较大差异，受各团校的发展类型影响，各省市团校教研队伍人数差异大。

（三）培训场地

调查显示，当前团校培训场地校际差异较大。"自有充足的培训教学楼"的占 59.5%，"仍需部分租用其他单位教学场地"的占 24.3%，"培训教学场地严重不足"的占 13.5%，而"计划新建培训教学楼"的仅占 2.7%。仍有超过一成的团校面临"培训场地严重不足"的难题。

（四）培训经费

73.0% 的培训资金是依靠"学员来源单位解决"，59.5% 的经费是依靠"固定财政专项经费"，27.0% 的经费是"承接政府购买服务项目"。整体上，调查显示资金来源主要来自传统体制内渠道，社会化的"企业或个人资助"仅占 8.1%，至于"国内基金会资助"的使用率更低，仅占 2.7%。

在"上一年度培训专项经费"调查中，数据显示 100 万元以上的有 9 个团校，占 30.0%，50 万~100 万元的团校有 3 个，占 10.0%，两者合并达到四成，具有一定的培训经费保障。10 万~50 万元培训专项经费的团校 11 所，占 36.7%，这一类别的团校在培训经费保障上困难增大。而 10 万元以下的团校 7 所，占 23.3%，这一类别的团校的培训经费困难较大。

（五）培训类型及内容

在培训类型上，排列第一位的是团（队）干培训，占 92.5%，第二位是青少年素质培训，占 65.5%，两者显示团校在团（队）干部和青少年两个传统关注群体上仍然投入了较多的资源。而居第三位的则是"志愿者培训"，占到全部培训类型的 57.5%。

在培训内容方面，以团队建设理论及工作方法为主。调查显示"新时期如何做好共青团工作""共青团特色工作项目策划""共青团的发展历程""共青团活动的基本要素"等是全国各团校开展最多的培训课程。在团干细分课程中"共青团干部的素质培养""共青团干部魅力—沟通协调法""'两新'组织团建工作"是排前三位开展最多的课程。即便在青年素质培训中，排前三位的也是"团队建设与管理概论""团队激励与维系""共青团引领青年的路径"等团属团队能力建设课程。

（六）授课方式

过半受访团校认为课堂教学面授方式仍受到学员喜爱，35.7%的受访者认为网络培训"需要改进"。同时，根据受访者的工作经验，在"课堂讲授模式""师生互动模式"和"体验式训练模式"选项中，目前被认为对团员青年培训最有效的培训模式分别是课题经验交流（96.1%）、师生互动案例分析（65.8%）以及户外拓展训练（71.1%）。

与此同时，调查显示在网络授课方面，82.4%的团校并未开展过较为完整的网络培训课程。在已经开展了网络培训的团校中，我们假设可以由各学校自主设计一项网络培训项目，80%的受访者认为首先需要在"课程设计"方面有所突破，45%受访者认为要进行"培训教学方式"创新，30%的受访者认为要在"培训项目宣传"上创新（见表1）。

表1　网络培训创新方面

单位：人次，%

项目	数量	百分比
培训项目宣传	6	30.0
项目收费	1	5.0
项目师资	1	5.0
课程设计	16	80.0
目标对象定位	4	20.0
培训教学方式	9	45.0
硬件设施	1	5.0
软件设施(如培训的网站,软件等)	3	15.0

同时，受访者普遍认为网络培训要有所创新，不是把传统线下教学搬到网络上。分别有35%的受访者认为网络培训要在"要让学生可以选择老师"以及"上课的过程要注重互动"方面进行创新，20%的受访者认为"让学员可

以定制课程"也是一种改变，另有10%的人认为"可以选择一起学习的学员"也是网络培训可创新之处。此外，受访对象对网络培训的印象及重视程度主要集中于"师资良好"（75%）、"形式新颖"（65%）、"浏览方便"（45%）和"专业认证"（35%）。

（七）培训宣传

2013年《全国团校发展现状调查报告》显示，当时已有64%的团校有自己的独立网页，13%的团校建立了自己的微博。[①] 微信公众平台、团校微博、团校网站、网上团校[②]等"四位一体"宣传手段其实早已在团校宣传中得到应用。但此次调查显示，94.7%的团校依然使用"单位通知"传统渠道来发放培训信息，可见工作联系对象仍较为单一。

（八）培训对象参与动机及培训效果

针对培训学员参与状况，调查显示，各团校上一年度全年培训学员平均6987人，其中面授培训6720人次、网络培训363人次。但应注意到，各团校培训情况差异较大，培训学员最小值30人、最大值6987人。面授培训最大值92026人次、最小值30人次；网络培训最大值3000人、最小值为0。而培训对象仍主要以团干为主（55.0%），其次是普通团员青年（27.5%），对18岁以下青少年的培训仅占12.5%。针对参训人员，68.4%的人是为了"提高能力，改善知识结构"，18.4%的人明确指出自己来参加培训就是为了"完成上级指派的培训任务"。

同时，通过对培训效果的自评及反馈分析，数据显示"对2014年您所在团校开展培训的总体评价"超八成的团校领导认为整体上属于"好"。受访团校领导也指出2014年所开展的培训中最满意的是"培训组织与服务"的组织动员能力，最不满意的则是"培训场地"等学校自身软硬件实力（见表2）。

---

① 《全国团校发展现状调查报告（2013）》（内部资料），第5页。
② 温州市团校：《2014年全国城市团校工作研讨会资料汇编》（内部资料），2014，第39页。

表2 对培训课程评价

单位：次，%

项目	培训课程中最满意的地方		培训课程中最不满意的地方	
	频率	有效百分比	频率	有效百分比
培训组织与服务	21	55.3	1	2.9
培训内容和教材	1	2.6	4	11.8
培训时间的安排	1	2.6	3	8.8
培训方式与手段	10	26.3	3	8.8
培训讲师的水平	1	2.6	0	0.0
对实际工作帮助程度	2	5.3	5	14.7
培训时数的长短	0	0.0	6	17.6
培训场地	2	5.3	8	23.5
其他	0	0.0	4	11.8
合　计	38	100.0	34	100.0

而学员反馈方面，以广州市团校 2014 年团干培训满意度抽查为例，调查结果显示受访青年对团校"培训师资"和"培训内容"评价最高，分别有39.1%和36.0%的受访青年对此两项评价为"非常好"，而"培训效果"单项合计分值则略低（见表3）。

表3 对广州市团校培训总体评价

单位：%

项目	非常好	很好	好	一般	较差
培训时间	32.0	34.0	24.9	9.1	0.0
培训内容	36.0	36.6	21.3	6.1	0.0
培训场地	30.5	32.5	25.4	11.2	0.5
培训效果	28.4	35.0	26.4	10.2	0.0
培训师资	39.1	38.6	18.3	4.1	0.0
培训课程	33.0	36.6	24.4	6.1	0.0
培训方式	31.0	35.0	24.4	9.6	0.0
培训管理	33.5	27.9	27.4	10.7	0.5

此外，有45.4%的青年指出"培训师资数量少，不能满足日益增长的培训意愿"；有29%的受访青年认为"培训师资缺乏授课技巧，上课缺乏吸引力"。培训课程方面，受访青年认为现有培训存在"针对性不足，没听到我想

听的培训内容"（42.8%）这类问题；培训方式方面，学员认为主要问题是团校现有的传统培训方式比较单一，仍以理论讲授为主（36%），与实务技能的结合及互动交流都略有缺乏；此外，由于课程性质等原因，团校培训学员多数是通过行政化组织，学员主动报名的积极性低。汇总问题之余，我们也进一步调查了已参训学员究竟对哪些培训内容有兴趣。根据学员意见，《团干培训课程》榜上有名。学员普遍对"如何增强共青团干部魅力"这一命题兴趣浓厚，"沟通协调""能力推动""责任感召"等课程选择指数颇高，事实证明只要是符合青年需求的课程依旧是受到青年热捧的。

三 团校培训职能存在的问题

通过以上问卷分析，笔者认为全国团校在培训工作方面，普遍存在以下问题。

1. 从体制内获得支持不足制约了培训工作的发展

调查显示，受访团校认为制约培训工作发展最主要的问题首先是"上级给予的政策、资金、人员、场地等支持不足"，占66.7%；其次，选择"单位自身硬件不足"的占17.09%；认为"培训产品无法满足培训需求"的占12.8%；认为是"基层参与培训积极性不高"的占2.6%。

时至今日，仍然有部分团校首先希望改善的是"培训场地建设和住宿用餐条件""编制人员"等。在2014年全国团校所开展的培训课程满意度调查我们就发现对培训师资水平的满意度仅为3%，远远低于预期水平。这些问题无不反映出团校作为公益性事业单位生存发展环境较为艰难的现实。

2. 培训的专业化、规范化不足是大多数团校培训工作的短板

全国团校至今仍未建立起标准的培训体系，也缺乏统一的培训教材，未能实现培训的规范化、专业化。在具体的培训项目中，课程研发能力不强，不能紧密贴合青年需求。有团校领导认为："经费、场所、政策是保障，课程建设是龙头，网络服务平台搭建是瓶颈。"不完善的课程体系导致培训专业化水平长期无法得到提升，进而影响参训青年干部对团校的认知——理论上薄弱，实践上脱节，最终导致团校培训对参训青年吸引力不强。

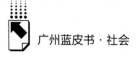

3.培训供给与需求错位

通过对既有青年培训需求调查的梳理，我们发现主要集中于"青年生存"与"青年发展"两个维度。青年生存：包括升学择业、就业创业、法律维权等涉及青年切身利益，基于青年衣、食、住的心理与安全需要。青年发展：包括青年继续教育、志愿服务、婚恋交友、文体活动、青年优惠等多元化的社会需求、尊重需求及自我实现需求。而在对全国团校青年干部培训的调查中发现，许多培训内容与培训群体的需求不相匹配，由于培训对象接受信息渠道的多样化，传统的教学内容与模式已经无法满足其日益增长的精神文化需要，团校培训知识能力结构亟须更新升级。同时，调查发现，"从上级单位通知中获知培训信息"占到发放培训相关信息渠道的94.1%，培训信息传递途径单一，凸显团校培训未能走出层级化"体制圈子"，未充分利用新媒体对青年的覆盖力和影响力。

4.培训的社会化程度较低

调查发现，团校每年培训经费超过89%来自财政专项经费、政府购买服务及学员来源单位等传统渠道。团校培训多以传统的面授培训为主，网络培训极少。82.8%的团校表示没有开展过较完整的网络培训课程。而对开设过网络培训的团校而言，41.7%的学员认为该培训形式用户体验较差，需要改进。这对于培训需求巨大的志愿服务领域，尤其是普及性的通用知识培训，在线培训是一个亟待解决的问题。

四 对策与建议

党的群团工作会议强调，群团事业是党的事业的重要组成部分，群团工作只能加强不能削弱，只能改进提高不能停滞不前。共青团是具有鲜明政治属性的青年群众组织，是党联系青年的桥梁和纽带，而团校是共青团工作的重要支撑。因此，加强和改进团校的培训工作，培养一大批理想信念坚定、素质能力良好的基层团干部，为共青团事业创新发展汇入源源不断的活力是团校的职责和使命。结合以上调研，笔者认为团校培训可以从保障制度化、发展专业化、拓展社会化和线上线下一体化这四个方面进行探索。

1. 从制度上改善团校生存发展环境，探索团干持证上岗

一是改善团校生存发展环境。上级权威部门应研究出台一份全面规范、界定团校工作的基础性制度，以明确其功能、保障其生存、指导其发展。应根据团校规模和工作实际，对校园建设、人员编制、设施设备、经费标准及来源等给出指导性意见。使各级团校的生存发展有"法"可依，有据可循，推动团校工作的规范化、专业化、长效化。纵观全国团校的生存发展状况，其办学规模、工作重心、发展模式，可谓参差不齐、各显神通，与缺乏基础性的制度指导直接相关。

二是推进团干岗位专业化。党的群团工作会议也讲到了共青团工作专业化，甚至是职业化问题。落实这些工作要求，关键是团干部专业能力的提升，而建立团干部的任职资格制度、实现团干部像其他专业人员一样持证上岗，则是值得探索的途径。因此，笔者建议，由团中央统一建立各层次共青团干部任职资格标准，并建立相应的培训体系，规定只有通过团校统一培训、考核，获取相应岗位资格证书的共青团干部才能担任相应的职务，这不仅能从根本上提升共青工作的专业化水平，也使各级团校的培训工作有了基础性"市场"保障。

2. 建立规范化、专业化团干培训体系

培训体系建设的主要内容包括课程体系设计、教材系列研发、师资库建立以及培训阵地建设等。全国多数团校的历史都在60年以上，团干培训一直都是主业，但令人尴尬的是到目前为止，全国团干培训没有完整的规范与标准。笔者认为，首先是要组织力量建立团干分层分类的培训课程体系，并组织编写相应的团属培训教材，建立团干培训通用标准。在通用标准未建立之前，建议各团校可以通过座谈、问卷调查、调研访谈等多种形式了解培训对象的培训需求，结合实际确定行之有效的培训课程，逐步建立起培训课程体系。同时，也要打开培训思路，创新青年培训方式，从传统的"岗位培训""师带徒式培训""授课式培训"思维中解脱出来，注重全面提升青年素质培训，不要仅拘泥于共青团工作岗位的直接需要，也要着眼于团干的兴趣爱好和职业化目标，使培训内容从单一的技能培训转为综合性培训，以便更好地让青年团干学以致用、创新发展。

其次，要建立全国团校师资库，积极吸纳各行各业培训师资精英。客观地

说，与体制内其他教育机构相比，团校发展的历史及现实并没有为优质师资队伍建设创造良好条件。目前，可立足团校系统现有的优质师资力量，并吸收有关院校、研究机构的专家学者以及有丰富经验的老团干、专职青年工作者组建开放式团属培训师资库。同时，本课题调查中也有不少团校反映专职教师职称评审难，因此，要从制度设计上打通团校教师职称上升通道，妥善解决团校教师职称晋升难的问题。

3. 强化团校培训工作社会化和培训功能拓展

一是要推动团校培训功能与运作的社会化，提升资源整合能力。一要立足团属培训领域和职能，积极发展主业外的培训功能；二要打破体制内身份及原有工作模式的桎梏，将团校培训工作融入经济社会发展大局中推进。在本课题调研中，笔者了解到目前有 22 家的团校正开展志愿者培训及相关工作，而策划组织类似的公益性活动，却鲜有团校联合社会专业机构或争取慈善基金、爱心企业对志愿者培训项目的支持。笔者认为，作为群团组织的一部分，团校人必须开阔视野、开阔胸襟，主动拓展工作领域，主动整合社会资源，主动贴近工作对象，把尽可能多的相关方变成工作的力量。作为服务青年的专业工作机构，团校的工作人员要真正走进社会、走近青年，了解社情民意，掌握青年在社会环境中的真实状态，提升对青年培训、团干培训同理心，进而提高服务青年的满意度。

二是要把握发展机遇，开拓创新培训新领域。例如北京奥运、上海世博、广州亚运、深圳大运等大型赛事活动的举办，极大地推动了当地乃至全国志愿服务事业的发展，也让共青团组织有机会统筹并创新大型赛会志愿服务工作。各地团校敏锐把握机遇，积极参与大型赛会志愿者培训工作，同时积累实战经验，提升专业化水平，促进政策与载体建设，从而推动了团校在志愿者培训领域的探索发展。其他领域同样为团校展示了开拓发展机遇，比如各地社区建设的快速推进和青少年事务社工的巨大需求，团校可以依托社区学院、专业社工机构、社区服务中心等新型社会组织开展就业创业、婚恋交友、社会融入、兴趣爱好等培训服务，创新培训内容、方式和培训载体，使团校公益性事业单位的作用延伸到更多的相关领域，惠及更多的社区居民，产生更大的社会影响力。

4. 用互联网技术实现团校培训工作线上线下一体化

必须指出团校的培训工作要根据时代和工作对象的发展同步改造内容及方

式方法。与其他事业一样，当前也要把"互联网＋"的思维引入团校的培训工作。面对互联网技术的高速发展和青年群体的多元化、碎片化，团校的培训模式与发展创新已刻不容缓。令人担心的是，仍有多间团校在本课题调查中表示对网络教育"不了解""没时间了解"。在一个"95后"青年都已经步入职场的时代，作为青年服务机构，团校必须知晓并顺应培训对象的生活、学习和工作方式的变化。当下，团校培训方式上，要坚持传统教学与在线教育相结合的原则，特别要注重新媒体在培训工作中的运用，采用青少年喜闻乐见的培训方式，开发全媒体培训平台，以培训维系凝聚青年，一班一群，一群一平台，一平台一特色。线下则要花大力气研发个性化培训项目，建立接地气、目标性强的培训模式，并针对团干部与青少年培训的具体需求，在教学中不断加大体验、互动式培训的力度，通过情景模拟、案例教学、工作坊等多种培训模式，激发青年的学习热情，增强学习的便利性和趣味性，不断提高培训效能。

（审稿：张强）

B.31
2015年广州行政立法现状分析及2016年展望

卢护锋*

摘　要：　本文首先对广州市2015年行政立法情况进行系统梳理；进而从总体情况、立法计划、现实问题回应度及合法性等方面对广州市2015年行政立法情况进行评估；最后，提出2016年广州市行政立法的重点与方向。

关键词：　行政立法　合法性　民生问题

一　广州市2015年行政立法的情况梳理

（一）背景分析

在国家战略层面，2015年是全面完成"十二五"规划的收官之年，是全面深化改革的关键之年，也是全面推进依法治国的开局之年。在这一年中，对行政立法影响最大的无疑是《立法法》的修订。《立法法》的修订一方面带来了国家立法体制与立法思维的转向；另一方面，对地方立法尤其是地方行政立法权限进行了进一步厘定。

在立法体制上，明确了人大主导立法的体制。立法体制体现的是一个国家宏观上立法权的分配，不同的立法体制意味着国家立法权分配的差异。在我国，立法权不是由一个政权机关行使的，存在着权力机关立法权与行政立法

---

　*　卢护锋，广州大学公法研究中心副教授，博士。

权，其中权力机关立法权包括中央和地方两个层面，行政立法权包括行政法规立法权、部门规章立法权和地方政府规章立法权。本次《立法法》的修订，在立法体制上确立了人大主导立法的立法体制。虽然在宪法和组织法上，人大是国家权力的中心，行政立法是从属于人大立法的，但是一个客观事实是行政机关尤其是职能部门一直在立法中起着主导作用。因此，人大主导立法体制实质上就是相对于部门主导而言的，它要求按照"法出人大、人大出法"来真正实现人大在立法中的主导作用。这种转向的直接效果是整个国家立法权向权力机关集中，行政立法除非有法律的明文授权，否则在本质上只能是执行性的。这一要求对地方行政立法的影响无疑是明显的。

在立法思维上，从立权走向立责，从科以义务走向赋予权利。"行政权力部门化、部门权力利益化、部门利益法制化"是行政立法广受社会诟病的原因，而通过行政立法扩张行政权力、通过权力扩张实现部门利益是上述现象的思维逻辑。在这个立法思维中，行政立法只不过是实现部门权力、部门利益的一种手段，至于责任设定、权利保护等都处于次要地位，有时甚至被忽略掉了。立法思维的转向意味着行政责任、私权保护成为地方立法的主要任务，如果不是如此，地方行政立法将失去正当性。因此，立法思维的转向需要地方行政立法积极面向并回应地方行政权运行和民生保障中较为突出的问题。

在立法权限上，2015年《立法法》修订作了明确限定。这个限定是地方行政自主立法的领域范围，即限于城乡建设管理、环境保护和历史文化保护等方面。不仅如此，即便是上述三个领域的自主立法，地方行政立法也不得设定减损公民、法人和其他组织权利或者增加公民、法人和其他组织义务的规范。

2015年《立法法》的上述变化从理念、体制和具体内容等方面对地方行政立法提出了新的要求，同时也为我们评价地方行政立法提供了基本准则。

（二）基本状况

从数量上看，2015年是广州市行政立法力度较大的年份，这一年共制定、修改十五项地方政府规章。具体包括《广州市餐饮垃圾和废弃食用油脂管理办法（试行）》、《广州市职业卫生监督管理规定》、《广州市农村集体资产交易管理办法》、《广州市建筑占有水域管理办法》、《广州市供电与用电管理规定》（修订）、《广州市最低生活保障办法》、《广州市社会医疗保险办法》、《广州市生活垃圾分类管理规定》、《广州市退休人员社会服务管理规定》、《广州市燃气管理规定》、《广州市压力管道安全管理规定》、《广州市房屋建筑和市政基础设施工程质量管理办法》、《广州市城乡规划技术规定》（修订）、《广州市海上丝绸之路史迹保护规定》、《广州空港经济区管理试行办法》。①

为了更清楚地了解 2015 年广州行政立法状况，我们以行政立法所涉及的主要内容为依据，对其作一个简单的类型化描述。②

表1　对 2015 年广州行政立法状况的类型化描述

序号	规章名称	主要内容	类型
1	《广州市餐饮垃圾和废弃食用油脂管理办法(试行)》	规范餐饮垃圾和废弃食用油脂管理,促进源头减量与资源回收利用,维护城市卫生	民生类
2	《广州市职业卫生监督管理规定》	职业病防治工作,预防、控制和消除职业病危害,保护劳动者职业健康权益	民生类
3	《广州市供电与用电管理规定》(修订)	加强电网规划与建设,维护供电与用电秩序	经济社会管理类
4	《广州市建设项目占用水域管理办法》	加强水域管理和保护	经济社会管理类
5	《广州市农村集体资产交易管理办法》	规范农村集体资产交易行为	经济社会管理类
6	《广州市最低生活保障办法》	健全最低生活保障制度,保障本市居民基本生活	民生类
7	《广州市社会医疗保险办法》	保障参保人员的基本医疗需求,规范社会医疗保险关系	民生类
8	《广州市生活垃圾分类管理规定》	规范生活垃圾分类管理,推进生态文明建设	民生类
9	《广州市退休人员社会服务管理规定》	退休人员社会服务管理工作,促进退休人员社会服务事业发展	民生类
10	《广州市燃气管理规定》	规范燃气经营和使用行为,保障公共安全和公共利益	民生类

---

① 资料来源于广州市人民政府法制办：http://www.gzlo.gov.cn/gzsfzb/s10229/zfgz _ list.shtml，访问日期：2016 年 2 月 1 日。

② 本文的分类是相对的，目的并不在于对广州市行政立法作出清晰的类型切割，而是为了了解广州市行政立法的基本动向并为我们评价广州市行政立法提供一个参照。

序号	规章名称	主要内容	类型
11	《广州市压力管道安全管理规定》	规范压力管道安全管理,预防压力管道事故,保障人身财产安全	民生类
12	《广州市房屋建筑和市政基础设施工程质量管理办法》	加强房屋建筑和市政基础设施工程质量管理	城市管理类
13	《广州市城乡规划技术规定》(修订)	实现城乡规划编制和规划管理的标准化、规范化和法制化	城市管理类
14	《广州市海上丝绸之路史迹保护规定》	规范海上丝绸之路史迹管理和利用	经济社会管理类
15	《广州空港经济区管理试行办法》	促进广州空港经济区的建设和发展	经济社会管理类

二 对2015年广州市行政立法的评价

(一)总体评价

从表1内容来看,广州市在行政立法上较为关注民生问题,占立法总数的53%。这与立法思维的转向基本是一致的。在一个法治国家,民生问题首先是个法律问题。因为民生问题实质上是一个权利问题,是以生存权和发展权为核心的社会权的尊重、保护和实现问题。[①] 只有当经过法律规范的确认之后,以生存权和发展权为主要内容的民生权利才有转换为实有权利的可能,尤其是当其受到侵害时,才有法定的救济渠道可以寻求。民生是一个涵盖面极广的概念,至少表现在收入分配、社会保险、医疗卫生、环境保护、就业促进、教育公平等方面。十多年来,我国民生立法取得了较大成绩,在全国人大立法工作中所占比重也越来越大。《特种设备安全法》《消费者权益保护法》《环境保护法》《旅游法》《劳动合同法》《义务教育法》《社会保险法》《侵权责任法》等民生领域法律制定并得进一步完善,《安全生产法》《食品安全法》《大气污

---

① 龚向和、左权:《地方民生立法审思》,《河南省政法管理干部学院学报》2011年第2期。

染防治法》《社会救助法》《职业教育法》等民生领域立法和修法步伐加快。①但是，中央民生立法仍滞后于实践需求，通过地方立法来解决一定范畴的民生问题不失为一种较优且务实的制度选择。在广州 2015 年行政立法中，民生立法主要体现在社会保险、环境保护、劳动者保护、公共安全等方面。例如，《广州市最低生活保障办法》第八条规定："本市实行城乡统一的最低生活保障标准。市民政部门应当会同市财政、统计等部门根据本市经济社会发展水平，结合物价变动指数、人均收入水平、最低工资标准等的变动情况，对最低生活保障标准进行适时调整，报市人民政府批准后实施。"这为实现城乡公平迈出了实质性的一步。又如，无论是在广度还是深度，《广州市社会医疗保险办法》在《社会保险法》基本医疗保险基础上都有了较大发展。第三条明确规定："建立职工社会医疗保险、职工重大疾病医疗补助、职工补充医疗保险，满足参保职工多层次的医疗保障需求。建立城乡居民社会医疗保险、城乡居民大病医疗保险，满足参保居民多层次的医疗保障需求。"

另外，在城市管理和经济社会管理上也倾注了较多的心血，这与《立法法》地方行政立法权限的明确限定直接相关。城乡建设管理职能是《立法法》所肯定的地方行政立法权，它包括市政基础设施建设、维护以及安全管理，建筑市场管理，绿化管理，市容市貌管理以及户外广告管理等。经济社会管理是地方政府的固有职能，对此《宪法》第一百零七条和《组织法》第八十九条均作了明确规定。对拥有地方行政立法权的人民政府而言，在不违背法律保留和法律优先原则的前提下，通过行政立法实现经济社会管理职能，自具有正当性。

（二）具体评价

1. 与年度立法计划的相符度

从中央立法到地方立法，从权力机关立法到行政机关立法，均有立法规划和年度立法工作计划这两项重要内容。立法规划和立法计划的提出是为了克服立法的跟风，确保立法活动的严肃性和科学性。我国从 1993 年才开始有正式的年度立法工作计划，它是对本年度立法工作的具体安排，通过对立法工作计

---

① 王萍：《民生立法：中国立法新底色》，《中国人大》2014 年第 17 期。

划的解读，可以清晰地看到立法机关一年的立法工作思路。尽管一年中需要通过立法来调整的事项比较多，但需要按照轻重缓急进行统筹规划，合理安排。这就需要根据经济社会发展确定立法项目，通过调研论证，制订立法计划，科学配置立法资源。当然，立法工作计划不是一成不变的，它可以随着工作重点和国家政策的变化而适时地作出调适，所以立法工作计划尽管不是立法本身，但具有指导和约束效力。以年度立法实际情况与年度立法工作计划之间的相符度作为评价内容，一方面可以测算立法工作计划的科学性，另一方面可以看出立法工作计划的执行程度。如果年度立法实际情况与工作计划之间基本或者明显不相符合，就可以说明或者是立法工作计划在制订之初就是不科学的，或者立法工作没有按照预订的方案实施。两个方面都应当是地方行政立法需要认真对待的问题。

从2015年广州市政府规章制定计划来看，实际与计划表现出了较大程度的不相符。广州市2015年度政府规章制定计划如表2和表3所示。①

表2　正式项目（11项）

序号	项目名称	牵头起草部门	报送市法制办时间	备注
1	《广州市小额建设工程交易管理办法》	广州市发展改革委	2015年6月	制定
2	《广州市清真食品管理办法》	广州市民族宗教局	2015年4月	修订
3	《广州市临近保质期和超过保质期食品管理办法》	广州市食品药品监督管理局	2015年6月	制定
4	《广州市医疗器械流通使用监管办法》	广州市食品药品监督管理局	2015年6月	制定
5	《广州市气瓶安全监督管理规定》	广州市质监局	2015年6月	制定
6	《广州市玻璃幕墙管理办法》	广州市住房和城乡建设委	2015年12月	制定
7	《广州市城镇生活污水处理厂污泥处理处置管理办法》	广州市水务局	2015年6月	制定
8	《广州市海上丝绸之路史迹保护规定》	广州市文化广电新闻出版局	2015年6月	制定

---

① 广州市人民政府法制办网站，http://www.gzlo.gov.cn/gzsfzb/lfjh/201504/2834329.shtml。

续表

序号	项目名称	牵头起草部门	报送市法制办时间	备注
9	《广州市警务辅助人员管理办法》	广州市公安局	2015 年 6 月	制定
10	《关于明确增城经济技术开发区管理委员会管理权限的决定》	增城市政府	2015 年 4 月	制定
11	《广州市来穗人员服务管理规定》	广州市来穗人员服务管理局	2015 年 4 月	制定

表3　预备项目（8 项）

序号	项目名称	牵头起草单位	备注
1	《广州市法律援助实施办法》	广州市司法局	修订
2	《广州市无障碍设施建设管理规定》	广州市残联	修订
3	《广州市城市管线管理办法》	广州市住房和城乡建设委	制定
4	《广州市城市雕塑管理办法》	广州市国土资源和规划委	制定
5	《广州市快递市场管理办法》	广州市邮政管理局	制定
6	《广州市食品安全监督管理办法》	广州市食品药品监督管理局	修订
7	《广州市政府信息公开规定》	广州市政务公开办	修订
8	《广州市公共资源交易平台管理办法》	广州市法制办、广州市发展改革委	制定

很显然，无论是正式项目还是预备项目，基本未能在立法年度完成。

2.对社会现实的回应度

地方行政立法是为了回应地方社会现实需求而存在的。囿于传统研究范式，对地方立法的研究主要是以合法律性为主要出发点，因此，上位法优先和上位法保留是研究的主题。对社会现实的回应则不同，它要求以"地方现实性"作为思考和研究问题的出发点，它强调的是地方立法的地方属性，即地方立法应当具有地方特色、解决地方问题，否则地方立法就不具有正当性基础。也就是说，地方立法在选题和目的上要以着力于地方现实需求为出发点，在内容上体现地方实践经验的探索、总结与提炼。"地方现实性"的缺失是地方立法中普遍存在的现象，它不仅增加了法律运行的成本，而且贬抑了地方立法权的应有功能。其原因一方面在于人们对地方立法的"地方性"缺乏科学的认定，对危害的严重性缺乏客观的认识；另一方面，地方立法机关对不抵触原则的机械遵从和对地方立法整全性的追求。从 2015 年广州地方行政立法的情况来看，在此方面做了较大的努力。

以《广州市农村集体资产交易管理办法》为例。随着广州城市化进程的发展，广州农村集体经济总量增长快速，交易数量也大幅增加。由于交易行为不规范、监管制度不健全，农村集体资产交易领域已成为农村基层贪腐案件发生的"重灾区"，群众反应强烈。从 2012 年广州市开展"三打两建"中打击商业贿赂的情况看，涉及农村集体干部的商业贿赂案件 80% 以上发生在农村集体资产、资源、资金的交易过程中，农村集体资产交易领域已成为村（社）干部贪腐案件发生的"重灾区"。① 因此，以规章的形式规范广州市农村集体资产交易管理就非常必要。其他规章亦是如此，如无论是《广州市海上丝绸之路史迹保护规定》还是《广州空港经济区管理试行办法》，立足的都是广州特殊的海空条件和广州作为国家中心城市的重要平台。

3. 广州地方行政立法的合法性

合法性是地方行政立法的最基本要求，这是由地方行政立法的特点和属性决定的。我国的行政立法理论，按照行政立法的目的，可以分为执行性立法与创设性立法。执行性立法是指行政立法主体为了执行或实现特定法律、法规的规定而进行的立法。该类型的行政立法可以依职权亦可依授权而进行，不得任意增减所要执行的法律、法规的内容，主要目的在于使法律、法规规定的权利义务所需的程序和形式详细化，更加切合实际，更具可操作性。法国的"执行性行政条例"，日本的"执行命令"，我国的"实施条例""实施细则""实施办法"等行政法规与行政规章均属执行性立法。创设性立法是指行政立法主体为了填补法律、法规的空白，或为变通法律、法规个别规定以实现行政职能而进行的立法。如法国的"自主性行政条例""法令性特别行政条例"乃至"紧急性行政条例"，日本的"委任命令"等。在创设性立法中，行政立法机关基于有权机关或法律的特别授权，对本应由法律规定的事项，在条件尚不充分、经验尚未成熟或社会关系尚未定型的情况下，为了填补法律、法规的空

---

① http：//news. xinhuanet. com/fortune/2014 – 10/29/c_ 1113029275. htm，访问日期：2016 年 1月 20 日。

白，先行制定的行政性规范称为"试验性立法"或"自主性立法"。试验性立法经过一段试验期后总结经验，最后以法律的形式正式确定下来。在我国，此类行政立法通常称为"暂行条例"或"暂行规定"。创设性立法中为了补充已发布的法律、法规而制定的行政性规范称为"补充性立法"。由于法律、法规对某些情况不可能都事先预见到，或者当时不宜规定得过于详细和具体，需要行政机关根据实际情况予以适当补充，因此，有可能根据原法律或法规所确定的原则创设出某些新的法律规则。所以，补充性立法亦必须得到法律、法规或有权机关的明确授权。此类行政立法在我国通常称为"补充规定"或"补充办法"。

在实然层面，不但学理上和实践中认可了行政规章创设性立法身份，而且在《立法法》中亦未否定地方政府规章的创设性。《立法法》在"规章"一节中，对地方政府规章作出如下规定：地方政府规章可以为执行法律、行政法规、地方性法规的规定需要制定规章的事项。以上条文确实体现了规章的执行性立法的属性，但在《立法法》中又规定，"地方政府规章可以就属于本行政区域的具体行政管理事项作出规定"，这些事项尽管限于"城乡建设与管理、环境保护、历史文化保护等方面"，但这无疑给予了地方政府规章创设性立法权。《立法法》进一步规定：应当制定地方性法规但条件尚不成熟的，因行政管理迫切需要，可以先制定地方政府规章。《立法法》的规定与《行政处罚法》的规定一脉相承，其中第十三条规定："尚未制定法律、法规的，前款规定的人民政府制定的规章对违反行政管理秩序的行为，可以设定警告或者一定数量罚款的行政处罚。罚款的限额由省、自治区、直辖市人民代表大会常务委员会规定。"虽然《行政许可法》《行政强制法》等在一定意义上否定了设区市人民政府的创设性立法权，但行政管理手段无疑不是行政许可、行政强制可以涵盖的，仍有基于《立法法》进行创设性立法的空间。

无论是执行性立法还是创设性立法，地方行政立法均有合法性审查的必要。

一方面是关于立法依据问题。无论是执行性行政立法还是创设性行政立法，均应有相应的立法依据，要"法出有名"。上述十五部行政规章，除了《广州空港经济区管理试行办法》《广州市退休人员社会服务管理规定》没有明确指出上位法依据外，其他十三部均有明确的上位法依据和执行对象。因此，可以判断，广州 2015 年行政立法是以执行性为主的。另一方面是关于是否遵循上位法优先原则的问题。即地方行政立法有没有突破所执行法律、法规的范围、幅度，有没有增设权力或者克减管理相对方的权力。对此，我们重点考察罚则部分。

以《广州市房屋建筑和市政基础设施工程质量管理办法》为例，第八章是其法律责任部分。在立法技术上，第八章第一条即该管理办法的第四十二条作了一个概括性规定，即"违反本办法的行为，法律、法规、规章已有处罚规定的，从其规定"。我们可以将第四十二条理解为但凡是其他法律、法规或者规章中对本办法所涉及的行为规定了罚则的，一律按其他法律、法规或规章来处理。之后，该办法第四十三条、第四十四条、第四十五条、第四十六条、第四十七条规定了相应违反本办法的处理罚则。从逻辑上看，第四十三条至第四十七条属于其他法律、法规或规章没有规定处罚规定的情形，因而是本办法的创设性处罚规则。在这个时候，就产生了合法性问题的拷问。根据《行政处罚法》第十三条："省、自治区、直辖市人民政府和省、自治区人民政府所在地的市人民政府以及经国务院批准的较大的市人民政府制定的规章可以在法律、法规规定的给予行政处罚的行为、种类和幅度的范围内作出具体规定。尚未制定法律、法规的，前款规定的人民政府制定的规章对违反行政管理秩序的行为，可以设定警告或者一定数量罚款的行政处罚。罚款的限额由省、自治区、直辖市人民代表大会常务委员会规定。"在立法意图上，《行政处罚法》不是为了赋予行政处罚设定权，而是为了限制行政规章的行政处罚设定权。据此，本办法作为地方政府规章在行政处罚设定权限上是极为有限的，但客观上本办法不仅设定了应当给予处罚的若干情形，而且处罚的力度并不小。例如，罚款数额在 5 万～10 万元幅度的就有六种情形，这恐怕与地方行政立法主要作为执行性立法的定位以及《行政处罚法》等上位法的规定相悖。

尽管城市管理属于地方行政立法的权力范围，但当我们在理解权力范围时，应当与《行政处罚法》等其他法律法规结合起来考虑，无论基于何种理由，地方立法均不得突破上位法的界限和《立法法》及相关法律规范授予地方立法权的目的，不能将某项条款割离出来单独予以判断。从这个意义上说，广州市行政立法的合法性问题仍应引起足够关注。

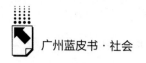

三　2016年广州市行政立法的重点

虽然2015年广州市行政立法取得了较大进展，但2016年作为"十三五"的开局之年，仍有许多重大问题亟待改进。

（一）政府自身建设

广州市在2015年法治政府建设水平评估中第一次输给了深圳，屈居亚军，其中拖了后腿的指标主要是监督与问责、社会公众满意度调查。如果说社会公众满意度调查是一个主观指标的话，那么监督与问责则是一个相对客观的指标，它表明广州市在以自我规范权力为中心的制度建设方面还有较大的改进空间。对政府权力的监督包含多重内容，但2016年应当在以下几个方面有所突破。

第一，行政立法权的进一步制度化与规范化。行政立法权的规范化在政府建设中扮演着非常重要的角色，因为它既体现了行政立法权运行的质量，又为行政权的运作设置了规矩。在广州市现有行政立法规范体系中，与行政立法活动直接相关的规章有《广州市人民政府规章制定办法》（2009年修订）、《广州市规章制定公众参与办法》（2010年修订），但是，作为上述两个规章的上位法依据的《立法法》发生了重要改变。以立法程序为例，《立法法》第八十三条规定："国务院部门规章和地方政府规章的制定程序，参照本法第三章的规定，由国务院规定。"但修订后的《立法法》第三章与原《立法法》第三章关于立法计划、起草程序的要求有了较为重大的不同，其中最为明显的改变是关于起草和立法计划的规定。原《立法法》规定："行政法规由国务院组织起草。国务院有关部门认为需要制定行政法规的，应当向国务院报请立项。行政法规在起草过程中，应当广泛听取有关机关、组织和公民的意见。听取意见可以采取座谈会、论证会、听证会等多种形式。"修订之后则变为："国务院法制机构应当根据国家总体工作部署拟订国务院年度立法计划，报国务院审批。国务院年度立法计划中的法律项目应当与全国人民代表大会常务委员会的立法规划和年度立法计划相衔接。国务院法制机构应当及时跟踪了解国务院各部门落实立法计划的情况，加强组织协调和督促指导。国务院有关部门认为需要制定行政法规的，应当向国务院报请立项。行政法规由国务院有关部门或者国务院法制机构具体负责起草，重要行政管理的法律、行政法规草案由国务院法制机构组织起草。行政法规在起草过程中，应当广泛听取有关机关、组织、人民代表大会代表和社会公众的意见。听取意见可以采取座谈会、论证会、听证会等多种形式。行政法规草案应当向社会公布，征求意见，但是经国务院决定不公布的除外。"这种变化表现为：一是肯定了立法计划在立法工作程序中的地位；二是加强了法制部门在立法中的主导作用。法制部门在立法中主导地位的强化，能在一定程度上弱化行政立法中"部门主导"的影响，为民主立法、科学立法提供了制度保障。而从《广州市人民政府规章制定办法》（2009年修订）的内容来看，虽然总则的第四条规定了"制定规章，应当从国家整体利益和人民利益出发，不得谋求部门利益"，但并没有从起草等环节设置与之对应的制度措施。除了立法程序上的重大变化，地方行政立法内容要求的变化也是十分明显的。修订之后的《立法法》非常强调地方立法的"地方特色"，无论是立法项目的选题还是具体条文，均应以回应地方的现实要求为基本点。因此，我们认为，应当及时修改《广州市人民政府规章制定办法》，以回应变化了的上位法。

第二，行政执法权的监督。广州市是较早关注规范行政执法权问题的地方政府。近十年来，陆续制定了《广州市行政执法评议考核办法》《广州市行政执法责任追究办法》《广州市规范行政执法自由裁量权规定》等地方政府规章，为广州市行政执法权的规范进行了较为有效的制度探索。但是，很明显，上述三个规章都是碎片化的，即都是以行政执法中的某一具体问题或环节为指向的，没有对行政执法行为的监督作一个整体性规定，这必然会影响行政执法权监督的效果。以《广州市行政执法责任追究办法》为例，其对行政执法行为采取了列举式的方法，但在我们看来，"行政执法"本不是一个法律概念，而是一个法学概念，是相对于行政立法行为和行政司法行为而言的，因此，在某种程度上它是一个不适宜定义而只能描述的概念。采取完全列举的立法形式，即将哪些行为是行政执法行为作了十分明晰的说明，易于操作，一目了然。但问题是，完全列举行政执法的所有形态并不现实，很可能会遗漏某些应当归于行政执法、属于监督范围的行为。比如，行政协议行为在上述规章中就找不到可以对应的规定；再就是行政执法与刑事司法的衔接问题，这也是近些年理论界和实务界都非常关注的一个重大问题，如果二者之间没有很好的衔接机制，那么对违法行为的打击力度将会大打折扣。实践中，对于已经构成范围的违法行为应否移送以及如何移送大多是由行政执法机关来决定的，但无论是考评还是责任追究制度，均没有涉及诸如此类的内容。因此，我们建议应当建立以行政执法监督内容、监督方式、监督程序、监督处理和法律责任为基本内容的行政执法监督规范体系，将行政执法监督的各个环节和方面涵盖进来。

第三，行政信息的公开。广州市的政府信息公开制度建设一直处于全国的前列，甚至在全国具有信息公开风向标的地位。2002 年，广州市便制定了《广州市政府信息公开规定》，从总则、公开内容、公开方式、公开程序、监督与救济、法律责任等方面对政府信息公开作了一个相对全面的规定，是全国第一个系统规定政府信息公开制度的地方政府规章，产生了积极的重大影响，获得了社会的普遍的赞扬。在此基础上，又制定了《广州市依申请公开政府信息办法》。

信息公开具有权利性，即信息公开不是以权力，而是以权利为基础的。政府信息是否公开、应否公开，不是取决于政府的行政权力，而是取决于民众的权利诉求，除了法律有明文规定不予公开外，民众需要什么样的信息，政府就有提供相应信息的义务。随着十余年来国家治理能力的建设、其他省市在信息公开制度领域的发展，人们对信息公开有了进一步的要求，特别是在市场体系建设过程中，人们对政府信息的需求超过了以往任何历史阶段。因此，信息公开制度也应当随之进行调整。从其他省市立法来看，2015 年《上海市行政处罚案件信息主动公开办法》特别值得关注，因为行政处罚信息公开制度的意义已经超越了信息公开自身，它还对促进执法机关公正文明执法、维护公平竞争的市场秩序都有直接的意义。从这个意义上说，上海市信息公开的制度建设已经超越了我们。在广州行政管理中，各部门对信息公开已有多种尝试，有的部门实际上已经公开处罚等类似信息，只不过没有得到立法的确认与提炼。因此，我们认为，修订《广州市政府信息公开规定》，将近年来信息公开实践成果和社会民众的信息公开诉求充分肯定下来，对法治广州建设具有提升意义。

（二）市场体系建设

在市场体系建设中，市场监管和信用管理无疑是最为重要的两个维度。

2014年6月，国务院印发了《关于促进市场公平竞争维护市场正常秩序的若干意见》，该意见对市场监管的共性问题提出了针对性措施，内容包括放宽市场准入、强化市场行为监管、夯实监管信用基础、改进市场监管执法、改革监管执法体制、健全社会监督机制以及完善监管执法保障7个方面。该意见作为市场体系建设的纲领性文件，为广州市市场监管和信用管理制度建设提供了方向性指引。

市场监管按照杨紫煊教授的理解，是指"法定的国家机关对市场准入与退出以及市场经营主体在其存续期间的运营进行的监督和管理"①。市场监管作为现代政府的核心职能，其存在的正当性如下：一是回应卖方垄断权的需要，即通过监管抑制过度而垄断，保证市场的适度竞争。二是回应外部效应内部化的需要，即通过监管将如征收排污费、外部损害转化为企业的内部成本。三是解决市场各方信息不对称的需要。市场监管从其内容上说，一方面是以秩序为导向，如市场竞争秩序、市场交易秩序；另一方面是安全为导向，如食品安全、药品安全，而无论是前者还是后者，都关涉最重要的民生问题，也体现权力与市场的关系。目前，无论是国家立法还是广东省的立法，均没有关于统一市场监管的先例。

市场监管立法还有一个重要意义。目前，我国市场监管体制正处于全面探索阶段，《国务院关于促进市场公平竞争维护市场正常秩序的若干意见》（国发〔2014〕20号）指出，加快县级政府市场监管体制改革，探索综合设置市场监管机构，但是从各地实践来看，理解并不一致，市场监管的体制差异较大。如统一与分类监管相结合的模式（深圳市），2014年5月14日，深圳组建市场和质量监督管理委员会，在区一级分别设置市场监督管理分局和食品药品监督管理分局作为市局的直属机构，在街道则设市场监督管理所作为两个区分局的派出机构。又如基层统一监管、上层分头监管的模式（浙江省、上海市等），2013年12月9日，浙江省食品药品监管体制改革正式启动，在县（市、区）整合工商行政管理局、质量技术监督局、食品药品监督管理局的职能和机构，组建市场监督管理局，保留原工商、质监、食药监局牌子；地级市自主选择机构设置模式；省级机构设置保持不变。再如统一监管模式

---

① 顾功耘：《市场监管法律制度的改革与完善》，北京大学出版社，2014，第3页。

（天津市），2014年7月4日，天津市市场和质量监督管理委员会正式成立，这个机构整合了食药监局、工商局、质监局的机构和职责以及卫生局承担的食品安全有关职责；在区县层面，设立了受市场监管委垂直领导的市场和质量监督管理局，乡（镇、街道）设置市场监管所作为区县市场监管局的派出机构。可以说，市场监管模式的多样化必然会随着市场监管立法的跟进而逐渐稳定下来。从广州市场监管的现状来看，采取了类似于浙江模式的做法，但仍将食品药品监督分离在市场监管的范围之外，因此，如何从立法上总结、反思广州市场监管经验，不仅是一个地方性问题，也是一个全国性问题。我们建议，应将广州市场监督管理办法作为一个立法项目，纳入政府规章的计划之中。

信用管理。与市场监管不同，信用管理立法从中央到地方均处于探索阶段，除了以规范金融信用信息为内容的《征信业管理条例》外，尚无其他的信用管理法律与行政法规。就广东省来说，相关的地方性法规还在酝酿之中。尽管如此，并不意味着信用信息管理不需要立法，也并不意味着地方行政立法在信用信息管理领域没有空间。在我们看来，目前比较可行的是制定《广州市征信管理和考核办法》。这是因为征信涉及公民、法人或者其他组织的合法权益，作为地方政府规章在原则上不能创设限制或者剥夺公民、法人或者组织权益的规则，但同时征信又是一种政府行为，对政府行为自身作出规范则是地方政府规章的权限范围，符合《立法法》"从立权走向立责"的立法思维。因此，通过一个地方政府规章来明确各主管部门在征信系统建设、运行、维护和日常管理中的职责，以及按时报送信用信息、示范应用等任务，并建立考核和奖惩机制是具有理论和法律依据的。对此，我们的基本思路或者说我们认为首先要理清的问题是政府在征信过程中的基本职能是什么，即按照权责一致原则来确定政府部门应该做什么、怎么做以及在没有做或者没做好的情况下承担什么样的责任。具体指征信管理过程中政府的角色。政府角色是通过不同职能来实现的。这些职能有：①监管职能。尽管根据《征信业条例》，中国人民银行是法定的征信业监管机构，但很明显，以中国人民银行为主导的征信监管体系所针对的主要是金融领域特别是信贷征信业。根据国务院的"三定方案"，中国人民银行已经成立了征信管理机构，并且在实际中积极承担信贷征信业的管理工作，而非信贷的征信业务由谁监管还是一个未知数。事实上，征信业的其他领域如商业市场对信息产品的需要也非常大，由于缺乏统一的法律规定，仍有较大争议。在本办法中，我们主张采用密切联系原则。即征信管理以与政府部门的密切联系为基点，密切程度的确定可以从信用信息的采集、处理、加工、使用等多个环节来考量。当然，在此基础上，政府部门也是被监管者，强调以考核作为被监管的主要方式。②信息供给职能。在信用体系建设中，征信活动能否有效开展、征信行业能否健康发展、与征信活动有关的各主体的利益能否得以实现，关键在于征信机构能否广泛收集各方面的信用信息和数据，把分散在社会生活中各个角落和各个层面的、与企业和个人信用状况有关的信息集中起来形成大的数据库系统。但实际上，大量的信息掌握在政府部门手中。目前，可以毫不夸张地说，几乎所有的政府部门，如金融、财政、税务、工商、商务、质量技术监督、海关、公安、劳动等，都掌握着相当数量的企业和个人信息。对信息体系建设而言，这些信息属于公共产品，不是也不应当是垄断性资源。当前政府信息公开制度的局限是这些信息大部分没有公开，同时，这些信用信息部门分割现象也比较普遍，一方面造成了信息资源的浪费，另一方面也增加了征信机构的难度。对此，应当在《信息公开条例》和《广东省政府信息公开工作过错责任追究办法（试行）》的基础上，制定具体的信用信息公开办法，以一定的形式向社会无差别地公开。③基础设施建设职能。基础信用信息数据库既可以由私人征信机构投资建设，也可以由行业协会的成员单位联合组建，还可以由政府主导投资建设。当前，我们认为广州市基础信息数据库建设由政府主导是必然选择。理由如下：一是广州市社会信用体系建设本来就是权力主导型的。尽管市场既亟须又能在一定程度上培育社会信用机制，但"三打两建"无疑是广东省各地方政府建设信用体系的最直接动因。二是由政府主导能够在较短的时间内产生相应的社会效果，能快速解决广州市市场强烈需求与制度供给极度缺乏的矛盾。当然，基础信息数据库建设是需要成本的，为了避免重复建设、实现信用信息资源的有机整合，我们主张有必要建立统一的数据中心，或者依法强制实行各数据库系统的互联互通，在发改委领导下打破信用数据的条块分割以及区域、部门和行业割据，实现信息共享，保证信息的完整性与准确性，从而保证征信数据和征信产品的质量。④推进职能。政府的推动作用除了体现在制定制度规则、建设数据库等方面之外，主要就表现在政府是征信市场竞争秩序的维护者和行业自律的促进者。在市场秩序维护方面，一方面我们主张，政府不是市场主体，不参与竞争，不滥用公权力危害市场发展；另一方面，强调政府的多重角色必须在不同的部门之间有合理的定位和明确的权力边界。其一，作为监管者的政府必须居于行业中立立场；其二，作为一般管理者的政府，应当履行法定的职责，依法提供信用信息；其三，作为资产所有者的政府，应当专司所有者的管理角色，依法行使出资者的各项权利，履行出资者的各项义务。这三种不同的政府角色必须由不同的政府部门来行使，出资投资建设基础信用信息数据库的政府部门必须与具体经营数据库的征信机构在资产、人事、业务、财务等方面严格地分离。在行业自律促进方面，我们认为，政府职能主要有依法制定征信业发展规划、规章制度；依法拟定有关行业标准和信用风险评价准则；依法行使审批权；依法监督检查征信业务活动情况；依法对违反征信业管理规定的行为进行查处；依法对征信业行业自律组织进行指导和监督。在对职能进行梳理的基础上，制定相应的考评与奖惩机制，内容涉及考评主体、考评对象、考评范围、考评方式以及考评结果的使用。

（三）交通体系建设

随着大城市规模的扩大，拥堵已经成为我国大城市的一种常态，面对拥堵压力，坚持公交优先、大力发展和完善城市公共交通体系就成了必然的选择，到2017年，广州市公共交通出行率预计将提高到70%左右。与此同时，广州市公共交通的制度体系建设与现实需求之间还有明显差距。目前，已有的行政性规范体系主要有《广州市公共自行车系统管理办法》《广州市城市道路临时占用管理办法》《广州市客车租赁管理办法》《广州市停车场管理办法》《广州市城市路桥隧道车辆通行费年票制办法》《广州市公交专用道管理暂行办法》等。在已有规范体系中，目前存在如下问题：一是与客观实际发展或者上位法相冲突的情形，以至于产生了合法性危机，如《广州市城市路桥隧道车辆通行费年票制办法》。根据《收费公路管理条例》第35条第三项的规定，收费公路经营者不得强行收取或者以其他不正当手段按车辆收取某一期间的车辆通行费。《国务院办公厅关于治理向机动车辆乱收费和整顿道路站点有关问题的通知》（国办发〔2002〕31号）要求，严禁将车辆通行费平摊到所有车辆并强制收取等行为。二是根本没有制定法规或规章，而由规范性文件调整，如

《广州市公交专用道管理暂行办法》。尽管《广州市公交专用道管理暂行办法》是以《道路交通法》和《广州市公共汽车电车客运管理条例》为上位法依据的，但事实上前述两个法律规范并未对公交专用道尤其是公交专用道的相关罚则作出明确规定，这意味着公交专用道的规范是以规范性文件为载体来进行的，这明显违背了《立法法》以及相关法律法规的要求。三是相关公共交通领域的规范调整处于空白，如停车场建设。对此，我们认为，为了适应广州市公共交通发展的需要，2016年需要制定或修订的行政规章有《广州市停车场建设和管理办法》《广州市公交专用道路管理规定》，除此之外，还应当考虑传统出租车改革以及出租车领域的专车、网络约车问题。在过去的一年里，专车、网络约车等受到了社会的普遍关注，广州市在这方面并没有发扬"敢为天下先"的精神，而是采取了相对保守甚至是排斥的态度，这不能不说是一种遗憾。2015年10月，上海市出台了专门规定来对专车加以规范和监管，受到了社会的普遍好评；交通部也已拟就相关规范性文件向社会征求意见；《城市出租汽车管理办法》的废止等说明管理者思维在逐渐转向。

（四）城市安全体系建设

城市公共安全体系建设是中共广州市委"十三五"规划的重要内容。规划要求，"全面加强交通、消防、视频和警用航空等公共安全基础设施建设，努力创造人民满意的平安环境"；"建立食品药品最严格的覆盖全过程的监管制度，落实食品药品企业生产经营者首负责任制和质量安全责任追究制度，有效防范和化解食品药品安全风险"。结合2016年立法工作计划和广州市实际，我们认为，2016年城市公共安全立法主要有两项：一是对《广州市公共安全视频系统管理办法》的修订；二是对《广州市食品安全监督管理办法》的修订。

公共安全视频是新形势下维护国家安全和社会稳定、预防和打击犯罪的重要技术手段，对提升城市管理水平、创新社会治理体制、服务民生等方面均具有重要意义。广州市于2007年颁行了《广州市公共安全视频系统管理规定》（简称《管理规定》），对规范公共安全视频的建设、管理与使用行为发挥了积极作用。但该视频管理规定至今已有九年时间了，在这九年时间里，与其相关的背景因素发生了很大变化。具体来说，一是2009年《广东省公共安全视频图像信息系统管理办法》的颁布。根据《立法法》第80条的规定："省、自治区的人民政府制定的规章的效力高于本行政区域内的较大的市的人民政府制定的规章。"这意味着，尽管同为规章，但省政府规章与省会市政府规章之间仍存在着位阶上的上下关系。由于《管理规定》先于《广东省公共安全视频图像信息系统管理办法》（简称《管理办法》），二者之间在具体规定上存在着冲突与矛盾就不可避免。因此，修改《管理规定》，对保证其合法性十分必要。二是国家对公共安全视频的新要求。2015年5月，国家发改委、中央综治办等九个部门联合发布了《关于加强公共安全视频监控建设联网应用工作的若干意见》，提出"全域覆盖、全网共享、全时可用、全程可控"的公共安全视频建设要求。三是我国社会环境的变化。从十八大之后，我党对社会管理进行了新探索，提出了国家治理体系现代化的理论概念和制度蓝图。党在十八届三中全会决定中把社会治理体制创新概括为改进社会治理方式、激发社会组织活力、创新有效预防和化解社会矛盾体制、健全公共安全体系四个方面，为我们深刻理解社会治理体制创新在国家治理现代化中的功能定位提供了导航作用。在此指导之下，以公共安全为目的导向的《管理规定》必然要在立法目的、制度构建等方面作出适当调适。

《广州市食品安全监督管理办法》于2004年制定，并经2012年修订，该规章为实现广州地区食品安全做出了重要贡献，但该规章的修订十分必要。一是《食品安全法》的修订。相对于2009年《食品安全法》，2015年10月1日开始实施的《食品安全法》在监管体制、风险监管、监管范围、过程监管等方面作出了重大修订，但是《食品安全法》大多是原则性规定，如果没有执行性的地方行政立法，在广州这样复杂的城市是难以达到预期效果的。而且，作为国家中心城市，广州的尝试亦肯定具有代表性价值，能够通过行政立法实验为中央立法提供有益的参考。二是广州的食品安全形势仍不容乐观。近年食品药品违法案件的查处数量逐年递增，2015年已查处案件3976宗，没收违法所得359余万元，罚款3394余万元，捣毁制假窝点75个，移送司法机关案件46宗。[①]

---

① 《广州将创建"国家食品安全城市"》，《信息时报》2015年12月25日。

（五）民生问题

广州是一个外来人口较多的城市，截至 2015 年底广州来穗人员约有 800 万人，与本地户籍人口数接近。因此，来穗人员的民生保障就成为广州市的一个重点民生问题。为此，广州市制定了《广州市来穗人员融合行动计划（2016~2020 年）》，计划用 5 年时间推动来穗人员在人文关怀、思想认同、心理悦纳、政治参与、乐业奉献等领域全方位的社会融合。但是，一方面，行动计划只是纲领性的、原则性的，它需要通过相应的规范和制度来落实；另一方面，行动计划又是系统性的，涉及多个方面、多个环节，我们必须从中找到实现来穗人员全面社会融合的切入点。在我们看来，保障来穗人员的民生首先或者最需要解决的是政府对来穗人员的立场和态度，即服务思维抑或管理思维。不同的思维意识，不仅决定着具体的制度构建，而且能够让来穗人员从细节中感知到政府的态度。来穗人员的社会融合，最本质的问题是权利的平等化，或者说是向着权利的平等化方向去发展。因此，我们认为首先需要制定一部《广州市来穗人员服务管理规定》，其制度设计至少要为促进基本公共服务领域均等化的实现提供保障。

社会生活噪声污染是指人为活动所产生的除工业、交通运输、建筑施工之外的干扰周围生活环境的声音。近年来，随着商业、娱乐业蓬勃发展，社会生活噪声污染逐渐成为社会关注的热点问题，社会生活噪声污染严重、形式多样，严重影响人的身心健康和文明社会建设，并成为新的社会矛盾冲突产生的导火索。同时，社会生活噪声污染存在着监测取证难、责任界定难和监管难等多方面的问题。尽管《环境噪声防治法》《广州市环境保护条例》和《广州市环境噪声污染防治规定》都对社会生活噪声有所规范，但由于制定时间较早，且规定比较原则，难以满足当前社会生活噪声污染防治的需要，有必要研究制定专门性、操作性更强的规章解决社会生活噪声污染的问题。为此，广州市人民政府将《广州市社会生活噪声管理办法》列入了 2016 年度政府规章制定计划。

Abstract

Analysis and Forecast on Social Situation of GuangZhou in China is co-edited by Guangzhou University, the Propaganda Department of Guangzhou Municipal Party Committee, Health and Family Planning Commission of Guangzhou Municipality, the Bureau of Human Resources and Social Security, the Commission of Social Work of Guangzhou Municipality and the Admission Bureau of Guangzhou Social Organization. It is listed in the "Book (Pi Shu in Pingyin)" series published by the Social Sciences Academic Press as one of Guangzhou Blue Book series and for the national offering. The report is composed of seven parts: introduction, human resources and labor employment, social work and social service, social governance, social security, public opinion and thematic research. It brings together the latest research achievements of many experts, scholars and related departments on social issues from research institutes, universities, and government agents in Guangzhou. It provides important references to thematic analysis and prediction on social issues in Guangzhou.

This report points out that Guangzhou has continuously promoted and strengthened the development of pension service facilities, social organizations, a law-based government, and social governance. The employment situation is generally stable, and the urban and rural incomes have been steadily improved; the integration process of social security of urban and rural residents continues to increase, so as the equalization of public services; the social organizations have increased their supervision and their participation in community service, continually enhancing the public sense of security.

At the same time, Guangzhou is also facing new problems, e. g. , the uneven development of social organization, social structure needs to be optimized, the increase in the number of mass incidents, the problem generated from "Internet + " and the like. Looking to 2016, Guangzhou will continue to reform the social and livelihood development: continue to implement people's livelihood finance, highlight people's livelihood well-being, strengthen social construction, promote the equalization of basic public services in terms of its quantity, quality, and convenience, so that the fruits of development can benefit the masses of people.

Contents

I General Report

Abstract: Guangzhou has continuously promoted and strengthened the development of pension service facilities, social organizations, a law-based government, and social governance. The employment situation is generally stable, and the urban and rural incomes have been steadily improved; The integration process of social security of urban and rural residents continues to increase, so as the equalization of public services; The social organizations have increased their supervision and their participation in community service, continually enhancing the public sense of security.

Keywords: Livelihood Construction; Social Governance; Social Organizations; Guangzhou

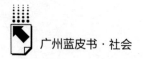
广州蓝皮书·社会

II Human Resources and Labor Employment

B. 2 Analysis and Suggestions of the Operation of Guangzhou
Municipality's Human Resource Market

Li Hanzhang, Xu Linqing and Liu Weixian / 020

Abstract: China's economy is in a period of sharp transition and the speed of transitions in advanced regions represented by Guangzhou is faster, with various problems appearing to be more prominent. This paper first analyzes the "new normal" of how Guangzhou Municipality's human resource market operates, and further proposes several policies and suggestions for promoting Guangzhou's human resource market to operate orderly under the new norm.

Keywords: Economic "new norm"; Human Resource Market; Employment; Guangzhou

B. 3 Research Report on the Development of Guangzhou
Municipality's Human Resource Service Industry

Bureau of Human Resources and Social Security
of Guangzhou Municipality / 033

Abstract: The industry of human resource service is an important component of the "rising industry" and the modern service industry. This paper first analyzes the current situation of the development of Guangzhou's human resource service industry. Then it expounds on the main problems that exist in it and proposes relevant countermeasures and suggestions in the end.

Keywords: Human Resource Industry; Innovation Drive; Guangzhou Municipality

Contents ⟨⌐

B. 4 Research Report on the Permanent Population in Guangzhou

Bureau of Statistics of GuangZhou / 045

Abstract: According to research, the permanent population of Guangzhou in 2014 has the features of expanded increase, faster increase, stable increase in the population urbanization level and enhanced aging problem compared with those of the past few years. This proposes new requirements on strengthening the construction of urban public facilities and improving the comprehensive abilities of cities.

Keywords: Permanent Residents; Urbanization; GuangZhou

B. 5 Analysis of China's Southern Talent Market in 2015 and Prediction of 2016

Research Group on Market Analysis of China Southern Talent Market / 053

Abstract: Based on the comprehensive analysis of the talent market's situation in 2015 carried out by the southern talent market's on-site job fair and online recruitment, this paper combs through the main characteristics of demands and supply, the employment of college graduates, the supply situation and incomes in 2016 on the basis of summing up relevant data. It provides certain reference to the talent supply situation in the whole Guangzhou and even the Pearl River Delta region.

Keywords: On-site Recruitment; Online Recruitment Platform; Human Talent Supply

B. 6 Several Suggestions for Improving Guangzhou Municipality's Talent Housing Policies

Yu Shui / 062

Abstract: In recent years, the policies and measures for talent housing introduced by Guangzhou have achieved certain outcomes. However, there are still some shortcomings and deficiencies in the current situation of fierce talent

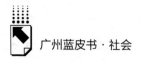

competition. It should take reference from the experienced practices of brother cities, expand the support for talent housing, promote monetary subsidiary, sub-divide the guarantee products of talent housing, strengthen the decline towards innovative talents, strengthen the market operation of constructing talent housing and work hard to construct the talent community.

Keywords: Guangzhou; Talent Housing; Improve Policies

B. 7　Guangzhou High-quality Vocational Training Teaching Staff

　　　Research Report　　　*Research Group of Guangzhou Professional*

Competence Training Center / 068

Abstract: The current due to major changes in population and labor market, Guangzhou has increased vocational training and human capital investment, committed to the building industry technical workforce and army. However, the vast labor market demands with respect to Guangzhou vocational training remains to be done. In view of this, in order to better understand the present on the vocational training market in Guangzhou City, as well as training faculty building, Guangzhou professional competence training center in cooperation with the School of Economics and Management, South China Normal University, in 2015, from July to September in citywide conducted a field survey on vocational training of high-quality teaching staff issues, and for the presence of teachers construction problems and their causes, to give the corresponding countermeasures and suggestions.

Keywords: Guangzhou; High-quality; Vocational teacher training; Construction

B. 8　Influences of the Industrial Structural Adjustment

　　　on Guangzhou Municipality's Employment Work

　　　and Relevant Suggestions

Luo Dongying, Shao Lei and Tong Yingyi / 088

Abstract: Guangzhou's economic development has entered the key phase of transition and its structural adjustment brings both opportunities and challenges for Guangzhou's economic and social development. This paper emphatically analyzes the main problems faced by Guangzhou's employment situation. Based on it, it expounds on several suggestions for the employment work during the industrial structural adjustment period.

Keywords: Industrial Structural Adjustment; Employment; Structural Contradiction

B. 9 Research on the Influences of Guangzhou's Entrepreneurship on Increasing Residents' Incomes *Wen Yuantang* / 093

Abstract: This paper first discusses the means by which entrepreneurship drives the increase of residents' incomes. It also analyzes the current situation of Guangzhou's entrepreneurship development and proposes the main problems that exist in it. In the end, it targets at local governments' affairs and proposes relevant measures and suggestions for getting rid of the obstacles to increasing residents' incomes and improving the public's entrepreneurship quality.

Keywords: Entrepreneurship Density; Residents' Incomes; Entrepreneurship Subject; Private-owned Enterprises

B. 10 Research Report on the Entrepreneurship of Guangzhou's College Graduates and Guangzhou's Entrepreneurship-supportive Policies in 2015 *Chen Bei* / 105

Abstract: In 2015, Guangzhou's research team researched on 126 enterprises established by undergraduates through questionnaires. It also visited Guangzhou's Undergraduate Employment Guidance Center and part of enterprises established by undergraduates. According to research, the overall entrepreneurship rate of current undergraduates is low and many difficulties exist in the entrepreneurship of college graduates. College entrepreneurs hope the government to increase its financial

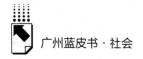

support, increase its support for operation sites and decrease approval and qualification authentication, so as to help them decrease their entrepreneurship burden.

Keywords: Entrepreneurship; College Graduate; Supportive Policies

Ⅲ Social Work and Social Service

B. 11 Research on the Reform of Medical Insurance Payment Means under the Model of "Combining Health Care with Provisions for the Old": Taking Guangzhou's Huangpu District as an example

Research Group of Guangzhou Huangpu Branch Medical Insurance Services Authority / 114

Abstract: From the perspective of managing social health care insurance and service management, this paper takes Guangzhou's original Huangpu District Civil Affairs Bureau, endowment institutions and old people it supports as research subjects, it researches on the current development situation of "combining health care with provisions for the old": it emphatically analyzes the influences of medical institutions' inadequate basic medical services configuration targeting at the old-age services on 'combining health-care with provisions for the old". In the end, it proposes relevant countermeasures and suggestions.

Keywords: Combining Health Care With Provisions For The Old; Medical Insurance; Payment System

B. 12 Recommendations on the Construction of Modern Science System of Guangzhou occupational women's reproductive health

Lin Chunxiao, Yue Hongyan, Li Zhibin / 129

Abstract: This paper first analyses the status of modern science system of

Guangzhou professional women's reproductive health. Based on the analysis of existing problems, it then puts forward countermeasures and suggestions on the construction of Guangzhou modern science system of occupational women's reproductive health.

Keywords: Reproductive Health; Science System; Guangzhou

B. 13 Research Report of the Construction of Guangzhou's Health Station and Rural Doctor Team *Chen Bei* / 146

Abstract: Guangzhou's research team investigates and researches 14 rural health stations in six districts, such as Zengcheng, Huadu and Baiyun. The research shows that the rural health stations are playing important role in the medical health service of the countryside. However, there are many problems in the current management model, medical equipment and the comprehensive abilities, qualities, incomes and old-age treatment of rural doctors. In the reform of grass-root health institutions, the constriction of rural health stations and especially the construction of rural doctor teams need to be paid with special attention.

Keywords: Operation Model of Rural Health Stations; Qualities of Rural Doctors; Treatment of Rural Doctors

B. 14 Research Report on the Demands for Rehabilitation Service of Handicapped Persons in Guangzhou's Yuexiu District

Research team of Yuexiu District's Federation for

Handicapped persons / 157

Abstract: To promote that "everyone is entitled to rehabilitation service" among handicapped persons, this research takes Guangzhou Municipality's Yuexiu District as an example and researches on the demands for the rehabilitation services of handicapped persons aged from 18 to 65. It also analyzes the factors that influence

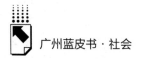

handicapped persons' demands for rehabilitation services and provides a basis for further promoting the rehabilitation services of disabled persons.

Keywords: Handicapped Person; Demand; Rehabilitation Service

B. 15   Several Thoughts on Promoting the Development of the "Silver Hair Economy" in Yuexiu District   *Yang Hua* / 162

Abstract: Developing the "silver hair economy" should become the subject of solving problems related to the old in the society. As an old district of Guangzhou, Yuexiu District faces serious aging situation. Meanwhile, it also has unique advantages of developing the "silver hair economy". The author carries out an in-depth research on the favorable condition, development situation and problems that need to be focused on of the "silver hair economy" and proposes the initial thinking on explorations.

Keywords: Silver Hair Economy; Provisions for the old; Service Guarantee; Economic Development

B. 16   Analysis of the Strategy of Opening Guangzhou's Medical Service to the Outside World

Hong Yiqin, Zhang Weihua / 169

Abstract: Guangzhou Municipality's medical service not only faces opportunities, but also encounters challenges. To better promote the opening of the medical service, Guangzhou Municipality actively constructs the brand of "Guangzhou Medical Service" and builds 'Guangzhou's medical service information platform". It continues to open up high-end medical services, energetically expands the international medical and tourism service and appropriately promotes the advantaged medical service and TCM service to "go global", as well as researches on the trial overseas visa-free service for seeking doctors.

Ⅳ Social Governance

Abstract: This paper first analyzes the situation of developing the social organizations of Guangzhou's communities. Then it proposes the main problems that exist in developing the social organizations of Guangzhou's communities. In the end, the author proposes several suggestions for developing the social organizations of Guangzhou's communities in the Thirteenth Five-Year Plan.

Keywords: Guangzhou Municipality; Social Organization

Abstract: Taking Jingyingju Community, which is located in Caihong Street, Liwan District, Guangzhou Municipality as an example, this paper deeply analyzes the changes happened to this community after the proprietor commission is established and mainly analyzes the experience and enlightenment of the community's autonomy.

Keywords: Autonomy; Proprietor Commission; Jinyingju Community

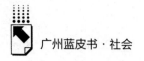
B. 19　　Research Report on the Situation of Settling the Labor &
　　　　Capital Disputes in Guangzhou's Yuexiu District

Liu Huixian, Su Jianming and Chen Jing / 193

Abstract：Influenced by the socioeconomic transition, the contradictions between Yuexiu District's capital and labor relationship become prominent and flourishing. The cases of labor disputes keep rising, while the subjects of labor relationships and their interest appeals are becoming increasingly diversified. Based on the basic situation of analyzing the labor and capital disputes, it mainly analyzes the difficulties of settling labor & capital disputes. In the end, it proposes reasonable suggestions for overcoming the difficulties of the law-enforcement.

Keywords：labor & capital dispute；difficulty of the law-enforcement；suggestions

B. 20　　Thinking on Resolving Social Contradictions in the Transition
　　　　and Upgrade of Enterprises
　　　　—Enlightenment from the Advanced Dissolution
　　　　　of Citizen Company

Chen Xiaoan, Li Jinyun and Li Guobin / 204

Abstract：In February 2015, the advanced dissolution of Citizen Company triggered the widespread attention of media and public opinions. Through analyzing the advanced dissolution of Citizen Company, this paper triggers the thinking on resolving social contradictions that exist in the transition and upgrade of enterprises, which provides a certain reference to deal with similar incidents in the future.

Keywords：transition and upgrade；Citizen

Abstract: "Wan ai major diseases medical fraternity" is a new organization in Local Governance and service field in the town of Wanqingsha in Guangzhou Nansha District. It breaks the dilemma in major diseases and medical aid predicament, i. e. , "market is not, the government can not", through voluntary payment by the masses of individuals, social organizations, enterprises and charitable donations and other forms of government financial support. Its practical work, new forms, with remarkable results, improve the existing urban and rural medical security system, provide an effective solution to the masses problem of "poverty caused by illness" and the reference value.

Keywords: Wanqingsha Town; major diseases Medicare; Wan ai Fraternity

V Social Security

Abstract: This paper firstly carries out a simple review of the urban and rural residents' insurance system in Guangzhou. By taking reference from relevant research results in China, it establishes the assessment and research framework on the urban and rural residents' insurance system in Guangzhou and carries out an assessment of it. In the end, it proposes the thinking on optimizing the urban and rural residents' insurance system, relevant policies and suggestions.

Keywords: old-age pension; performance assessment; Guangzhou Municipality

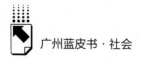

B. 23   Research Report on Reliving the Medical Expense Burden
        of Farmers Participating into Guangzhou's Cooperative
        Medical Service in Guangzhou   *Lin Zheng* / 236

Abstract: Through observing and analyzing the samples of patients participating
into the medical service in Guangzhou, the author thinks the medical conditions and
situations for farmers participating into the medical service are significantly improved in
the process of constantly improving the new agricultural medical cooperative service.
Meanwhile, the dispensable incomes used for improving people's living consumption
also increase substantially and effective demands are released. This paper analyzes
several problems that need to be solved to improve the new cooperative partners, and
it also proposes relevant countermeasures and suggestions.

Keywords: Farmers Participating into Cooperative Medical Service; Burden of
Medical Expenses; Countermeasures and Suggestions

B. 24   Construction and Operation Mode Analysis on Remote
        Docking System of Medical and Insurance System
        in Guangdong Province
                    Research Group of Remote Security Office of Guangzhou
                    Municipal Medical Insurance / 248

Abstract: With the comprehensive development of China's social medical
insurance system, it has derived the inevitable product – remote medical treatment. In
the meantime, various problems surrounding the attendant remote medical treatment
has become increasingly prominent. This article is intended to analyze the
construction, operation and procedure of a remote docking system of medical and
insurance system regarding remote treatment, remote network, remote handling and
remote operation and so forth in Guangdong Province. It further explores the
advantages and disadvantages of the system, a viable way to improve the potential

direction of development.

Keywords: Medical Insurance Billing; Remote Medical; Network

B. 25 Research Report on Management Model of Guangzhou Urban and Rural Integration of Medicare Insurance and General Out-patient Service

Medicare Administration Office for Urban and Rural Residents
in Guangzhou City Medical Insurance Services Authority / 262

Abstract: This paper explores town and rural residents' general out-patient services and medical insurance in the town and village medical institutions, community service centers and village health stations, based on the Guangzhou medical insurance system of urban and rural residents has achieved   certain growth. It then concludes the existing practice, its effectiveness and existing problems providing a reference for policy adjustment and optimization of the future.

Keywords: Urban and Rural Social Medical Insurance; General Out-patient Health Care; Town and Rural Integration

B. 26 Thematic Report on Guangzhou Social Insurance Fund Fraud Investigation

Insurance Regulatory Research Group of Guangzhou City
and Social Council Social Fund / 275

Abstract: The paper conducts a comprehensive analysis on Guangzhou Social Insurance Fund fraud. It firstly summarizes the current effective practices and experiences of anti-fraud work on social insurance fund. Then it proposes measures to further strengthen the social insurance risk control and curb fraud from the aspects of. strengthening the legal system of social security fraud, deepening the reform of institutional mechanisms, building anti-fraud risk prevention and control system,

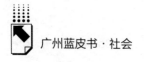

innovating the social security fund anti-fraud measures and strengthening the anti-fraud capacity-building agencies and so forth.

Keywords: Public Social Insurance; Public fund; anti-fraud

VI   Public Opinion

B. 27   Research Report on the Happiness of Residents
in Guangzhou Municipality in 2015

Zheng Xifu, Liu Xuelan, Luo Pinchao and Huang Xishan / 287

Abstract: Starting from Guangzhou's local condition, this research takes *Questionnaires of Assessing Happiness of Guangzhou Municipality's Residents* as its basis, and adopts the stratified and cluster random sampling to research on 4, 000 residents of Guangzhou. This report proposes relevant suggestions for how to further promote the happiness of Guangzhou's residents.

Keywords: Guangzhou's residents; happiness; annul comparison; suggestion

B. 28   Analysis of the Public Opinions Concerning Guangzhou
Residents' Feelings for Life Security and
Assessment of Security Conditions   *Zhu Ping* / 299

Abstract: According to relevant public opinions about the life security, society security conditions and the safety of food carried out by Guangzhou Public Opinion Research Center, it is found through analysis that Guangzhou's residents have good feelings towards the life security and an increasing number of people feel that the social security and the ecological environment are safe; among them, the sense of security towards the social security is the highest and residents' satisfactions towards the security condition keep rising; although people's sense of security towards food consumption is improved to a certain extent, their dissatisfaction towards food safety is still prominent.

Keywords: sense of security; ecological environment; security condition; food safety

B. 29   Report of Guangzhou Public Opinion on Natural Gas
         Price Reform   *Liu Rongxin* / 311

Abstract: In order to grasp the public opinion on the Guangzhou Gas reform program, special studies undertaken by Guangzhou Public Opinion Research Center conducts reveals that business-led development of the reform program is difficult to meet public acceptance; gas price reform faces problems like rough decision-making, insufficient reform impact assessment, imprope reform timing. Research results suggest that public price reform must adhere to the mass line, the government should seize the initiative balancing the interests of all parties, so that real reform could be an important measure to promote social well-being of the people's livelihood.

Keywords: Public Goods Charge; Price Reform; Ladder Charge; Natural Gas

VII   Thematic Research

B. 30   Dilemma and Countermeasures Study on Juvenile Training
                                                        Qiu Fubing / 316

Abstract: Under the new normal social background, Youth League training facing the changing needs and professional challenges of youth needs, types, levels and other aspects. This paper conducts a national juvenile investigation and study through qualitative and quantitative research methods. In the end it puts forward operational suggestions on Youth League training in terms of policy environment, standard specification, resource protection, innovation and development.

Keywords: Youth League; League Cadres Training; Internet

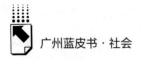

B. 31   2015 Guangzhou Administrative Legislation Situation
         Analysis and 2016 Outlook

Lu Hufeng / 328

Abstract: This paper systematically reviewed the administrative legislation in Guangzhou City in 2015, and then assessed the situation in terms of the overall situation, the legislative program, the practical problems and the legitimacy. Finally, it put forward the focus and direction of the Guangzhou Administrative Legislation in 2016.

Keywords: Administrative Legislation; Legitimacy; Livelihood Issues

❖ 皮书起源 ❖

"皮书"起源于十七、十八世纪的英国,主要指官方或社会组织正式发表的重要文件或报告,多以"白皮书"命名。在中国,"皮书"这一概念被社会广泛接受,并被成功运作、发展成为一种全新的出版形态,则源于中国社会科学院社会科学文献出版社。

❖ 皮书定义 ❖

皮书是对中国与世界发展状况和热点问题进行年度监测,以专业的角度、专家的视野和实证研究方法,针对某一领域或区域现状与发展态势展开分析和预测,具备原创性、实证性、专业性、连续性、前沿性、时效性等特点的公开出版物,由一系列权威研究报告组成。

❖ 皮书作者 ❖

皮书系列的作者以中国社会科学院、著名高校、地方社会科学院的研究人员为主,多为国内一流研究机构的权威专家学者,他们的看法和观点代表了学界对中国与世界的现实和未来最高水平的解读与分析。

❖ 皮书荣誉 ❖

皮书系列已成为社会科学文献出版社的著名图书品牌和中国社会科学院的知名学术品牌。2011年,皮书系列正式列入"十二五"国家重点出版规划项目;2012~2015年,重点皮书列入中国社会科学院承担的国家哲学社会科学创新工程项目;2016年,46种院外皮书使用"中国社会科学院创新工程学术出版项目"标识。

法律声明

权威报告・热点资讯・特色资源

皮书数据库

ANNUAL REPORT(YEARBOOK)
DATABASE

当代中国与世界发展高端智库平台

S 子库介绍
ub-Database Introduction

中国经济发展数据库

涵盖宏观经济、农业经济、工业经济、产业经济、财政金融、交通旅游、商业贸易、劳动经济、企业经济、房地产经济、城市经济、区域经济等领域，为用户实时了解经济运行态势、把握经济发展规律、洞察经济形势、做出经济决策提供参考和依据。

中国社会发展数据库

全面整合国内外有关中国社会发展的统计数据、深度分析报告、专家解读和热点资讯构建而成的专业学术数据库。涉及宗教、社会、人口、政治、外交、法律、文化、教育、体育、文学艺术、医药卫生、资源环境等多个领域。

中国行业发展数据库

以中国国民经济行业分类为依据，跟踪分析国民经济各行业市场运行状况和政策导向，提供行业发展最前沿的资讯，为用户投资、从业及各种经济决策提供理论基础和实践指导。内容涵盖农业，能源与矿产业，交通运输业，制造业，金融业，房地产业，租赁和商务服务业，科学研究，环境和公共设施管理，居民服务业，教育，卫生和社会保障，文化、体育和娱乐业等 100 余个行业。

中国区域发展数据库

以特定区域内的经济、社会、文化、法治、资源环境等领域的现状与发展情况进行分析和预测。涵盖中部、西部、东北、西北等地区，长三角、珠三角、黄三角、京津冀、环渤海、合肥经济圈、长株潭城市群、关中—天水经济区、海峡经济区等区域经济体和城市圈，北京、上海、浙江、河南、陕西等 34 个省份。

中国文化传媒数据库

包括文化事业、文化产业、宗教、群众文化、图书馆事业、博物馆事业、档案事业、语言文字、文学、历史地理、新闻传播、广播电视、出版事业、艺术、电影、娱乐等多个子库。

世界经济与国际政治数据库

以皮书系列中涉及世界经济与国际政治的研究成果为基础，全面整合国内外有关世界经济与国际政治的统计数据、深度分析报告、专家解读和热点资讯构建而成的专业学术数据库。包括世界经济、世界政治、世界文化、国际社会、国际关系、国际组织、区域发展、国别发展等多个子库。